10|18

12, avenue d'Italie — Paris XIIIe

Sur l'auteur

Edward Marston — de son vrai nom Keith Miles — est un auteur prolixe. Tout à la fois auteur d'une quarantaine de pièces inédites pour la radio, la télévision, le théâtre ou le cinéma, d'une soixantaine d'ouvrages — romans, pièces, biographies, livres sur le sport, romans pour la jeunesse —, il est également critique littéraire et auteur de novélisations (*Dance with a stranger* réalisé par Mike Newell avec Rupert Everett et *Falling in love* d'Ulu Grosbard avec Meryl Streep, Robert De Niro et Harvey Keitel). En 1988, il prend le pseudonyme d'Edward Marston pour écrire *La Tête de la Reine*, premier titre d'une série policière élisabéthaine mettant en scène Nicholas Bracewell. Puis, toujours sous le nom d'Edward Marston, il lance une nouvelle série historique dont l'action se déroule au Moyen Age, *The Domesday Books (Les Livres du cadastre de l'Angleterre)*. Et c'est au rythme d'un livre par an qu'il continue à mener de front ses deux séries auxquelles il ajoute, en 1999, le premier titre d'une trilogie se passant sous la Restauration, *The King's Evil*.

LA ROUTE DE JÉRUSALEM

PAR

EDWARD MARSTON

Traduit de l'anglais
par Corine DERBLUM

10/18

INÉDIT

« Grands Détectives »
dirigé par Jean-Claude Zylberstein

Du même auteur
aux Éditions 10/18

LA TÊTE DE LA REINE, n° 3144
LES JOYEUX DÉMONS, n° 3195

Titre original :
The Trip to Jerusalem

ISBN 2-264-03183-2

Dat poenas laudata fides [1]

A Lord Lucas d'Ormeley

Je ne sais comment j'ose commettre cette offense de dédier mes vers grossiers à Votre Seigneurie, ni comment le monde me censurera de choisir appui si puissant pour si faible fardeau, mais pour peu seulement que Votre Grâce semble satisfaite, je le tiendrai pour une immense louange, et fais vœu de ne point connaître d'heure oisive jusqu'à ce que je vous aie rendu honneur par quelque œuvre plus sérieuse.

1. « La loyauté, bien que louable, apporte des souffrances. » (*N.d.T.*)

Elle était, depuis toujours, maîtresse femme.
Elle avait eu cinq maris à l'Église
Sans tenir compte des amis de jeunesse
Mais point n'est besoin d'en parler ici.
Elle avait visité trois fois Jérusalem[1].

CHAUCER, *Les Contes de Cantorbéry*

1. Traduction de M. André Crépin.

1

Ils étaient environnés d'ennemis. Bien qu'à Londres le théâtre n'eût jamais été aussi florissant, prodiguant de fastueux divertissements à la capitale et recueillant les ovations quotidiennes d'un public nombreux, ceux qui exerçaient ce métier subissaient une menace constante. Jouer était une entreprise périlleuse. Les comédiens marchaient sur la corde raide entre renommée et oubli — sans nul filet pour amortir la chute. Déjà en butte à la réprobation officielle du Lord-Maire et des notables, ils souffraient de l'hostilité ouverte des autorités religieuses, qui voyaient la main du Diable à l'œuvre sur scène, et la main du débauché, de la catin et du vide-gousset opérer en complète licence parmi les gradins. Des voix s'élevaient de toutes parts pour exprimer des protestations.

L'approbation des spectateurs ne pouvait pas non plus être tenue pour acquise. Le public était un maître inconstant. Ceux qui mettaient leur art à son service se devaient de jouer des pièces en vogue, d'une manière agréant à leur mécène. L'indifférence était une menace, de même, en fait, que les autres compagnies dramatiques. Une rivalité sans fard sévissait. Des comédiens pouvaient être supplantés, des œuvres plagiées. Dans cette guerre entre les différentes troupes, les coups allaient du plus sournois au plus impudent.

Ceux qui survivaient nonobstant tout cela pouvaient encore être accablés par le fer ou par le feu. Les fumeurs de tabac avaient plus d'une fois enflammé les toits de chaume et les spectateurs ivres risquaient toujours de provoquer une rixe. Si l'intervention humaine ne nuisait pas à une représentation, alors le mauvais temps pouvait y suppléer. Les amphithéâtres à ciel ouvert n'offraient aucune protection contre pluies et rafales de vent. Dieu, dans Sa sagesse, effaçait d'innombrables atteintes à la postérité.

Mais l'ennemi silencieux était le pire.

Il venait de nulle part et se mouvait parmi ses proies avec aisance et familiarité. Il ne marquait aucun respect pour l'âge, le rang ou le sexe et s'attachait à ses victimes avec une affectueuse impartialité, telle une prostituée contaminée transmettant son mal dans une chaude étreinte. Rien ne résistait à son pouvoir et nul n'en perçait le secret. Il gravissait les montagnes, franchissait les océans, s'infiltrait par les murs et soumettait les bastions les mieux fortifiés. Sa corruption était universelle. Chaque homme, chaque femme, chaque enfant sur la face de la terre était à sa merci.

C'était là l'ennemi suprême. La damnation elle-même.

Lawrence Firethorn exprima l'avis de toute sa profession :

— La peste soit de cette pestilence !

— Elle nous privera de notre gagne-pain, se plaignit Gill.

— Si ce n'est de notre vie, renchérit Hoode.

— Palsambleu ! tempêta Firethorn en tapant du poing sur la table. Quel maudit métier que le nôtre ! Des dagues sont prêtes à nous poignarder de tous côtés et si nous en évitons la pointe, alors la hache la plus acérée de la chrétienté vient nous trancher la tête.

— C'est le jugement de Dieu, déclara Hoode d'un ton lugubre.

— Nous pouvons peut-être encore être épargnés, avança Gill, essayant sans grand enthousiasme de manifester un peu d'optimisme. Les décès n'ont pas encore atteint le nombre limite par semaine.

— Cela viendra, Barnaby, prédit sombrement Firethorn. Cette canicule ne tardera pas à dépeupler la ville. Affrontons le malheur en face, messieurs, sans nous bercer de faux espoirs. Telle est la voie de la sagesse. Cette calamité fera clore tous les théâtres de Londres et nous mettra sur la paille pendant l'été entier. Il n'existe qu'un seul remède.

— La pilule est amère, constata Hoode.

Barnaby Gill laissa échapper un soupir profond comme la Tamise.

Les trois hommes étaient assis devant des verres de xérès dans la salle de *La Tête de la Reine*, sur Gracechurch Street. L'auberge était le cadre régulier des représentations données par les Hommes de Lord Westfield, l'une des principales compagnies londoniennes. Lawrence Firethorn, Barnaby Gill et Edmund Hoode, comédiens d'élite nommés sur la patente royale de la troupe et assumant les premiers rôles de son vaste répertoire, étaient tous partenaires. Les Hommes de Westfield comptaient d'autres associés, mais la politique de la compagnie était déterminée par ce trio. Du moins, en théorie. En pratique, c'était le bouillant Firethorn qui exerçait le plus souvent son ascendant, accordant à ses deux confrères l'illusion de l'autorité alors qu'ils se bornaient à ratifier ses décisions. Il en imposait par sa stature.

— Messieurs, annonça-t-il avec courage, ne nous laissons pas écraser par le destin et par les circonstances. Faisons de nécessité vertu.

— Vertu, vraiment ! ironisa Gill, sardonique.

— Oui, monsieur.

— Montrez-la-moi, Lawrence. Quelle vertu y a-t-il à se traîner par tout le pays pour galvauder son talent devant des rustres ingrats ? De pauvres pièces pour de pauvres publics dans de pauvres villages ne feront qu'appauvrir notre bourse.

— Les Hommes de Westfield ne frayent pas avec la petitesse, répliqua Firethorn en agitant un index d'admonition. Si humble que soit le lieu, notre travail sera riche et généreux. Le public fût-il composé d'idiots analphabètes, on dressera devant lui un festin de mots. En toute conscience, messire, conclut-il, enflant sa poitrine de fierté, je ne m'abaisserai jamais à donner un spectacle médiocre.

— Les opinions diffèrent peut-être sur ce point.

— Que dites-vous, Barnaby ?

— Passons.

— Contesteriez-vous mon art, monsieur ?

— Ma voix ne pourrait se faire entendre.

— Ce ne serait pas l'unique sens dont vous seriez privé.

— Qu'est-ce à dire ?

— Vous avez la vue courte, monsieur ! Rappelez-vous les Saintes Écritures : au lieu de voir la paille dans l'œil du voisin, ôtez plutôt la poutre qui est dans le vôtre.

— Précisez votre pensée.

— Palliez les lacunes de votre propre jeu.

— Il n'en a point ! riposta Gill, les narines frémissantes. J'ai démontré mon génie au public.

— Pourquoi, alors, le dissimuler à vos camarades ?

— Vipère !

La querelle s'envenima allégrement et il fallut quelques minutes à Edmund Hoode pour calmer les deux parties. Cette tâche ne lui était que trop familière. La jalousie professionnelle sous-tendait les relations entre Firethorn et Gill. Tous deux possédaient de remarquables talents dont l'effet combiné était sans conteste éblouissant. Le succès que goûtaient les Hommes de Westfield tenait en grande part à ce couple hors pair qui, pourtant, ne parvenait pas à vivre en bonne intelligence en dehors des planches. Ils s'affrontaient avec des armes différentes. Les reproches de Firethorn évoquaient un sabre fouettant l'air, tandis que les récriminations de Gill étaient tel un poignard dont la lame effilée se plantait entre les côtes. Au plus fort de la dispute, le premier n'était que colère noire et sourcils en broussaille, alors que le second répliquait par une indignation vibrante, lèvres pincées.

Edmund Hoode adopta un ton conciliant :

— Messieurs, messieurs ! Vous vous faites mutuellement un tort considérable. Nous sommes tous associés dans cette affaire. Dieu m'est témoin que nous sommes déjà aux prises avec assez d'ennemis en ces temps troublés. N'accroissons pas les dissensions par des paroles obstinées. Cessez, messieurs. Redevenez amis.

Les combattants se retranchèrent derrière leur verre. Hoode se félicitait d'avoir mis le holà à cette querelle avant d'en arriver au point où Gill accusait immanquablement Firethorn de tyrannie débridée, et où celui-ci, à son tour, déversait son mépris sur la prédilection qu'affichait Gill pour les jeunes garçons au joli minois et au corps bien ferme. Hoode finit par rompre le silence embarrassé :

— Je n'ai pas le cœur à partir en tournée.

— Faute de souliers on va nu-pieds, dit Gill.

— En ce qui me concerne, je préférerais rester à Londres et risquer la peste que de parcourir la moitié du royaume derrière un chariot. Qu'y a-t-il à y gagner ?

— Toujours plus qu'en ville, le raisonna Firethorn. De quoi vivrez-vous lorsque vous n'aurez plus de travail ? Vous êtes sans doute un magicien du verbe, Edmund, mais vous ne pouvez matérialiser l'argent à partir du néant.

— Je vendrai mes poèmes.

— La misère est assurée, commenta Gill avec malice.

— J'en connais qui les achèteront.

— Des imbéciles.

Lawrence Firethorn eut un petit rire entendu.

— Je vois clair là-dessous, Edmund. Une seule raison pourrait vous inciter à demeurer ici malgré un dénuement certain. Allons, mon vieux, vous êtes amoureux !

— Foin de ces plaisanteries !

— Voyez-le s'empourprer, Barnaby !

— Vous avez touché dans le mille, Lawrence.

— Il dédaigne ses camarades afin de pouvoir loger son coquin dans le manchon. Pendant que nous courrions les routes en quête de public, il passerait son temps au lit comme un jeune marié.

Taquin, Firethorn poussa le poète du coude :

— Qui est cette belle jouvencelle, Edmund ? Il faut que ses appas soient sans pareils pour vous faire oublier votre vocation. Dites-nous, cher cœur ! Quel est son nom ?

Hoode éluda d'un haussement d'épaules. En matière amoureuse, il avait appris à ne jamais se fier à Firethorn, et encore moins à Gill. Le premier était un adultère effréné, capable de séduire la vierge la plus pure, tandis que l'autre n'avait que mépris pour la gent féminine dans son entier. Edmund Hoode préféra donc rester discret. Grand, mince, pâle et le menton glabre, il avait abordé la trentaine sans céder aux effets avilissants de cette existence instable. Auteur attitré de la compagnie, c'était un incurable sentimental pour qui les souffrances endurées à cause d'une femme étaient une forme supérieure de plaisir. Ces amours compliquées tournaient court presque invariablement avant la consommation sans que cela le décourageât. Son nouveau transport amoureux s'inscrivait en grand sur son front, et il baissa la tête sous le regard mi-scrutateur, mi-railleur de ses compagnons.

Lawrence Firethorn était d'une étoffe plus résistante. De taille moyenne, le torse en barrique, il exsudait le pouvoir et la force de caractère. Ses cheveux noirs ondulés, sa barbiche en pointe et ses traits séduisants menaient une attaque frontale contre le beau sexe. Gill était plus âgé, plus court, plus corpulent et vêtu avec un soin plus délicat. Morose et égoïste, il devenait un comédien superbe dès qu'il foulait les planches, et son sourire espiègle parait sa laideur d'un charme infini.

Hoode était déchiré entre sa passion et sa vocation.

— Les Hommes de Westfield pourraient se passer de moi...

— Avec joie ! lança Gill tel un dard.

— Je pourrais vous rejoindre plus tard dans la tournée.

— Allons, Edmund ! Qu'il ne soit plus question de désertion, dit Firethorn en lui tapant sur l'épaule. Nous sommes de pauvres lourdauds sans notre poète pour mettre des mots sur nos lèvres. Vous voyagerez avec nous parce que nous vous aimons.

— Mon cœur est ailleurs.

— Et parce que nous avons besoin de vous, doux ami.

— Partez sans moi.

— Et parce que vous êtes lié à nous par contrat.

Le rappel à l'ordre lapidaire de Firethorn mit fin à la discussion. Être partenaire n'allait pas sans imposer certaines responsabilités légales. La liberté d'action du poète était bridée. Il pâlit, voyant se flétrir une autre romance à peine éclose.

Lawrence Firethorn voulut lui prodiguer quelque consolation :

— Courage, mon gaillard ! Ne faites pas cette tête de berger transi d'amour ! Considérez plutôt ce qui vous attend. Une de perdue, dix de retrouvées ! Les filles de la campagne sont nées pour être troussées. Elles se dégrafent à volonté. Vous pourrez forniquer dans sept comtés jusqu'à ce que votre vit bleuisse et crie « Amen ! ». Écoutez-moi, Edmund, ajouta Firethorn, lui assenant une claque sur l'épaule. Nous, les Hommes de Westfield, ne sommes pas chassés de Londres : nous partons pour le paradis !

— Qui sera notre serpent ? demanda Gill.

A sa place accoutumée derrière la scène, Nicholas Bracewell contrôlait la représentation avec son autorité paisible. Régisseur de la troupe, il était un personnage clef pour tout ce qui la concernait. Non content d'être le souffleur et d'assurer la mise en scène de chacune des pièces qu'ils montaient, il supervisait les répétitions et contribuait à cent autres tâches impromptues. Grand, musclé, imposant, il avait un visage aguerri qui contrastait avec ses longs cheveux blonds et sa barbe de Viking. Frappant immédiatement le regard, il savait néanmoins se rendre invisible durant une représentation, présence insoupçonnée dans l'ombre, influence décisive tirant les ficelles tel un marionnettiste chevronné.

La pièce qui ravissait l'assistance à *La Tête de la Reine* cet après-midi-là était *L'Amour constant*, une tendre comédie sur les problèmes de la fidélité. Elle avait conquis le public londonien et les Hommes de Westfield l'avaient déjà présentée à plusieurs reprises. Néanmoins, cette fois, elle n'était pas tout à fait interprétée de la même manière.

— Et maintenant, messire Bracewell ?

— Le calice d'argent, George.

— Sur la table ?

— Présentez-le au roi.

— Quand faudra-t-il mettre la table ?

— Pour la prochaine scène.

— Avec le calice d'argent ?

— Non, le gobelet d'or.

George Dart n'était pas aussi nerveux, d'ordinaire. Assistant machiniste, il était réquisitionné à l'occasion pour servir de figurant. Son rôle dans *L'Amour constant* était accessoire et peu contraignant, pourtant avant même la fin de l'acte I il se sentit complètement désemparé. C'était d'ailleurs compréhensible. Nul n'ignorait, dans la troupe, que c'était peut-être leur dernière apparition à Londres avant longtemps et que, pour certains, l'adieu serait définitif. La tournée imposait des coupes dans le budget. La taille de la compagnie serait réduite, les salaires hebdomadaires diminueraient. Tous les partenaires prendraient la route, mais les employés devraient être passés au crible. George Dart était du nombre. Comme ses camarades, il avait la peur au ventre à l'idée d'être rejeté, sachant qu'une fois écarté des planches, on risquait de rester sur le bord du chemin. Il interprétait donc son rôle mineur avec un empressement hébété, redoutant ce qui l'attendait et anxieux de donner le meilleur de lui-même.

Nicholas Bracewell apaisait la panique générale et savait faire la part des choses. Certains de ces acteurs se battaient littéralemement pour leur vie. En voulant trop bien faire, ils gâchaient souvent toutes leurs chances. Nicholas éprouvait beaucoup de compassion à leur égard, mais son premier devoir allait au public et il se concentrait afin que la pièce se déroulât aussi harmonieusement que possible. Cela supposait d'arbitrer plusieurs duels en cours.

— Avez-vous jamais vu autant de haine gratuite, Nick ?

— Préparez-vous à votre prochaine entrée.

— Il a coupé ma plus belle réplique !

— Vous avez coupé deux des siennes.

— Gabriel tente de gâcher mes effets.

— Je crois qu'il se borne à rendre la pareille.

— Cet homme n'a pas d'honneur.

— Enseignez-le-lui par l'exemple.

— Vous prenez son parti.

— Non, Christopher. Je ne me soucie que de la pièce.

— Alors pourquoi laisser Gabriel la massacrer ?

— Vous le secondez avec talent dans cette entreprise depuis une demi-heure, en vous causant un tort mutuel.

— C'est moi qui suis le meilleur des deux, Nick.

— Cela va être à vous.

— Parlez en ma faveur !

— Allez, et que votre attitude parle pour vous.

Christopher Millfield bondit sur scène pour reprendre son duel avec Gabriel Hawkes. Tous deux étaient d'excellents acteurs capables de jouer un large éventail de seconds rôles avec assurance, et chacun était un véritable atout pour la compagnie. Mais il n'y aurait pas de place pour eux deux dans la tournée. L'un devrait s'effacer. Ils ne s'étaient jamais appréciés, néanmoins, dans les pièces précédentes, ils avaient mis de côté leur antipathie personnelle pour faire cause commune. Menacés de perdre leur emploi, ils en revenaient à une hostilité cohérente avec leurs personnages, mais qui provoquait certains écarts inquiétants par rapport au texte.

Nicholas les observait non sans surprise et répugnance. Il aurait pu s'attendre à cette attitude de la part de Millfield, un jeune homme arrogant et impulsif, prompt à s'offenser d'un rien. Gabriel Hawkes avait une personnalité très différente, modeste, presque timide. La paillardise des comédiens le mettait mal à l'aise et il préférait se tenir en retrait. Si Nicholas admirait le talent des deux hommes, il éprouvait beaucoup plus de sympathie pour Hawkes. Lors d'une tournée longue et pénible, sa présence conciliante serait de loin préférable à l'exubérance insolente de Millfield.

Pourtant, il n'aurait pu se montrer sous un plus mauvais jour. En s'abaissant à une lutte ouverte, Hawkes portait à sa propre cause un préjudice irréparable. Au grand amusement du public — mais au détriment de la pièce —, les deux hommes se livraient à un pugilat impitoyable à grands coups de vers blanc et d'alexandrin.

Puis, soudain, tout fut fini.

Gabriel Hawkes parut s'avouer vaincu. Il s'effondra, toute ardeur abolie, et perdit sa superbe. Il se laissa piétiner par Christopher Millfield sans même offrir un semblant de résistance. C'était pathétique à voir.

La plupart des spectateurs n'avaient pas conscience de l'intense conflit personnel qui s'était déroulé sous leurs yeux. Hawkes et Millfield n'interprétaient pas de premiers rôles et se fondaient dans le décor chaque fois que Lawrence Firethorn entrait sur scène. Il était royal à tous les sens du terme, et son éclat auguste éclipsait le reste, y compris les exploits hilarants de Barnaby Gill, qui incarnait un prétendant décrépit. Firethorn régnait sans partage.

A la tête de la troupe, il se délecta des applaudissements qui retentissaient dans la cour de l'auberge où ils avaient installé leur scène provisoire. Les Hommes de Westfield devaient jouer à *La Tête de la Reine* la semaine suivante, mais personne ne croyait que la représentation aurait lieu. La peste se rapprochait inexorablement. Les spectateurs, sachant qu'ils seraient privés de divertissements pendant de longs mois, ne cachèrent pas leur enthousiasme envers les comédiens forcés à s'exiler de la cité. C'était une joyeuse occasion où entrait une certaine mélancolie.

Lawrence Firethorn versa de vraies larmes en prononçant un discours d'adieu. Barnaby Gill reniflait, la pomme d'Adam d'Edmund Hoode allait et venait, et le reste de la compagnie avait manifestement le cœur serré. Nicholas Bracewell, lui, n'était pas submergé par ce flot d'émotions. Il fixait son attention sur Gabriel

Hawkes, qui paraissait curieusement indifférent. Un homme lié au théâtre par un engagement profond et durable semblait désormais y être étranger.

Alors que les acteurs sortaient de scène, Nicholas s'approcha de lui.

— Qu'avez-vous, mon garçon ?

— Rien, messire Bracewell.

— Vous sentez-vous bien ?

— Je crois que je tombe malade, mais ce n'est rien de grave.

— Quel genre de mal est-ce là ?

— Ne vous inquiétez pas pour moi.

— Devons-nous vous accompagner chez un médecin ?

— Il est inutile d'en faire cas, je vous assure.

— Soyez prudent, Gabriel.

Le jeune acteur lui effleura le bras en souriant faiblement :

— Merci, messire Bracewell.

— De quoi ?

— D'avoir été un ami loyal envers moi.

Il y avait dans le ton de sa voix une note troublante. Tandis que Gabriel s'éloignait, chancelant, pour se changer avant de regagner son logis à Bankside, le régisseur eut l'inquiétante prémonition qu'il ne le reverrait plus vivant.

S'étant amusée avec la ville pendant quelques semaines, la peste se mit à tuer pour de bon. Londres était impuissante. Elle souffrait de maux de tête lancinants, de refroidissement, d'atroces douleurs dorsales, de précipitation du pouls, de halètements, de fièvre et d'agitation. Des bubons infects apparurent sur son aine et sous ses aisselles. Elle était secouée d'incontrôlables vomissements. Le corps ayant cédé, l'esprit commença lui aussi à succomber. Le délire s'installa. Le taux de mortalité grimpa sans qu'on pût rien y changer et les gens réapprirent à prier.

— Quand partirez-vous, messire ?

— Dès que cela s'avérera nécessaire.

— N'y a-t-il aucun espoir de l'éviter ?

— Hélas non, ma mie. Sept décès ont été déclarés dans cette seule paroisse, et plus d'une douzaine à Cripplegate. Lorsqu'on aura établi le total des quartiers de Londres, le nombre excédera largement trente, voire le triple.

— Dieu nous préserve tous !

— Il n'y a pas de consolation pour nous, pauvres comédiens, qui serons les premiers sacrifiés à ce fléau. Le Conseil privé de la reine a promulgué un édit. Tous les théâtres, les arènes de combats d'ours et autres lieux de réunion publique doivent être fermés sur-le-champ. C'est inique !

— Quel manque de considération envers votre sort !

Margery Firethorn serra son époux contre elle afin qu'il sente la chaleur de son amour. Leur union ne pouvait en aucun cas être qualifiée de paisible, mais Firethorn ne l'avait jamais regrettée, même au plus fort de la tempête. Margery était une épouse dévouée, une mère attentive, une ménagère économe et une bonne chrétienne. Vivre avec un conjoint aussi turbulent en aurait effarouché plus d'une, mais elle avait relevé le gant avec un courage stoïque. Ils étaient destinés l'un à l'autre, âmes sœurs forgées dans le même airain.

— Combien de temps durera votre absence ? s'inquiéta-t-elle.

— Jusqu'à ce que *La Tête de la Reine* puisse à nouveau nous accueillir.

— Ce ne sera pas avant des mois.

— Non, sûrement pas avant la Saint-Michel.

— Cela me semblera une éternité.

— Mon vieux cœur s'attriste à cette perspective.

— Vous me manquerez cruellement, Lawrence.

Firethorn contempla son épouse, allongée dans le lit à ses côtés, et revit la jeune femme voluptueuse qu'il avait courtisée tant d'années plus tôt. Le temps avait creusé des lignes profondes sur son visage et les grossesses n'avaient pas épargné sa silhouette, néanmoins elle restait étonnante à sa façon, avec son corps aux formes généreuses capable d'enjôler et d'enflammer comme jadis. En une fuite éperdue dans l'adultère, Firethorn avait éveillé l'amour de servantes d'auberge et le désir de nobles beautés, mais toujours il revenait aux charmes plus mûrs de sa femme. Alors, comme en ce moment précis où il était saisi par un rare élan de culpabilité, il se demandait pourquoi il s'était donné la peine de s'écarter du droit chemin.

Margery lui procurait une joie qui transcendait le simple assouvissement des sens et qui méritait d'être savourée. Dans cette attitude d'abandon accueillant, elle était aussi irrésistible que durant leur nuit de noces, où le lit avait grincé jusqu'à l'aube. Des rayons de lune filtraient par la fenêtre pour peindre d'elle un portrait d'une beauté encore plus saisissante.

Firethorn l'attira contre lui.

— Approchez, ma mie. Nous avons besoin l'un de l'autre.

— Un moment, messire, répondit Margery, préférant régler au préalable les détails d'ordre pratique. Comment suis-je censée vivre en l'absence de mon époux ?

— Aussi vertueusement que s'il était à la maison.

— Je parle des dépenses du ménage, Lawrence.

— Vous serez à l'abri du besoin, mon ange.

— De quelle manière ? insista-t-elle.

— Le train de vie sera considérablement réduit lorsque je serai parti. J'emmènerai les pensionnaires et les apprentis avec moi. Il ne restera à Shoreditch que nos enfants, nos domestiques et vous.

— Les enfants et les domestiques doivent manger, messire.

— Ils mangeront. Chaque jour, très régulièrement.

— Me fournira-t-on de l'argent ?

— Bien sûr, Margery, assura-t-il, lui caressant la cuisse en prélude à leur plaisir partagé. Je vous donnerai tout ce dont j'aurai les moyens. Soyez tranquille.

— Et si cela se révélait insuffisant ?

— Soyez frugale, femme, et tout ira bien.

— Même la frugalité a un prix.

— N'ayez crainte, ma douce.

— Alors apaisez mon esprit.

— Certes, certes ! répondit-il, cependant que sa main remontait pour enfermer un sein opulent. Pendant la tournée, je vous enverrai davantage d'argent. Et si cela ne suffit pas, eh bien, vous devrez vous procurer des fonds d'une autre source.

— Enseignez-moi comment, monsieur.

— Vendez mon deuxième meilleur manteau.

Margery fut émue. Elle savait ce que cette tenue représentait pour lui. Il eût préféré perdre un bras plutôt que se séparer d'un mètre de cette étoffe. Ce manteau magnifique, à carreaux de taffetas jaunes, verts, bleus et rouges et doublé de bougran, était un présent de Lord Westfield en personne et n'eût pas déparé la garde-robe d'un pair.

— Parlez-vous sincèrement, Lawrence ? Je pourrais le vendre ?

— Seulement en dernière extrémité.

— Et vous ne m'en garderiez pas rancune ?

— Votre bien-être passe avant ma vanité.

— Cela me réjouit plus que je ne saurais dire.

Le moment était venu de ferrer sa prise. Firethorn tira de sous l'oreiller la bague qu'il avait eu soin d'y placer un peu plus tôt, puis la glissa symboliquement sur le majeur gauche de Margery. Celle-ci fixa le rubis, fascinée.

— C'est pour moi ?

— Dame ! Pour qui d'autre ? Portez-la jusqu'à mon retour.

— Rien ne me persuaderait de l'enlever.

— C'est un gage de mon adoration, dit-il, lui écartant les cuisses d'une légère pression. Puisse-t-il constamment vous rappeler l'amour que je vous porte. Un bijou précieux, pour vous, trésor de mon existence, un éternel tribut à la plus belle parmi les belles.

Elle lui donna un baiser qui l'embrasa et lui fit perdre tout bon sens. Dans son ivresse, il lâcha inconsidérément :

— Puis, le pire dût-il advenir... vous auriez toujours la ressource de la vendre.

Sous son corps, un volcan entra en éruption.

Le lit craqua violemment, mais non sous de joyeux ébats.

Bankside se montra plus tendre pour les adieux de ses amants. Les plaisirs nocturnes ne furent pas gâchés si légèrement par Nicholas. Comme ils étaient moins fréquents dans sa vie, il avait appris à les savourer sans plus penser au monde réel. Ce ne fut qu'après — tandis qu'ils étaient allongés côte à côte dans un abandon indolent — qu'il tourna son esprit vers de plus graves sujets.

— Resteras-tu à Londres, Anne ?

— A moins que la peste s'aggrave.

— Tout l'indique.

— Alors je rendrai visite à mes parents de province.

— Tes cousins de Dunstable ?

— Ou mon oncle de Bedford. Ou même à mon autre oncle, celui de Nottingham. J'irai chez l'un, chez l'autre et peut-être chez les trois plutôt que de m'exposer à un fléau.

— Est-ce donc ce que je suis pour toi ? la taquina-t-il.

— Tu me donnes la fièvre chaque fois que tu m'approches, Nick.

Anne Hendrik était une des résidentes les moins typiques de Bankside. Dans ce quartier connu pour ses bordels, ses salles de jeu, ses tavernes et sa racaille, elle possédait une demeure respectable et un commerce prospère. Anglaise de naissance, elle était la veuve de Jacob Hendrik, un Hollandais industrieux qui avait émigré à Londres, comptant y exploiter son expérience de chapelier. Cependant, devant l'exclusive manifeste des guildes envers lui comme envers ses compatriotes, il avait été forcé d'ouvrir boutique hors de la capitale. Il avait pris Southwark pour foyer et choisi Anne pour épouse.

Restée veuve et sans enfant au bout de quinze années de mariage, Anne avait hérité d'une belle maison, d'une affaire florissante et de la conviction de son époux dans la valeur du travail en soi. Puis Nicholas Bracewell était entré dans sa vie.

— Dans quelles villes ferez-vous étape ? s'enquit-elle.

— Il nous reste à en décider.

— Dans quelle direction voyagez-vous ?

— Vers le nord, Anne.

— Il se peut donc que vous passiez par Dunstable ?

— Ou par Bedford. Ou encore par Nottingham. Ou par tout autre lieu où le hasard voudra que vous soyez. Si je me trouve dans le même comté que vous, rien ne m'empêchera de vous voir.

Anne l'embrassa tendrement sur la joue puis se nicha contre son épaule. Depuis qu'il logeait chez elle, Nicholas était devenu plus qu'un simple amant. Ils ne partageaient le même lit que de façon occasionnelle, néanmoins leurs vies étaient liées. Il était attiré comme un aimant par cette longue femme gracieuse et séduisante, dotée d'un sens de l'indépendance si rafraîchissant. Anne, quant à elle, était fascinée par son mélange d'humour, d'intelligence et de force placide. Elle n'avait jamais rencontré d'homme aussi peu imbu de ses nombreuses qualités. Bien qu'il ne fût qu'un simple employé de la troupe, Nicholas s'était rendu indispensable et assumait des responsabilités qui, en temps normal, eussent dépassé les attributions d'un régisseur.

Captivée par le théâtre, Anne s'intéressait vivement aux affaires des Hommes de Westfield, dont elle connaissait les membres, même engagés temporairement. Ayant assisté à la dernière de *L'Amour constant* dans la capitale, elle était curieuse de savoir qui figurerait dans la pièce en tournée.

— De combien de personnes se composera la troupe, Nick ?

— Seulement quinze d'entre nous.

— Cela suppose de couper à vif.

— Messire Firethorn a pratiqué une incision rapide.

— Et qui a été retranché ?

— Beaucoup trop de monde, je le crains.

— George Dart ?

— Non, je l'ai sauvé.

— Thomas Skillen ?

— Son cas était désespéré.

Nicholas secoua tristement la tête. Lawrence Firethorn avait choisi en étroite consultation avec son régisseur ceux qui resteraient au sein de la compagnie. Ils avaient passé des heures à argumenter et Nicholas s'était battu pour conserver certains des employés, quoique pas toujours avec succès. C'était l'acteur-directeur qui prenait l'ultime décision avec une efficacité brutale, ne laissant place ni à l'affection ni à la compassion. La tâche douloureuse d'annoncer à de bons amis qu'on se passerait désormais de leurs services incombait à Nicholas, ce qui n'avait pas été sans l'ébranler.

Le cas de Thomas Skillen en était la parfaite illustration. Le machiniste était pétri par l'amour du théâtre et aussi sûr qu'un roc, mais son vieil âge et ses rhumatismes le desservaient. On lui préféra des jambes plus alertes et des mains aux talents plus variés. Peter Digby fut une autre victime. A son poste de chef d'orchestre, il était une figure essentielle de toute représentation, mais sa maestria était un luxe que l'on ne pouvait s'autoriser dans une tournée. On accorda la priorité aux acteurs musiciens, parce qu'ils présentaient une double utilité. Hugh Wegges, le costumier, verrait certaines de ses plus belles créations quitter Londres pendant que lui resterait derrière. Son talent infini à manier le fil et l'aiguille ne suffisait pas à assurer son transport. Nathan Curtis, maître charpentier, fut également évincé. On n'emporterait qu'un minimum de décors et d'accessoires, de sorte que ses compétences seraient dorénavant superflues.

Il en fut ainsi avec maints autres. Nicholas s'était efforcé de leur annoncer la nouvelle avec le plus grand ménagement, mais cela n'empêcha pas les supplications larmoyantes, le désespoir et les amères récriminations. Pour certains de ses collègues qu'il aimait et admirait, il avait prononcé un arrêt de mort. Cela le peinait jusqu'au tréfonds.

— Et Christopher Millfield ? interrogea Anne.

— Ah ! La discussion fut âpre.

— Je lui aurais accordé ma voix plutôt qu'à Gabriel Hawkes.

— Seulement parce que tu ne le connais pas aussi bien que moi.

— Il a montré un talent plus éclatant dans *L'Amour constant*.

— Il s'est imposé, je le concède, dit Nicholas. C'est un procédé familier à Christopher. Il s'entend à monopoliser l'attention, sur scène, et il met une intense passion dans son jeu. Néanmoins, je reste persuadé que Gabriel est le meilleur. Il est capable d'apprendre un rôle plus vite que n'importe qui dans la troupe et il garde la tête froide.

— L'as-tu dit à messire Firethorn ?

— Je n'ai cessé de le lui répéter.

— Qu'en a-t-il résulté ?

— Il inclinait en faveur de Christopher.

— La cause était donc perdue d'avance.

— Non, Anne. J'ai évoqué un aspect qui l'a amené à reconsidérer la chose d'un œil neuf.

— Quel aspect ?

— Christopher possède sans doute un charme éblouissant, mais c'est un égoïste. Gabriel ne cherchera jamais à voler la vedette à Lawrence Firethorn. Il est inoffensif.

— Un argument astucieux, approuva Anne avec un sourire. Je comprends qu'il ait influencé messire Firethorn. C'est donc ainsi ? Christopher Millfield quittera la troupe ?

— Non sans rancœur. Quand je lui ai appris la décision, il a été froissé à l'extrême et a proféré toutes sortes de menaces. Il l'a ressenti comme un affront de la pire espèce. On peut encore s'attendre à des difficultés de ce côté. Ce n'est pas agréable d'être porteur de mauvaises nouvelles...

— Tu en as donné de bonnes à certains.

— En effet. J'ai répandu la joie autant que la tristesse.

— Gabriel Hawkes a dû être transporté de bonheur !

— Je n'ai pas été à même de le voir en personne. Il est souffrant depuis deux jours. Mais je lui ai envoyé un message. Il connaît sa bonne fortune.

— Cela l'aidera à se relever de son lit de douleur.

— Je l'espère.

— Tu ne parais guère confiant.

— Mais si, assura Nicholas, chassant de vagues inquiétudes. Gabriel est notre meilleur élément et démontrera ses qualités pendant nos pérégrinations. Il n'en est pas d'autres, dans cette troupe, que je préférerais avoir auprès de moi. Je lui rendrai visite demain et je veillerai à ce qu'il le comprenne.

— Pourquoi as-tu de lui une si haute opinion ?

— Le plus étonnant, c'est que je ne le sais pas.

Smorrall Lane était sise à moins de cent mètres de chez Anne, pourtant un monde semblait les séparer. L'allée étroite et sinueuse, d'où montaient des odeurs fétides, était flanquée d'une suite de bâtisses sales et décrépites se soutenant mutuellement telles des compagnes bancales. Les tavernes et les lieux de débauche attiraient la clientèle des bas-fonds, et ceux qui fréquentaient cette rue la nuit étaient habituellement ivres ou malades à force d'excès. Des coupeurs de bourse, tapis dans des coins sombres, attendaient un butin facile. Des femmes s'offraient sous des porches. Le sang se mêlait souvent à l'urine et aux excréments qui s'écoulaient sur les pavés. Smorrall Lane était facile à trouver : on la repérait à sa puanteur.

Le grand jeune homme élégant qui la parcourait cette nuit-là n'était pas un visiteur ordinaire. Plissant le nez avec dégoût, il avançait rapidement et repoussa deux noceurs qui l'avaient bousculé. En arrivant devant la maison qu'il cherchait, il leva les yeux et vit une faible lueur à la fenêtre de la chambre à coucher. Sa proie était chez elle.

Il donna de grands coups dans la porte sans obtenir de réponse. Après un regard furtif dans la ruelle pour s'assurer que nul ne l'observait, il s'introduisit dans la maison et toussa, pris à la gorge par la poussière. Il se dirigea vivement vers l'escalier et gravit en silence les marches branlantes. Il frappa à la porte de la chambre, mais ne perçut qu'une respiration laborieuse.

Cela servait ses desseins. Ouvrant doucement la porte, il se glissa à l'intérieur et s'approcha de la forme prostrée sous les draps déchirés. Une odeur de pourriture assaillit ses narines et lui souleva l'estomac, mais n'ébranla pas sa détermination. Il se mit à califourchon sur le dormeur, referma ses doigts sur son cou et serra. Il rencontra peu de résistance. Sa victime déjà affaiblie eut à peine la force de se débattre. Ses bras retombèrent bientôt, inertes et sans vie.

Le visiteur s'éclipsa furtivement et ressortit dans la ruelle. Il ramassa un morceau de charbon pour tracer quelques mots sur la porte usée :

SEIGNEUR AYEZ PITIÉ DE NOUS.

Puis il leva à nouveau la tête vers la fenêtre.

— Adieu, Gabriel ! Va-t'en dormir avec les anges de ton espèce.

2

Miles Melhuish avait une confiance absolue dans le pouvoir de la prière. En qualité de curé de l'église paroissiale Saint-Stephen, il occupait le poste idéal pour mettre sa foi à l'épreuve et il ne l'avait jamais prise en défaut. La prière avait sauvé des âmes, guéri des maux, adouci des tragédies, fourni l'inspiration, assuré l'aide du Très Haut et généralement apaisé l'esprit troublé de sa congrégation. Si son ministère lui avait enseigné une chose, c'était que dix minutes par jour à genoux étaient beaucoup plus efficaces qu'une heure debout en chaire. Tel était le premier article du credo melhuishien. En communiant directement avec Dieu en toute humilité, il accomplissait infiniment plus qu'en abreuvant les citoyens de Nottingham de ses sermons. C'était un pasteur fervent et réfléchi, et ses brebis s'en trouvaient bien.

Dix années dans la paroisse l'avaient confronté avec toutes sortes de problèmes et de phénomènes étranges, mais aucun n'était comparable avec ce qui l'attendait cette fois-ci. Tandis qu'il s'agenouillait devant l'autel en une attitude de bienheureuse soumission, le soleil couchant entra à flots à travers les vitraux pour transfigurer son visage rubicond et auréoler son crâne chauve. Une fois ses prières terminées, il s'aida de la rampe pour se soulever, puis marqua une génuflexion avec une majestueuse solennité.

Le bruit d'une course haletante le fit se retourner.

— Eh bien, Humphrey ! Que signifie cette hâte ?

— Je dois vous parler, mon père.

— Certainement, mais pas en faisant irruption comme un taureau furieux. C'est ici la maison du Seigneur, Humphrey, et nous devons y montrer le respect qui convient. Un peu de retenue, mon fils.

— Je vous obéis sur-le-champ.

— Et reprenez votre souffle, mon ami.

Humphrey Budden s'appuya sur un des pupitres en respirant à longs traits. Corpulent, les épaules larges et le teint fleuri, il avait couru beaucoup plus longtemps que ses jambes et ses poumons ne le supportaient et il était maintenant en nage. Melhuish descendit le bas-côté vers son paroissien et tenta de deviner quel incident dramatique avait provoqué ce laisser-aller peu caractéristique. Budden était une personnalité respectée de la ville, un dentellier consciencieux qui contribuait à maintenir le nom de Nottingham au premier rang de son métier. Depuis son mariage l'année précédente, c'était le plus heureux des hommes, honnête, affable, droit, assidu dans ses dévotions et souvent enclin à des élans charitables. Pourtant, voilà que ce même Humphrey Budden pénétrait au pas de charge dans l'église, haletant comme un chien et suant comme un cochon rôti.

Le curé passa un bras consolateur autour de lui.

— N'ayez crainte, mon fils. Dieu est avec vous.

— J'en ai grand besoin, mon père.

— A quelle fin, Humphrey ?

— Je puis à peine me résoudre à vous le dire.

— Le soulagement suivra la confusion.

— Sa voix emplit encore mes oreilles.

— Quelle voix ?

— Et ce spectacle tourmente mon esprit.

— Vous tremblez encore sous le choc que cela vous a infligé.

— Je suis venu ici directement, mon père. Dieu est mon dernier recours.

— En quoi peut-Il vous aider ?

Humphrey Budden se mordit les lèvres avec embarras, puis s'éclaircit la gorge. Il avait été beaucoup plus facile d'apporter son message à l'église que de le formuler. Les mots se rebellaient.

Miles Melhuish l'encouragea avec douceur :

— Êtes-vous en peine, mon fils ?

— Pas moi, mon père.

— Votre épouse ?

— Oui.

— De quoi souffre cette brave femme ?

— Oh, mon père...

Humphrey se mit à pleurer sans pouvoir s'arrêter. La calamité qui l'avait poussé à courir sans réfléchir jusqu'à l'église le privait de la parole. Le curé l'aida à s'asseoir sur un banc et s'installa près de lui pour élever vers le ciel une prière silencieuse. Lentement, Budden recouvra un peu de sang-froid.

— Parlez-moi d'Eleanor, dit Melhuish.

— Je l'aime tant !

— Quelque accident serait-il survenu ?

— Pire, mon père.

— Elle est tombée malade ?

— Pire encore.

— Miséricorde ! Nous a-t-elle quittés ?

— C'est encore pire que cela.

A force de patience et de douceur, Melhuish parvint à comprendre le fond de l'histoire. Même sous sa forme tronquée, elle suffit à faire oublier à l'homme d'Église sa bedaine et le lieu où il se tenait. Soutenant son ventre à deux mains, il fila vers le portail, Budden le serrant de près. Ils sortirent dans la cour puis passèrent la porte qui donnait sur Angel Row. La demeure se trouvait à environ deux cents mètres et l'énergie qu'ils durent déployer pour l'atteindre les mit tous deux au bord de l'épuisement, mais ils ne s'arrêtèrent pas. Ce qu'ils entendirent soudain, au-dessus de leur souffle haletant, leur glaça les sangs et poussa leurs jambes à fournir un suprême effort.

C'était un hurlement de femme. Non un cri de souffrance, ni l'expression angoissée du désarroi, mais la plainte aiguë, longue et inquiétante d'un animal sauvage, si intense, si peu naturelle qu'elle ne semblait pas émaner d'une gorge humaine. Budden ouvrit la porte et fit entrer le pasteur anglican dans une pièce qui comptait déjà quelques occupants. Quatre enfants terrifiés se blottissaient contre les jupes d'une vieille servante, fixant avec horreur le plafond au-dessus de leur tête, où se trouvait la chambre à coucher.

Humphrey les pressa sur son cœur pour les réconforter puis conduisit son visiteur en haut de l'escalier. Durant cette courte ascension, Miles Melhuish pria avec une ferveur qu'il n'avait pas éprouvée depuis longtemps. La plainte était à fendre l'âme. Il dut prendre sur lui pour suivre l'époux affligé dans la chambre. Quel spectacle odieux l'attendait à l'intérieur ?

Dès que ses yeux le découvrirent, il se signa.

— Dieu du Ciel !

— Eleanor ! appela Budden. Du calme, ma femme.

Mais elle ne l'entendit même pas. La plainte déferla sans rien perdre de sa violence tandis qu'elle tirait sur ses cheveux à pleines mains. Melhuish était abasourdi. Là, devant lui, une femme plantureuse d'une vingtaine d'années était agenouillée dans une totale nudité. Tandis qu'elle se balançait d'avant en arrière, les yeux rivés sur le crucifix cloué au mur, ses cheveux de lin retombaient tout le long de son dos vers de belles fesses rondes et frémissantes. C'était une scène à la fois si effrayante et si érotique que Melhuish dut détourner les yeux quelques secondes et faire appel à toute sa vertu.

Eleanor Budden était en proie à une irrépressible passion. Son cri suraigu évoquait la douleur et le plaisir, la torture subie et la joie atteinte, la souffrance de la damnation et la béatitude du salut. Sa bouche grimaçait, mais son visage rayonnait de bonheur.

— Eleanor, dit son époux, regardez qui est là.

— Elle ne vous entend pas, Humphrey.

— Placez-vous là où elle pourra vous voir, mon père.

Il fit signe au curé d'avancer jusqu'à ce que ce dernier se trouvât entre la femme et le crucifix. L'effet fut immédiat. Elle se tut. Ses bras retombèrent le long de son corps, dont les tremblements s'apaisèrent. Le cri assourdissant fut remplacé par une immobilité étrange, presque aussi troublante.

Eleanor leva les yeux vers le prêtre de la paroisse avec un sourire respectueux. La fièvre était enfin tombée. Les deux hommes se détendirent légèrement mais leur soulagement fut de courte durée. Une nouvelle crise la saisit. Se jetant en avant, elle enlaça le curé par la taille et enfouit sa tête dans les amples replis de sa chair, émettant un long gémissement d'excitation qui monta rapidement en un cri exalté. Des mains fermes empoignaient le postérieur du prêtre, des seins tendres se pressaient contre ses cuisses, des lèvres ardentes s'enfonçaient dans son aine. Le cri atteignit un paroxysme avant de s'épuiser en un soupir sensuel qui fit frémir tout le corps d'Eleanor de pure extase.

Apaisée, elle s'évanouit sur le sol.

Miles Melhuish priait fébrilement.

La mort parcourait chaque jour les rues de Londres et envoyait des êtres chéris vers un tombeau prématuré, cependant les citadins n'étaient toujours pas rassasiés. Malgré les deuils affligeant de nouvelles familles d'heure en heure, il restait encore un intérêt assez morbide pour diriger une large foule vers Tyburn en vue de l'exécution. Les gens accablés, qui étaient restés assis autour de lits marqués par le destin, éprouvaient une sensation de légèreté en jouant des coudes pour se ménager une place autour du gibet. Une mort publique n'était pas sans un côté festif. Dans le meurtre brutal mais légalisé d'un criminel anonyme, ils pourraient puiser une profonde satisfaction et le dépêcher dans l'au-delà au son de leurs huées cruelles. Le châtiment sinistre que l'on voulait exemplaire devenait une source de divertissement.

Personne n'entendait en perdre une miette.

— Écartez-vous, messire, je vous en prie !

— Je ne le puis, madame.

— Vos larges épaules me bouchent la vue.

— Venez devant moi.

— Je vais passer par là.

— Poussez fort, madame !

Le jeune homme de haute taille se serra sur la gauche afin de laisser de la place à la vieille femme. S'étant frayé un chemin à travers la presse, elle constata que sa vue était encore barrée. Le jeune homme recula pour éviter son haleine fétide, mais l'odeur se perdit bien vite dans la puanteur commune de la multitude. C'était une campagnarde, un panier au bras, ses épaules voûtées évoquant toute une vie de labeur ingrat. Ses lèvres s'écartaient en un sourire édenté à la perspective du spectacle.

— Vous venez de loin, madame ? demanda-t-il.

— De plus de quatre lieues.

— Tout ce chemin pour une exécution ?

— J'en ferais huit à cloche-pied plutôt que de rater ça.

— Savez-vous qui va être pendu ?

— Un traître.

— Mais quel est son nom ?

— C'est sans importance.

— Cela en a pour lui.

— Il n'est rien en lui-même.

— Vous avez parcouru quatre lieues à pied pour un parfait inconnu ?

— Oui, messire ! déclara-t-elle avec une joie mauvaise. Mort à tous les traîtres ! Je veux le voir châtré !

Un hourra sonore s'éleva tandis que la charrette roulait en bringuebalant vers le gibet. Le condamné était assis, les bras liés derrière le dos, encadré par deux geôliers debout. Même dans cette pitoyable situation, il conservait une dignité flétrie. En haillons, hirsute et mutilé par la torture, il avait néanmoins le port de tête d'un vrai gentilhomme. Son calme face à la mort attisa encore la rage des spectateurs. Toute leur peur, leur haine, leur colère et leur désespoir se canalisèrent et s'enflèrent en un rugissement de fureur.

Le jeune homme restait silencieux mais observait tout cela avec un plaisir détaché. La justice fut appliquée sans barguigner. On fit monter le prisonnier sur l'estrade et on lui lut la sentence. On lui offrit alors la brève consolation d'un aumônier afin de fortifier son âme en vue du sort qui l'attendait. Ayant refusé, il fut remis à l'exécuteur et à son assistant, des monstres encapuchonnés aux bras musclés, doués pour prolonger l'agonie. Ils connaissaient leur métier et se mirent à leur besogne sans retard. Le prisonnier récita quelques mots en latin, qui furent noyés sous les clameurs de la populace. Ses lèvres remuaient encore lorsqu'on lui passa le nœud coulant autour du cou.

La corde fut ajustée, la position vérifiée, le levier actionné. Alors la trappe s'ouvrit pour lui donner son premier aperçu de l'enfer. Son corps se raidit sous le choc, puis ses jambes se trémoussèrent, ses épaules se tordirent, sa bouche s'ouvrit toute grande dans son visage cramoisi et chacune de ses veines parut sur le point d'exploser sous sa peau. Les spectateurs goûtaient ce spectacle grotesque et répugnant. Ils riaient, applaudissaient et contrefaisaient les gesticulations du supplicié. Pris d'hystérie, ils oubliaient leurs malheurs dans la joyeuse contemplation de la sauvagerie.

Le corps se contorsionna et se balança longuement sans que les bourreaux interviennent. Les yeux clos, la bouche béante, la nuque à moitié brisée, la victime semblait avoir expiré. Des grondements outragés s'élevèrent, les spectateurs croyant qu'on les privait de leur dû. Mais les exécuteurs n'avaient pas bâclé leur ouvrage. Tandis qu'ils coupaient la corde, le condamné s'agita faiblement et laissa échapper un gémissement. Le jeune homme se trouvait assez près pour voir ce qui se passa ensuite. De sous ses paupières lourdes comme le plomb, le prisonnier lança à ses tortionnaires un coup d'œil accusateur. De toute évidence, il les avait soudoyés afin qu'ils le laissent mourir sur le gibet, lui épargnant les atrocités promises dans la sentence.

Les exécuteurs avaient accepté l'argent avec le plus grand sérieux, avant d'oublier tranquillement leur part du marché.

Le traître était lui-même victime de trahison.

Dépouillé de ses vêtements, le prisonnier fut émasculé en un éclair d'acier. La perte de sa virilité exacerba encore la soif de sang de la populace. Vint ensuite l'éviscération traditionnelle. Les bourreaux lui ouvrirent le ventre et extirpèrent ses entrailles afin de les brûler sous ses yeux. Quand il n'y eut plus d'amusement à retirer de la carcasse sanglante, le prisonnier fut pendu, son corps démembré. La boucherie systématique était enfin terminée. Les spectateurs en avaient eu tout leur content.

Christopher Millfield s'autorisa un sourire discret.

Londres était en nage. La contagion malsaine se propageait à travers ses dédales d'allées et de ruelles. Les cloches sonnaient le glas à longueur de journée et les prêtres se hâtaient de maison de mort en maison de mort. Les entrepreneurs de pompes funèbres prospéraient et une génération véreuse de clercs de paroisse s'enrichit, exploitant le malheur des endeuillés en augmentant ses tarifs. Les vautours se repaissaient des cadavres décharnés de leurs concitoyens.

L'exode de la capitale s'accrut rapidement.

— J'hésite à quitter la ville, Nick.

— Rester ici est hors de question.

— Ma place est auprès de celle que j'aime.

— Mais vous y êtes, Edmund ! dit son ami. Dans les vers qu'elle a reçus de vous se trouve la quintessence de votre être.

— Je n'avais point songé à cela...

— Pensez-y à présent. L'absence ne fera qu'attendrir son cœur à votre endroit, et vous pourrez nourrir cet attachement par de doux poèmes et d'ardentes missives. Ainsi, votre plume suppléera à vos lèvres.

— Cela est assurément une consolation.

— Vous la courtiserez depuis toute l'Angleterre.

— Quel accueil chaleureux je recevrai à mon retour !

Edmund Hoode se rasséréna. Discuter de ses contrariétés sentimentales avec Nicholas lui procurait toujours un réconfort. Le régisseur était un homme qui connaissait la vie et comprenait les subtils caprices de l'amour. Ses conseils se révélaient judicieux et sa compassion sans limites. Hoode avait eu maintes occasions de lui être reconnaissant, et cette fois encore il débordait de gratitude. Nicholas venait de lui montrer la possibilité d'un heureux compromis. Quitter la ville n'était pas forcément un acte de désertion. Il pourrait poursuivre à distance la conquête de sa bien-aimée. Cela lui ferait connaître les délicieux tourments de la solitude et accroîtrait la magie des délices charnelles quand viendrait enfin ce moment béni.

— Je m'en vais lui envoyer un sonnet sur-le-champ, décida-t-il.

— Vous n'avez que cette dernière journée pour le composer.

— Et aussi cette nuit, Nick. Je repousse toute idée de sommeil dans la joie de lui plaire, et c'est aux heures où l'obscurité est reine que ma muse m'inspire le mieux.

—Ne vous épuisez pas, Edmund. Un long voyage nous attend demain.

— Je l'entamerai en d'excellentes dispositions.

— J'en suis fort aise.

— Si seulement ce cher Gabriel avait pu être avec nous !

— Le même regret occupe mon esprit.

Les deux amis marchaient dans Bankside par une chaude et orageuse matinée. Ils étaient venus remplir un bien triste devoir. En pénétrant dans la partie la plus sordide du quartier, ils virent des signes de mort et de corruption de tous côtés. Des mouches bourdonnaient sur des monceaux de détritus et des rats furetaient en reniflant dans la pourriture. L'un et l'autre étaient bouleversés à l'idée que leur camarade avait été contraint de vivre dans ce cloaque, avec le rebut de l'humanité. Gabriel Hawkes, qui avait excellé à interpréter les princes, avait pour seul royaume celui des mendiants.

Ils arrivèrent juste à temps. Ayant tourné dans Smorrall Lane, ils découvrirent la charrette où déjà s'amoncelait une macabre cargaison. Elle roulait doucement pour accomplir sa lugubre besogne. Elle s'immobilisa devant une porte marquée d'une croix bleue et un autre cadavre fut bientôt chargé. La charrette poursuivit alors jusqu'à la bâtisse où Gabriel Hawkes avait logé. Ses fenêtres étaient condamnées par des planches et l'inscription sur le mur confirmait que la peste y avait également été locataire. Enveloppé dans un drap sale, le corps fut sorti de la maison sans cérémonie et lancé au sommet de la pile.

Nicholas s'élança pour protester :

— Messieurs ! Un peu de respect !
— Dégagez ! grogna le conducteur de la charrette.
— C'est notre ami que vous transportez si brutalement.
— Nous faisons notre métier.
— Pratiquez-le avec plus d'égard.

Le conducteur laissa échapper un ricanement goguenard puis claqua les rênes sur le dos des deux chevaux. Ceux-ci tirèrent de tous leurs muscles et la charrette se remit à cahoter le long de la route. Ayant un plein chargement, elle prit mélancoliquement le chemin d'un terrain vague au-delà du labyrinthe de maisons. Nicholas et Edmund la suivirent, déterminés à accompagner jusqu'au bout leur ancien camarade. Tous deux avaient eu suffisamment d'estime envers Gabriel Hawkes pour soutenir âprement sa présence dans la tournée. Il leur était pénible de voir les joyeux souvenirs qu'ils conservaient de lui ternis par la scène dont ils étaient témoins. Tout un fonds d'esprit, de chaleur et de talent disparaissait dans ce linceul.

La charrette s'arrêta à côté d'une énorme excavation, où des fossoyeurs continuaient à s'affairer. Des monticules de terre retournée montraient que d'autres tombes avaient été creusées et remplies. Il fallait ensevelir profondément les pestiférés pour éviter que l'infection ne se propage. Le conducteur et son assistant déchargèrent les corps avec autant de commisération que s'ils balançaient des sacs de pommes de terre. De pauvres dépouilles étaient tirées de la charrette et jetées le long de la fosse pour attendre d'être précipitées dans leur dernière demeure.

Nicholas et Edmund se tenaient suffisamment loin pour éviter les miasmes, mais assez près pour remarquer la silhouette qui rampa hors de sa cachette, sous un buisson. L'homme était petit, dépenaillé et hirsute — vieux, selon toute apparence, et pourtant aussi leste qu'un singe. Pendant que le conducteur et son assistant avaient le dos tourné, le nouveau venu se faufila entre les cadavres comme s'il savait quoi chercher à l'intérieur des linceuls. Fendant l'étoffe à l'aide d'un couteau, il palpa de-ci, saisit de-là, raflant sans vergogne jusqu'à ce qu'il eût accumulé un joli magot. Quand il se pencha sur le corps de Gabriel Hawkes, Nicholas passa à l'action. S'élançant à toute vitesse, il refoula l'homme vers les fourrés dont celui-ci avait émergé et bondit sur lui pour le faire rouler sur le sol. Le couteau brandi sous son visage ne diminua en rien sa détermination. Ses années en mer avec des matelots belliqueux lui avaient appris comment se comporter dans un combat, et il désarma rapidement son adversaire tout en le pliant en deux d'un coup de poing dans l'estomac. Hoode accourut en renfort.

L'homme se mit à pleurnicher en guise de défense.

— Il suffit, mes bons messieurs. Je ne fais pas de mal.

— Dépouiller les morts est à la fois un péché et un crime, répliqua Nicholas. Vous avez profané le corps de notre ami.

— Il ne s'en soucie plus.

— Nous si.

— Jugez-moi en toute bonne foi, implora l'homme en s'accroupissant. Je ne prends qu'à ceux qui n'ont besoin de rien. Ces objets finiraient dans une fosse de chaux. A quoi bon ? Mieux vaut qu'ils aident les vivants que de pourrir sous terre avec les morts.

— Le gredin ! marmonna Hoode.

— J'y suis poussé par la nécessité, monseigneur, reprit l'homme, presque guilleret. La peste me procure le boire et le manger. C'est la seule occasion où nous autres gueux pouvons nous croire riches l'espace d'un jour. Nous vivons grâce aux morts. Leur perte est notre profit. Lorsqu'ils sont nus, nous sommes vêtus. Quand ils ont faim, nous sommes repus. Leur mal est notre santé.

— Donnez-moi ce que vous avez pris, exigea Nicholas.

— C'est à moi.

— Je veux uniquement ce qui provient du dernier corps. Il a été pour nous un très bon ami.

— Mais pas pour moi, geignit l'homme. Il n'avait rien à voler. Un miséreux, en vérité !

Las de discuter, Nicholas empoigna l'homme par la barbe et le secoua violemment jusqu'à ce qu'il criât grâce.

— Et maintenant, donnez-moi ce que vous avez pris.

Le voleur cracha, fort mécontent, puis ouvrit lentement sa main gauche. Au creux de sa paume crasseuse étincelait la minuscule boucle d'oreille incrustée de pierreries que Gabriel Hawkes avait eu coutume de porter. Nicholas la prit et se redressa pour l'examiner. Ni Hoode ni lui ne s'interposèrent quand l'homme rassembla le reste de son butin et fila à pas de loup.

Les deux amis échangèrent un coup d'œil. Au moins avaient-ils épargné à Gabriel cette ultime indignité. Il avait possédé si peu dans sa vie qu'il ne méritait pas qu'on le lui arrache dans la mort. Ils retournèrent vers la fosse et virent que les corps y étaient jetés avant d'être recouverts de pelletées de chaux. En dépit de l'odeur suffocante, ils ne se détournèrent pas. Dans la tombe béante, des dizaines de corps tourmentés gisaient pêle-mêle, désormais impossibles à distinguer.

Nicholas lança la boucle dans la fosse puis adressa à Dieu une prière silencieuse. Edmund Hoode était horrifié par le cruel anonymat de cet enterrement en masse.

— Lequel est Gabriel ? demanda-t-il.

— Dieu le saura, répondit Nicholas.

Ils s'attardèrent jusqu'à ce que les pelles se fussent affairées à dissimuler cette vue honteuse sous des couches de terre. Tout était si froid, si impersonnel ! Nick comme Edmund étaient profondément affligés. Finalement ils tournèrent le dos et s'éloignèrent, incapables de parler pendant plusieurs minutes. Le poète sortit enfin de ses méditations solennelles.

— Quel fléau répugnant !

— Une terrible pestilence, convint Nicholas.

— Je ne parle pas de l'épidémie.

— De quoi, alors ?

— De cette autre maladie fatale. Elle a détruit Gabriel et, avec le temps, elle nous fera périr nous aussi.

— De quoi donc parlez-vous ?

— Du théâtre, Nick. Cette fièvre dans le sang qui nous pousse à la folie notre vie durant et nous précipite vers le tombeau.

Hoode émit un rire sans joie.

— Quel homme sain de corps et d'esprit embrasserait cette profession ? Nous sommes contaminés sans rémission possible. Nous avons attrapé le germe de l'espoir fallacieux, du renom illusoire. Le théâtre nous tuera tous.

— Non, c'est lui qui nous fait vivre, corrigea Nicholas.

— Seulement pour accroître notre souffrance.

— La mort de notre ami vous a terriblement blessé.

— Il a été détruit par son métier.

— Ou par quelqu'un du métier, dit pensivement le régisseur. Gabriel n'est pas mort de la peste. Son mal ne l'aurait pas emporté si vite sans un allié venu d'ailleurs.

— Que voulez-vous dire ?

— Tout simplement, Edmund, qu'il a été assassiné.

En véritable homme de théâtre, Lawrence Firethorn ne pouvait résister à l'occasion de prononcer un discours devant un auditoire incapable d'y échapper. Les Hommes de Westfield étaient convoqués à *La Tête de la Reine* ce matin-là. L'auberge étant leur foyer londonien, elle constituait aussi le point de départ le plus approprié. La troupe s'assembla dans la salle utilisée pour les changements de costumes pendant les représentations. Une grande aventure commençait.

Ils étaient tous là : Barnaby Gill, Rowland Carr, Simon Dowsett, Walter Fenby, George Dart — pour une fois radieux — et Richard Honeydew avec les autres apprentis. Edmund Hoode était assis, pâle et triste, sur le rebord de la fenêtre. Christopher Millfield s'appuyait avec désinvolture contre une poutre. Nicholas Bracewell se tenait tout au fond afin d'éviter les éclats tonitruants du discours et d'en juger les effets sur chacun des membres de la compagnie.

Alexander Marwood, le patron aux joues creuses de *La Tête de la Reine*, était également présent, tel un spectre à un festin. Petit et sec, sa calvitie s'accentuant chaque semaine, Marwood entretenait des relations conflictuelles avec les Hommes de Westfield et ne renouvelait leur contrat que pour expérimenter de nouveaux tourments. N'éprouvant quant à lui aucun amour pour le théâtre, il trouvait dans cette invasion régulière de comédiens une épreuve qui maintenait son tic nerveux en pleine activité. Les Hommes de Westfield constituaient une menace pour sa propriété, pour sa réputation, pour ses servantes et sa santé mentale. Il était plus heureux sans eux. Pourtant, maintenant qu'ils partaient, qu'ils quittaient son auberge pour courir les routes, que sa cour ne serait plus pleine de clients assoiffés la plupart des après-midi — maintenant qu'il envisageait des tables vides, de la bière invendue et une baisse de bénéfices, il en venait à penser qu'ils étaient le fondement de son gagne-pain.

— Ne me quittez pas, dit-il tristement.

— Nous reviendrons, messire Marwood, promit Nicholas.

— La troupe sera très regrettée.

— Nous ne partons pas de gaieté de cœur.

— Cette peste est notre malédiction !

— Elle peut entraîner certains bienfaits.

L'un d'eux était de fausser compagnie à ce triste sire et d'échapper à son interminable litanie de récriminations. Nicholas avait vite eu conscience de cette compensation. Étant celui qui parlementait le plus souvent avec Marwood, il essuyait le pire de sa mélancolie persistante. C'était un des devoirs que Firethorn lui avait, non sans ruse, délégués.

L'acteur-directeur leva la main. Le silence se fit. Il le laissa se prolonger tout une minute.

— Messieurs, commença-t-il, voici venir un moment propice dans l'histoire de notre compagnie. Après avoir conquis Londres, mettant la capitale entière à nos pieds, nous allons à présent entreprendre une tournée triomphale à travers le royaume pour dispenser plus largement notre talent. Les Hommes de Westfield sont investis d'une mission sacrée.

— Et moi, que deviendrai-je ? se lamenta Marwood.

— Vous remplirez la mission qui vous incombe.

— Dites-moi laquelle.

— Vendre de la mauvaise bière à bon prix.

Un éclat de rire général emplit la salle. Puisqu'ils quittaient l'auberge, ils pouvaient se permettre de ridiculiser le tenancier mesquin. Ce dernier n'était pas apprécié. Hormis l'hostilité farouche qu'il montrait envers les comédiens, il était affligé d'un autre défaut rédhibitoire : il gardait la chasteté de sa fille nubile beaucoup trop férocement.

— Nous partons d'ici non sans regret, dit Firethorn. Nous avons si longtemps été les bienvenus à *La Tête de la Reine* ! Nous devons des remerciements à messire Marwood, que voici, pour sa généreuse hospitalité.

Les rires furent étouffés. La troupe reviendrait un jour.

— C'est seulement en laissant quelque chose derrière soi que l'on en reconnaît la vraie valeur. Ainsi en est-il de ce merveilleux théâtre qui fut le nôtre, déclara

Firethorn en désignant l'auberge d'un large geste de la main. Elle nous manquera pour sa chaleur, sa magie et maints souvenirs plaisants. J'espère, messire Marwood, que vous regretterez pareillement les Hommes de Westfield, et que vous entendrez l'écho fantomatique de nos pièces chaque fois que vous traverserez la cour.

Lawrence Firethorn réussissait l'impossible : il venait de tirer une larme à l'œil de l'aubergiste. L'instant était venu de remettre du cœur au ventre de sa troupe.

— Messieurs ! continua-t-il. Lorsque nous quittons Londres, nous agissons en tant qu'ambassadeurs. Nous emmenons notre art le long des routes et des sentiers d'Angleterre, sous la bannière de Lord Westfield. Son nom est une marque honorifique que nous ne devons ternir en aucun cas.

Firethorn pointa le doigt vers une carte imaginaire devant lui.

— Nous irons vers le nord. Nous visiterons nombre de villes, mais notre véritable destination est York. Nous y aurons une tâche particulière à accomplir au nom de notre mécène. York nous appelle !

— Partons, alors, s'impatienta Gill.

— Pas dans cet esprit de résignation, Barnaby.

— Je ne suis pas d'humeur à sourire, aujourd'hui.

— C'est de ferveur qu'il est question, mon ami. Nous ne devons pas nous mettre en route telle une bande de traînards guidés par le hasard. Le but est là, pourvu qu'on veuille bien le voir. Cette tournée est un pèlerinage. Nous sommes des pèlerins, portant nos présents vers la Terre sainte. Changez seulement le nom d'York et vous discernerez notre noble vocation. Je parlais de Terre sainte : York est notre Jérusalem.

Transporté par ce discours, George Dart applaudit avec enthousiasme. Barnaby Gill bâilla, Edmund Hoode continua à regarder par la fenêtre et Christopher Millfield réprima un sourire, mais les autres étaient exaltés par ce qu'ils venaient d'entendre. Tous nourrissaient des doutes sérieux au sujet de cette tournée. C'était un voyage vers l'inconnu qui risquait d'être semé d'embûches, pourtant Firethorn le faisait paraître fascinant. Aspirant au baume de l'illusion, ils s'efforcèrent de considérer leur périple vers York sous un nouveau jour.

Comme un pèlerinage à Jérusalem.

Une douce tristesse envahissait la cour de l'auberge. Lorsque la troupe sortit pour entamer la première étape de ses pérégrinations, elle fut accueillie par des yeux humides et des soupirs ardents. Certains des comédiens étaient mariés, d'autres avaient des maîtresses, la plupart s'étaient fait connaître parmi les jeunes filles impressionnables de Cheapside. Les belles furent embrassées, les gages d'amour échangés, les serments susurrés et les baisers semés avec une folle prodigalité. Barnaby Gill tourna le dos à tous ces adieux avec dégoût, mais George Dart les observa avec un mélange d'envie et de regret. Aucune jouvencelle n'était venue le voir partir, aucune amante ne s'accrochait à son cou. C'était tellement injuste ! Christopher Millfield badinait avec cinq jeunes filles, dont chacune était visiblement éprise de lui. Dart n'avait sans doute pas sa silhouette élancée, son élégance ou sa beauté saisissante, néanmoins il n'était pas mal, à sa manière. Pourquoi étaient-elles toutes cinq subjuguées par l'assurance conquérante de l'acteur ?

N'aurait-on pas pu lui en laisser une seule ?

Nicholas se tenait avec Anne à l'écart de cette cohue. Leurs adieux étaient plus posés et formels, la véritable séparation ayant eu lieu dans le secret de l'alcôve, durant la nuit. Anne était simplement venue le voir partir avant d'entreprendre son propre voyage. Nicholas en fut touché.

— Je ne m'y attendais pas, Anne.

— Avez-vous honte de moi devant vos camarades ?
— Ils seront dévorés de jalousie, tous autant qu'ils sont.
— Vous me flattez, Nicholas. Il y a ici des femmes plus jeunes et plus jolies.
— Je n'en ai vu aucune.
Elle effleura sa manche avec gratitude. Nicholas n'était pas démonstratif et évitait d'afficher son affection en public, réservant sa tendresse aux moments plus intimes. Anne respectait ce désir. Elle avait seulement voulu le revoir une fois encore avant que leurs routes ne se séparent.
— Quand partez-vous ? lui demanda-t-il.
— A midi.
— Prenez bien soin de vous.
— Ne craignez rien pour moi.
— Qui tiendra la boutique, ici ?
— Preben van Loew.
— Un excellent homme.
— Il était le bras droit de Jacob. Je ne doute pas qu'avec lui les affaires prospéreront et je pars donc moi-même sans hésiter.
Firethorn rappela ses hommes à l'ordre :
— Nous avons une mission, messieurs. Attelons-nous-y immédiatement.
Après un dernier échange frémissant de baisers et d'adieux, les comédiens obéirent. Seuls trois membres de la troupe disposaient de montures. Vêtu d'un superbe pourpoint de velours grenat à ramages et de chausses du même ton, coiffé d'un chapeau à plume extravagant mais de bon goût, l'acteur-directeur chevauchait un étalon alezan. Il tenait à ce que son arrivée fût remarquée. Barnaby Gill, également habillé avec recherche, allait sur une jument baie. Edmund Hoode, monté sur un gris pommelé, portait une tenue plus pratique pour un voyageur parcourant des routes poussiéreuses. Les bagages de la troupe s'empilaient dans un

grand chariot tiré par deux chevaux massifs. Conduit par Nicholas, il transporterait les autres associés et les apprentis. Le reste de la compagnie suivrait à pied.

Firethorn ôta son couvre-chef pour l'agiter une dernière fois.

— Adieu, gentes dames ! Que vos bons vœux nous accompagnent !

Tandis que naissait un torrent de larmes, il pressa les flancs de son cheval et, à la tête de la petite procession, franchit le portail principal. Gracechurch Street était plongée dans le tourbillon propre aux jours de marché, et ils durent se frayer un chemin à travers les rangées d'étals et le flot pressé d'êtres humains. Quelques vivats montèrent, lancés par ceux qui connaissaient leur visage et appréciaient leur œuvre, mais, pour la vaste majorité, achetant, vendant et marchandant énergiquement, le prix des œufs était plus important.

La foule s'éclaircit lorsque Gracechurch Street se prolongea en Bishopsgate Street et ils purent avancer plus aisément. Devant eux se dressait une des sorties principales de la ville, dont ils approchèrent avec des émotions diverses et confuses. Firethorn avait parlé de pèlerinage, mais nul ne pouvait prévoir ce qui les attendait par-delà ces murailles. La dernière scène qu'ils contemplèrent dans l'enceinte de la cité n'était guère à même de les rassurer.

Tout en haut de Bishopsgate, sur de grosses piques, on avait planté les têtes putréfiées des traîtres, blanchies par le soleil et picorées par les oiseaux. L'une en particulier retint leur attention. C'était la tête d'un gentilhomme, tuméfiée au point d'en être informe, et qui avait déjà perdu un œil dévoré par quelque bec prédateur. George Dart, qui marchait derrière le chariot, la considéra avec horreur et donna un coup de coude à Christopher Millfield.

— Avez-vous vu, messire ?

— Un exemple pour nous tous, George !

— Quelle sorte d'homme pouvait-il être ?

— C'est là feu Anthony Rickwood, qui vivait dans le Sussex.

— Vous le connaissez donc ?

— Il a été exécuté à Tyburn voici seulement deux jours.

Dart remarqua un détail qui lui hérissa les cheveux sur le crâne. L'œil unique, dans le visage ensanglanté, dardait sur la rue un regard de colère effrayant, comme concentrant sa haine sur une seule personne.

— Messire Millfield...

— Oui, George ?

— Je crois qu'il vous regarde.

Humphrey Budden ressentait une appréhension fébrile. Il osait à peine quitter le chevet de son épouse, de crainte qu'elle ne fût saisie d'une nouvelle crise. Les voisins avaient été scandalisés par les bruits provenant de sa chambre à coucher, et les rumeurs les plus folles circulaient dans Nottingham telles autant de chauves-souris voletant dans un beffroi. C'était fort pénible pour un homme occupant la position de Budden, et il avait une fois de plus cherché conseil auprès de Miles Melhuish. Tourmenté par son propre rôle ambigu dans cette tragédie domestique, le curé avait exhorté le couple à recourir quotidiennement à la prière. Il avait également offert une autre suggestion au mari affligé, que celui-ci tenta de mettre en pratique.

— Promenons-nous le long du fleuve, Eleanor.

— Comme il vous plaira.

— C'était notre coin favori il n'y a pas si longtemps, lui rappela Humprey. L'avez-vous si vite oublié ?

— Certes non.

— Vous viendrez avec moi, alors ?

— J'obéirai à mon époux.

Eleanor n'était plus celle qu'il avait épousée. La jeune veuve avenante au cœur léger s'était métamorphosée en une femme contemplative, dont l'esprit méditait des pensées élevées. L'innommable mystère survenu dans la chambre à coucher l'avait privé de son principal délice. Eleanor avait repris conscience sans aucun souvenir de ce qui s'était passé. Elle ignorait qu'elle s'était ruée, nue, sur Miles Melhuish en prière. Tout était perdu. Disparus, sa chaleur, son rire et sa vivacité ! Elle était désormais sombre et préoccupée. Humphrey dormait dans un lit glacé depuis des nuits.

Il plaça sa confiance dans le soleil éclatant créé par Dieu.

— Asseyez-vous ici, Eleanor.

— Pourquoi, monsieur ?

— Parce que je souhaite vous parler.

— Ce coin herbu conviendra.

Elle s'assit sur l'herbe verte et étala sa jupe autour d'elle. Non sans émotion, Budden revit l'espace d'une seconde la femme qu'il avait aimée, courtisée et conquise. Le bonheur afflua pour le submerger. Ils étaient de retour là où tout avait commencé. A quelques mètres d'eux, la Trent serpentait en murmurant à travers les berges verdoyantes. L'ancienne magie pouvait encore renaître, pour peu qu'il fût patient. Il se laissa tomber près de son épouse et lui prit la main.

— Eleanor...

— Messire ?

— Soyez ma femme.

— Je le suis.

— Soyez ma femme plus que par le nom.

— Vous parlez par énigmes.

Il glissa maladroitement le bras autour de sa taille. Sa bouche se desséchait quand il aurait voulu déployer des trésors d'éloquence. Il souffrait cruellement de son inexpérience, de sa gaucherie. Eleanor avait été deux fois mariée et deux fois veuve avant de le rencontrer. Lui, la trentaine bien sonnée, n'osait encore songer à prendre femme. Un gouffre les séparait. Ils l'avaient franchi dès leur nuit de noces et au long des joyeux mois qui suivirent, mais il venait de se rouvrir et s'élargissait en un abîme.

Il força sa voix à sortir de sa gorge.

— La première fois que nous nous sommes rencontrés...

— Oui, Humphrey ?

— Nous avons parlé d'enfants.

— J'en ai eu cinq, mais j'ai perdu mon Harry chéri en le mettant au monde.

— Vous en désiriez d'autres. Ils auraient été miens, Eleanor.

— Je me le rappelle bien, messire.

— Nos enfants, ma mie. Le fruit de notre union.

Il passa sa langue sur ses lèvres.

— Le curé partage mon opinion en cette affaire. Par la grâce de Dieu, un nouveau bébé vous aiderait à redevenir telle que je vous aime le mieux, plaida-t-il, sentant un désagréable picotement de chaleur. Soyez à nouveau ma femme, Eleanor. Remplissez votre devoir conjugal.

Elle contempla le fleuve à l'horizon, puis posa les yeux sur un martin-pêcheur qui rasait la surface des eaux avant de plonger. Elle répondit enfin, d'un ton morne, mais avec une terrifiante clarté :

— Je ne partagerai plus votre couche. Vous avez été mon mari, en homme aussi loyal qu'une femme peut le désirer, mais j'ai une autre tâche à accomplir en d'autres lieux. Il m'a appelée. Il m'a donné des instructions précises.

— Qui donc ?

— Qui écouterais-je, hormis Dieu ?

— Des instructions précises, disiez-vous ?

— Je dois entreprendre un long voyage.

— Pourquoi ?

— Parce qu'on me l'a ordonné.

— Puis-je faire ce voyage avec vous, Eleanor ?

— Non, messire. J'irai seule.
— Où cela ?
— En Terre sainte.
— Cela ne se peut, ma femme !
— Il guide mes pas. Cela sera.
— En Terre sainte ! se récria Budden.
— Ne soyez pas étonné, messire. Je suis appelée.
— A quelle fin ?
— Je le saurai lorsque j'arriverai à Jérusalem.

3

Les Hommes de Westfield quittèrent l'univers fiévreux de Londres pour les calmes pâturages du Middlesex. Un élan de nostalgie les étreignit aussitôt. Une fois franchies les portes de la ville, ils se dirigèrent droit vers le nord. D'abord, à Shoreditch, ils passèrent devant *Le Rideau*, puis *Le Théâtre*, l'un et l'autre construits tout exprès pour l'art dramatique, où ils avaient donné nombre de représentations mémorables. Placés hors de la capitale afin d'échapper à la juridiction du Lord-Maire et de son conseil, les deux théâtres étaient des lieux de divertissement débordant de bruit et d'activité, où affluaient des hordes de spectateurs. Les Hommes de Westfield ne trouveraient pas de tels havres durant leurs voyages. Le raffinement d'une vraie salle de spectacle céderait la place aux contingences d'une cour d'auberge ou aux limites d'un salon dans une demeure privée. D'un point de vue purement artistique, une tournée n'était pas un pèlerinage.

C'était perdre la grâce, tomber dans une déchéance brutale et sans fond.

Ils suivirent la grand-route du Nord, l'une des quatre voies principales du royaume. Ils dépassèrent Islington Ponds, où ils virent des chasseurs tirer des canards sauvages par plaisir, puis ils se retrouvèrent en rase campagne. Des fermes étaient disséminées dans cette énorme ceinture agricole qui encerclait Londres d'arpents verdoyants. Là, on produisait le blé, le foin, les fruits et les légumes, l'on engraissait les bœufs, les moutons, les cochons, les poulets, les canards et les oies qui alimenteraient les marchés de la capitale. La puanteur urbaine paraissait loin derrière. L'air était pur, le ciel serein, les couleurs se paraient de vivacité et de fraîcheur dans ces paysages s'étendant à perte de vue. Les poumons et les narines accoutumés aux miasmes d'une ville rongée par la peste respiraient le salut.

Nicholas maintenait le chariot à une allure régulière tout en s'imprégnant des scènes et des bruits de la campagne. Il avait auprès de lui Richard Honeydew, le plus jeune et le plus talentueux des apprentis. L'enfant savait depuis longtemps que le régisseur était non seulement son meilleur ami au sein de la troupe, mais une source intarissable de connaissances.

— Messire Bracewell ?

— Oui, mon garçon ?

— Je n'étais encore jamais sorti de Londres.

— En ce cas, Dick, tu tireras un grand enrichissement de cette expérience.

— Croyez-vous que de terribles dangers nous guettent ?

— Ne pense pas à ce genre de chose.

— Les autres garçons parlent de brigands, de bandits de grand chemin.

— C'est pour te taquiner, mon garçon.

— Martin dit que des bohémiens pourraient m'enlever.

— Il s'amuse de ta naïveté.

— Nous n'affronterons donc aucun péril ?

— Aucun qui doive t'effrayer outre mesure.

— Alors pourquoi portez-vous des épées ?

Tous les hommes étaient armés et la plupart avaient glissé une dague à leur ceinture, outre une rapière battant leur flanc. C'était une précaution fort nécessaire pour un voyageur. Des hors-la-loi et des malandrins rôdaient le long des routes. Nicholas ne voulut pas alarmer le jeune garçon en le lui confirmant. Bien au contraire, il lui assura que la troupe, vu sa taille et sa force, découragerait toute attaque. Richard se trouvait en aussi parfaite sécurité que lorsqu'il couchait dans son lit à Shoreditch, sous la garde formidable mais affectueuse de Margery Firethorn. L'enfant se détendit visiblement.

Petit, mince, ses traits délicats parés de l'éclat de la jeunesse, Richard avait été façonné par la nature pour interpréter les rôles féminins. Ses charmes juvéniles gagnaient encore en séduction lorsqu'il changeait de sexe et sa beauté naturelle seyait à merveille à une toute jeune femme. Une mèche de cheveux blonds, habituellement dissimulée sous une perruque, rebiquait de sous sa casquette. L'enfant ignorait si complètement ses divers attraits qu'ils n'en étaient que plus puissants.

— Aimerais-tu monter à cheval, Dick ?

— Oh, oui, messire Gill !

— Saute derrière moi.

— Est-ce sans danger ?

— Oui, si tu t'accroches bien fort à ma taille.

Barnaby Gill avait amené son cheval le long du chariot et tendait une main gantée au jeune garçon. Nicholas intervint rapidement :

— J'ai besoin du gamin pour m'aider à tenir les rênes.

— Ah, vraiment ? répondit Gill avec humeur.

— Il doit apprendre à conduire le chariot.

— Vous ne manquez pas d'autres élèves pour cette tâche, mon vieux.

— Aucun n'est aussi apte que Dick Honeydew.

— Allons, laissez-moi l'instruire en d'autres matières.

— Il n'ira pas à l'école aujourd'hui, messire Gill.

Nicholas s'exprimait poliment mais fermement et

l'autre renonça avec un regard hostile. L'enfant ne savait encore rien des sinistres implications de l'amitié que Barnaby Gill lui témoignait de temps à autre, et Nicholas devait s'interposer pour le protéger. Richard, qui ne comprenait pas ce qui venait de se passer entre les deux hommes, se désolait de cette occasion perdue de monter la jument baie.

— Dois-je vraiment apprendre à conduire le chariot ?

— Nous devrons tous prendre les rênes à tour de rôle.

— Pourquoi messire Gill était-il si fâché ?

— Parce que ses désirs ont été contrariés.

— Alors, je ne pourrai jamais monter en selle ?

— Messire Hoode te fera ce plaisir quand tu voudras.

La troupe allait son chemin, marquant de courtes haltes dans des auberges en bordure de route pour se désaltérer avant de continuer. Si tous avaient été pourvus de montures, ils auraient pu parcourir douze lieues par jour, mais leurs ressources ne s'étendaient pas à toute une écurie. Puisqu'ils adoptaient le rythme de ceux qui allaient à pied, ils devaient se contenter de distances beaucoup plus modestes. En forçant l'allure, ils auraient abattu huit lieues avant la nuit, mais c'eût été épuisant. Ils n'auraient plus eu l'énergie ni le temps d'improviser une représentation sur le lieu de l'étape. Lawrence Firethorn et Nicholas avaient discuté de l'itinéraire en détail. Il importait de régler judicieusement leur train.

Richard chercha à parfaire son éducation :

— Avez-vous vu cette tête, messire Bracewell ? Sur une pique, à Bishopsgate.

— Oui, mon garçon, je l'ai remarquée.

— Ce spectacle m'a rendu malade.

— C'était bien l'effet escompté.

— Un être humain peut-il mériter un tel sort ?

— Anthony Rickwood était un traître et le châtiment infligé pour ce crime est la mort. Quant à savoir si celle-ci devrait être aussi cruelle et barbare, c'est une autre affaire.

— Qu'avait fait cet homme ?

— Il avait fomenté un complot avec d'autres catholiques, expliqua Nicholas. Ses compagnons et lui comptaient assassiner la reine lors de sa prochaine visite dans le Sussex.

— Comment cette conspiration a-t-elle été découverte ?

— Sir Francis Walsingham a des espions partout. L'un de ses informateurs a eu vent du complot et messire Rickwood a été arrêté sur-le-champ.

— Et les autres conspirateurs ?

— Ils seront emprisonnés dès que leurs noms seront connus. M. le secrétaire Walsingham n'aura de cesse qu'ils aient jusqu'au dernier la tête sur une pique. Il a juré de traîner en justice tous les traîtres catholiques.

— Il réussira ?

— N'en doute pas, Dick. Ses agents sont choisis avec soin et bien entraînés. Il les contrôle avec une immense habileté. Ce ne sont pas seulement nos amiraux qui ont vaincu l'Armada. Nous avons une grande dette envers le secrétaire Walsingham. C'est lui qui nous a informés de la taille et de l'armement de la flotte espagnole.

— On dirait que vous savez beaucoup de choses à son sujet.

— J'ai navigué avec Drake, et les deux hommes étaient très liés, répondit Nicholas.

— C'est vrai ?

— Le secrétaire d'État a toujours montré un intérêt particulier pour les exploits de nos navigateurs.

— Pourquoi ?

— Parce qu'ils servaient de plus noirs desseins.

— Lesquels, messire ?

— La piraterie.

Le garçon écarquilla les yeux, indigné par cette idée.

— Sir Francis Drake, un pirate !

— De quel autre nom désignerais-tu des raids contre des vaisseaux et des villes étrangères ? interrogea Nicholas. C'est de la piraterie pure et simple. J'y étais, mon garçon. J'ai tout vu.

— Mais la piraterie est un terrible crime !

— Il existe un moyen de contourner ce problème-là.

— Ah bon ?

— Oui, et je soupçonne Walsingham d'en être à l'origine. Il a persuadé la reine de s'impliquer dans cette entreprise. Sa Majesté nous a octroyé des lettres de marque et, en retour, recevait une part du butin.

— Des lettres de marque ?

— De pirates que nous étions, elles nous a changés en corsaires.

— C'est notre bonne reine qui a fait cela ?

— Avec la complicité de Walsingham. Il l'a pressée d'encourager les forfaits de Drake et de ses semblables. Quand ils capturaient des galions espagnols, ils remplissaient d'or les coffres du Trésor et mouchaient du même coup le catholicisme romain.

Le souffle coupé, Richard essayait d'assimiler cette idée. Il était profondément choqué par la nouvelle qu'un grand héros national se fût livré à la piraterie, mais il ne doutait pas de la parole de Nicholas. Il était également troublé par l'aspect religieux.

— Pourquoi les catholiques veulent-ils tuer la reine ?

— Elle est le symbole de notre pays protestant.

— Est-ce un tel crime d'être fidèle à Rome ?

— Oui, mon garçon, dit Nicholas. Les temps ont changé. Mon père avait été élevé dans l'ancienne religion mais le roi Henri a fait de lui, comme de tout le royaume, un protestant. La plupart des gens n'oseraient plus croire à ce qui, naguère, ne faisait pour lui aucun doute. Ils ont trop peur de Walsingham.

— Moi aussi, confia l'enfant.

— Quoi qu'il arrive, la vie de la reine doit être protégée.

— Oui, coûte que coûte.

— C'est pourquoi nous devons avoir tant d'espions.

Richard se remémora la tête sur la pique et soupira :

— Je suis bien heureux de ne pas être catholique romain.

La cathédrale d'York transperçait le ciel de ses trois grandes tours et projetait une longue ombre de piété sur les maisons et les échoppes nichées autour d'elle. C'était la plus belle cathédrale d'Angleterre, le plus grand édifice médiéval du royaume. Les travaux avaient commencé en 1220 et il avait fallu plus de deux siècles et demi pour les achever. Le résultat était grandiose, un chef-d'œuvre gothique représentant une somme des styles architecturaux, un digne monument aux générations successives d'amour chrétien et de dévotion consacrés à sa construction. Les voyageurs venant visiter York distinguaient la cathédrale d'une demi-lieue. Elle s'élevait majestueusement au-dessus de la ville telle une flèche de lumière dans un monde en proie aux ténèbres.

Sir Clarence Marmion ne lui accorda pas même un coup d'œil en entrant à cheval par Bootham Bar. Agé d'une cinquantaine d'années, l'homme était de grande taille et avait un physique émacié. Le voyant passer, devant son port altier, son allure distinguée et sa tenue opulente, les gens effleuraient leur bonnet avec déférencc. Après avoir descendu Petergate, il tourna dans les Shambles [1] et progressa dans les venelles étroites

1. Les Shambles : rue des bouchers, datant du Moyen Age, et qui tirait son nom des étals où la viande était exposée. (*N.d.T.*)

avec prudence. Baissant la tête pour éviter les toits en surplomb, ses épaules rasant les murs, il se forçait doucement un passage à travers la foule grâce à son cheval. Haut dans les airs, le bourdon de la cathédrale se mêlait à la clameur joyeuse de ce jour de travail. Sir Clarence claqua la langue avec irritation.

Sa monture l'entraîna sur la gauche le long du fleuve jusqu'au pont de l'Ouse, où il put traverser. Tandis qu'il poursuivait son chemin dans Micklegate, une grande affluence pénétrait encore dans la ville, en direction du marché. Il tourna, s'engouffra par un portail et se retrouva dans une cour pavée. Un palefrenier sortit en courant pour tenir son cheval pendant qu'il mettait pied à terre, et n'eut droit qu'à un grognement en guise de merci. Il ne s'attendait d'ailleurs à rien d'autre. Sir Clarence n'était pas un visiteur de hasard. L'auberge appartenait à sa famille depuis des siècles.

La Route de Jérusalem était un bâtiment bas à colombages, qui s'égarait en toutes sortes d'angles inattendus comme par distraction. Il remontait au XIIe siècle et avait été, disait-on, le lieu de halte des soldats chevauchant vers le sud pour se joindre à la croisade de 1189. A l'époque, ce n'était que la brasserie du château, mais une sorte d'aspiration à la spiritualité avait fait changer son nom pour la baptiser *Au Pèlerin*. Sous l'égide de Sir Clarence, elle avait acquis son titre complet, mais ses habitués l'appelaient de manière simple et succincte *La Jérusalem*.

Sir Clarence se courba pour passer sous le linteau, franchit la porte et pénétra dans la salle. Il fut accueilli par des remugles de bière et de tabac. Lorsqu'il redressa le dos, sa tête effleura presque le plafond biscornu.

Le maître de céans réagit prestement à son arrivée et accourut du fond de la salle, s'essuyant les mains dans son tablier et hochant la tête avec obséquiosité.

— Bien le bonjour, Sir Clarence !

— A vous de même, messire.

— Bienvenue à *La Jérusalem*.

— Que ne puis-je m'y trouver vraiment ! dit le gentilhomme avec chaleur.

— La pièce est prête, Sir Clarence.

— Je m'y rendrai dans un moment.

— Sonnez si vous avez besoin de quoi que ce soit.

— Nous ne devons être dérangés sous aucun prétexte.

— Certainement, répondit l'aubergiste en s'inclinant d'un air contrit. On ne permettra à personne d'approcher, j'en réponds. L'affaire est entre mes mains.

Ces mains, épaisses, moites et boudinées, se frottaient nerveusement l'une contre l'autre. Le visiteur exerçait toujours cet effet sur Lambert Pym. Depuis une décennie qu'il gérait l'auberge, il ne s'était pas entièrement affranchi de la peur que lui inspiraient les colères de Marmion. Des tremblements parcouraient son corps grassouillet chaque fois que survenait le visiteur, et la rudesse qu'il servait à la clientèle ordinaire disparaissait sous un grand étalage d'humilité.

Sir Clarence le toisa avec dédain.

— J'ai reçu des nouvelles de Londres.

— Vraiment, Sir Clarence ?

— Une troupe de comédiens approche de notre ville.

— Nous avons une pléthore d'acteurs à York cet été.

— Les Hommes de Westfield ne sont pas le tout-venant. Ils m'ont été recommandés par un ami et j'agirai en conséquence.

— Comme vous le souhaitez, Sir Clarence.

— La troupe sera hébergée ici à mes frais.

— Votre hospitalité est tout à votre honneur.

— Ils joueront une fois dans votre cour.

— Je donnerai des ordres en ce sens, Sir Clarence.

— Leur seconde apparition aura lieu à Marmion Hall.

— J'espère qu'ils se rendent compte de leur bonne

fortune, commenta le patron, tirant sur sa barbe noire semblable à un fer à cheval en fourrure. Quand devons-nous attendre ces comédiens ?

— Pas avant dix jours au moins. Ils ont d'autres engagements.

— Aucun ne leur offrira l'accueil chaleureux de *La Jérusalem*.

— C'est ce que j'exige. Veillez-y, messire.

Lambert Pym s'inclina et se hâta de traverser la salle afin d'ouvrir une porte basse donnant sur un petit escalier. Ses traits joufflus étaient éclairés par un sourire apaisant.

— Votre invité est à l'intérieur, Sir Clarence.

— Je n'en espérais pas moins.

— Le salon est à vous aussi longtemps que vous en déciderez.

— Comme tout ce qui se trouve ici.

Sur cette orgueilleuse réplique, Sir Clarence se courba pour passer par la porte et gravit les marches de chêne qui craquèrent sous ses pas. Après avoir longé un couloir, il pénétra dans une pièce située à l'arrière de l'édifice. Son hôte, qui était assis à côté d'une petite table de chêne, se leva à son entrée. D'un signe, Sir Clarence l'invita à se rasseoir, puis arpenta le salon afin de s'assurer qu'ils pourraient y causer à l'aise et en toute discrétion. Lorsqu'il fut satisfait sur ce dernier point, lui-même prit place devant la table.

Otant son gant, il glissa la main sous son pourpoint pour en tirer la seconde lettre reçue de Londres. Il serra les dents en songeant à son contenu.

— Tristes nouvelles, messire.

— Ce que nous redoutions ?

— Pire, bien pire.

Il tendit le parchemin à son compagnon qui s'en saisit avec un empressement craintif. Petit, grave et sobrement vêtu, Robert Rawlins avait l'allure d'un érudit. Ce visage pincé, ces yeux perçants et ces épaules voûtées indiquaient de longues années d'études au milieu de doctes ouvrages dans la poussière des bibliothèques. Il lut la missive en quelques secondes et se tourna, blême de terreur.

— Puissent les saints nous protéger !

Tel un heureux présage, pour leur première nuit loin du confort de la capitale, les Hommes de Westfield ne rencontrèrent que largesse et bonté. Ils s'arrêtèrent *Aux Coqs de combat*, un établissement agréable et spacieux qui surplombait Enfield Chase. Leur mécène fréquentait cette hostellerie au cours de ses allées et venues entre Londres et ses terres de Saint-Albans, et sa prédilection pour ce lieu profita à la troupe. Non content de la recevoir à bras ouverts, l'aubergiste s'assura que chacun de ses membres coucherait dans un lit moelleux et n'accepta, en échange de cette faveur, qu'une compensation dérisoire. Ce fut une bénédiction pour les comédiens. Les occasions ne manqueraient pas pour certains de dormir sur la paille d'une écurie ou à la belle étoile. De vrais lits, même partagés avec quelques compagnons agités, étaient un luxe à savourer.

Ce ne fut pas leur seul bonheur, cette nuit-là. D'autres hôtes séjournaient *Aux Coqs*, de riches négociants de retour de voyage et faisant halte dans le Kent. Ils désirèrent fêter leurs succès commerciaux en assistant à un spectacle. Les Hommes de Westfield leur présentèrent obligeamment un récital au pied levé. Lawrence Firethorn déclama des morceaux choisis de ses pièces favorites, Barnaby Gill dansa ses célèbres gigues avec sa drôlerie coutumière et Richard Honeydew interpréta des airs campagnards accompagnés au luth. Le bon vin et l'admiration aidant, les marchands se délestèrent d'un total de dix shillings, une manne inespérée qui tomba directement dans les coffres de la compagnie.

La fortune continua à leur sourire le lendemain matin. Le temps était superbe, et le patron de l'auberge leur offrit de la bière et des victuailles pour la route. Ils se remirent en marche d'un pas allègre. Dans l'Hertfordshire, ils avaient toutes les raisons d'escompter un accueil chaleureux. Le nom de Lord Westfield était célèbre à travers tout son comté de naissance, ce qui leur vaudrait forcément une indulgence particulière.

Nicholas fut envoyé en avant afin de leur ouvrir la voie. Empruntant le gris pommelé d'Edmund Hoode, il partit au petit trot en direction de Ware. Ce n'était pas seulement pour ses talents de cavalier que cette responsabilité était échue au régisseur. Il était en outre supérieurement capable de se défendre. Les voyageurs solitaires étaient une proie facile sur certaines parties de la route, mais même un brigand prêt à tout réfléchirait à deux fois avant de s'en prendre à un gaillard aussi solide. Il émanait de Nicholas une force qui était en soi une protection.

L'Hertfordshire, un des plus petits comtés du pays, était baigné par plusieurs fleuves et Nicholas entendait souvent des cours d'eau. Des troupeaux de bœufs paissaient dans les pâturages, et des silhouettes courbées balançaient des faucilles, coupant les derniers foins. Il longea un bois et une chasse gardée pour le cerf, et arriva enfin devant un jardin maraîcher spécialisé dans les parterres de cresson de fontaine. Le comté était renommé en raison de l'excellente qualité de son cresson, utilisé comme antidote à la peste qui affligeait tant de Londoniens. Nicholas obtint les indications sur la route à suivre auprès d'un jardinier serviable, puis éperonna son cheval gris.

Il arriva à Ware, où une petite communauté aimable vaquait à ses occupations quotidiennes sans trop se plaindre. Une compagnie théâtrale ne pouvait entrer dans une ville et y donner une représentation à sa guise. Il fallait d'abord solliciter une autorisation et recevoir une licence. Dans les villes de quelque importance, c'était le maire qui octroyait cette licence, mais Ware était trop petite pour entretenir un si auguste personnage. Nicholas chercha donc un membre du conseil local.

Tom Hawthornden était bien connu pour son franc-parler :

— Vous ne jouerez pas ici, messire.

— Mais nous sommes les Hommes de Westfield !

— Quand bien même vous seriez la troupe personnelle de la reine, messire Bracewell, nous n'avons que peu d'appétit pour le spectacle et il a été parfaitement rassasié.

— Par qui, messire Hawthornden ?

— Par une autre troupe semblable à la vôtre.

— Quand était-ce ?

— Il y a à peine deux jours. Ce souvenir est frais dans nos mémoires.

— La représentation que nous offrons sera bien meilleure, soutint Nicholas. Nous ne sommes pas une troupe d'acteurs ambulants. Messire Lawrence Firethorn est la fine fleur de sa profession. Quant aux Hommes de Westfield, ils forment la meilleure compagnie de Londres.

— Vos rivaux s'en targuaient également.

— Comparez seulement notre œuvre à la leur.

— Cela ne suffira pas, coupa Hawthornden, les mains sur les hanches. Passez votre chemin, monsieur. Ware n'est pas près de revoir une comédie aussi joyeuse que celle à laquelle nous venons d'assister. Elle entretiendra notre bonne humeur pendant des semaines. Nous n'avons point besoin d'autre divertissement.

Nicholas le retint alors qu'il tentait de s'éloigner.

— Écoutez-moi jusqu'au bout, messire. Nous vous proposons une pièce qui comporte assez d'humour, de danses, de chansons et de duels pour alimenter la joie des bonnes gens de Ware pendant un an. C'est une alerte comédie que seuls les Hommes de Westfield peuvent interpréter.

— Trop tard, messire, trop tard !

— Laissez-vous tenter par *La Folie de Cupidon*, vous ne le regretterez pas.

— Comment avez-vous appelé cette pièce ?

— *La Folie de Cupidon.*

— Vous avez décidément fait tout ce chemin en vain.

— Pourquoi donc ?

— C'est justement cette pièce bucolique que nous avons vue.

— Impossible, messire Hawthornden, répondit Nicholas avec assurance. Nous détenons la licence de cette œuvre. J'en garde le livre de régie sous clef. Peut-être avez-vous assisté à une autre pièce qui, fortuitement, porte le même titre. Notre comédie narre les déboires de Rigormortis, un vieillard percé par le trait de Cupidon.

— Oui, acquiesça Hawthornden. Il s'amourache de chaque jupon qui passe mais repousse la seule qui l'aime. Cette Ursula nous a fait rire de fort bon cœur.

Nicholas en resta pantois. Cela paraissait bien être la même pièce. Quand Tom Hawthornden eut fourni plus ample détail sur l'intrigue, aucun doute ne subsista. Ware avait assisté à une représentation de *La Folie*, alors que la pièce était la propriété exclusive des Hommes de Westfield. C'était à n'y rien comprendre.

Tom Hawthornden prit congé grossièrement :

— Passez votre chemin, messire. Il n'y a rien pour vous ici.

Nicholas l'empoigna par les épaules et l'interrogea :

— Quel était le nom de cette autre compagnie ?

Moins de vingt-quatre heures après le départ de son époux, Margery fut saisie par le remords. Elle commença à regretter de ne pas lui avoir accordé des adieux plus plaisants. Ils ne se seraient pas séparés si froidement. N'eût-elle repoussé ses avances, ils auraient passé leur dernière nuit ensemble dans une félicité conjugale qui aurait réchauffé son cœur et mis son esprit à l'aise. Tandis que désormais, elle demeurait blessée, maussade et troublée. De longs mois solitaires passeraient avant qu'elle ne revoie son mari.

La maison de Shoreditch paraissait déjà déserte et glacée. Margery avait dispensé des soins maternels à quatre apprentis et deux employés, avec une affection pleine d'entrain. Et voilà qu'elle se retrouvait seule avec une partie réduite de sa famille adoptive ! Le plus douloureux était d'avoir perdu son Lawrence. En tant qu'homme et en tant qu'acteur, il laissait un vide immense quand il n'était pas là. Il avait ses défauts, que nul ne connaissait aussi intimement qu'elle. Mais ceux-ci paraissaient insignifiants lorsqu'elle songeait à l'animation, au bruit et à la couleur que sa glorieuse présence mettait dans la maison, et qu'elle se rappelait les mille preuves d'amour impétueuses qu'il lui avait prodiguées dans le feu de son ardeur.

Gagnée par la tristesse, elle monta dans la chambre à coucher, partagée avec un homme en qui elle voyait désormais une sorte de parangon. Quel autre époux eût conservé son intérêt et attisé ses passions toutes ces années durant ? Quel autre membre d'une profession aussi instable eût pris soin avec tant de tendresse de son épouse et de ses enfants ? Qu'il fût aimé et convoité par d'autres femmes n'était pas un secret pour elle, mais cela même pouvait être une source de fierté. Elle était l'objet d'une jalousie intense. Des beautés célèbres n'avaient pu le retenir une nuit, alors qu'elle se l'était attaché tout une vie. Les coquetteries dont elles accablaient Firethorn ne servaient qu'à affermir le pouvoir de Margery.

Passant en revue leurs dernières heures ensemble, elle comprit combien elle avait été cruelle envers lui. Lawrence était unique ; elle avait pour mission de respecter et d'encourager cette singularité. Contrairement à ce dont elle l'avait accusé, il n'était pas un père insensible ni un époux égoïste ni un libertin invétéré. C'était un grand homme et, à tout prendre, il méritait mieux que le traitement qu'elle lui avait réservé.

Les doigts de Margery assise au bord du lit se firent doux pour caresser le vêtement qu'il lui avait laissé avec tant de considération. Son deuxième meilleur manteau, qu'il avait porté pour interpréter le rôle principal dans *La Vengeance de Vincentio*, lui rappelait ce triomphe. Sachant combien s'en séparer avait dû lui coûter, elle s'en était couverte et avait dormi ainsi toute la nuit. C'était l'unique souvenir tangible qu'elle conservait de lui.

Excepté le rubis.

Margery se redressa en sursaut. Elle avait volontairement oublié tout ce qui concernait la bague. Celle-ci avait été la cause de leur amère dispute, aussi l'avait-elle rangée hors de sa vue et chassée de son esprit. Mais le bijou revêtait un sens nouveau. C'était un gage d'amour de son époux, une réaffirmation de son dévouement en un temps où leur union subissait une terrible épreuve. Se tançant pour son ingratitude, elle courut à la coiffeuse où elle avait dissimulé le présent. Elle le porterait avec fierté jusqu'au jour où son Lawrence reviendrait à la maison.

Consumée de passion, elle ouvrit le tiroir. La bague avait disparu ! A sa place, elle découvrit un minuscule parchemin qu'elle déroula. Il contenait un message laconique de son mari :

« Adieu, cher amour. Puisque ce rubis n'est pas le bienvenu à Shoreditch, je l'arborerai moi-même en Arcadie. »

Margery se sentit brûler, mais cette fois de colère. Elle ne savait que trop où se trouvait l'Arcadie. C'était un pays imaginaire que prenait pour cadre une pièce d'Edmund Hoode. Au lieu d'orner son doigt, la bague servirait à éblouir le public des *Amoureux mélancoli-*

ques. Quelle humiliation ! Telle était donc l'estime en laquelle on la tenait ! L'amour avait littéralement été arraché d'entre ses doigts.

Son hurlement de rage fut entendu à cent mètres à la ronde.

La sacristie de l'église paroissiale de Saint-Stephen restait d'une humidité glacée par le temps le plus chaud, mais Humphrey Budden avait l'impression de rôtir sur une broche. Le malheur qui l'avait conduit là s'intensifiait à chaque seconde. Il devait s'astreindre à une confession honteuse. Son unique consolation était que Miles Melhuish se sentait visiblement aussi déconcerté. Enclin à employer un ton satisfait et onctueux, le curé se trouvait déchiré entre la compassion et l'appréhension. Il avait marié nombre de ses paroissiens, les envoyant avec de sages conseils vers les terres des délices conjugales, mais n'avait jamais osé explorer par lui-même ce continent fabuleux. Cela ne faisait qu'intimider encore davantage Budden, déjà nerveux. Comment un autre homme eût-il pu comprendre sa souffrance ? A plus forte raison, un célibataire grassouillet, dont l'idée du plaisir nocturne consistait à passer une heure agenouillé au pied de son lit, dans des prières frénétiques !

Miles Melhuish, assis sur une chaise en face de son visiteur, se pencha vers lui par-dessus la table. Une vague odeur d'encens alourdissait l'air. Le poids de la religiosité était oppressant. Leurs voix résonnaient comme dans un sépulcre.

— Parlez-moi, Humphrey, l'encouragea le curé.

— J'essaierai, mon père.

— Est-ce encore votre épouse ?

— Hélas !

— De nouveau ces pleurs et ces gémissements ?

— Non, heureusement. Mais le mal est plus grand.

— Envers qui ?

Humphrey Budden était un fourneau d'humiliation. Ses joues étaient cramoisies. Il lui semblait que de la vapeur s'échapperait de tous ses orifices d'un instant à l'autre.

— Avez-vous prié ? s'enquit gravement Melhuish.

— Sans cesse.

— Eleanor a-t-elle joint ses prières aux vôtres ?

— C'est la seule occasion où je puis être auprès d'elle.

— Comment cela ?

— Elle me repousse, mon père.

— Exprimez-vous plus clairement.

C'était une requête difficile à satisfaire. Un homme qui avait maîtrisé l'art délicat de la dentelle se voyait forcé d'arracher les mots de lui-même comme un apprenti tailleur de pierre travaillant sur le roc. Chaque coup de marteau lui donnait le vertige.

— Eleanor... n'est... pas... ma... femme.

— Mais si ! protesta le curé. J'ai moi-même béni votre union et prêché un sermon sur la voie de la vérité. M'avez-vous écouté, mon fils ? Vous et votre épouse avez-vous marché dans la voie de la vérité ?

— Oui, mon père... Le long du fleuve.

— Ne dissimulez rien.

— Je n'ai... plus... d'épouse.

— Ceux que Dieu a unis, aucun homme ne les séparera.

— Une femme le peut.

— Peut quoi, mon fils ? Nous piétinons.

Humphrey Budden s'endurcit afin de tout avouer :

— Eleanor n'est plus mon épouse, mon père. Elle refuse de partager mon lit ou de supporter mes étreintes. Elle répète qu'elle a entendu Dieu lui parler, pour l'envoyer en pèlerinage vers la Terre sainte.

— Attendez, attendez ! l'arrêta Melhuish, alarmé. Vous allez trop vite, cette fois. Avançons pas à pas. Elle refuse de partager votre lit, dites-vous ?

— Oui, mon père. Elle couche sur le plancher.
— Seule ?
— Elle ne me permet pas de l'approcher.
— Lui en avez-vous donné une raison légitime, Humphrey ?
— Je pense que non.
— L'avez-vous blessée, avez-vous repoussé son affection de quelque autre manière ?

Alors même qu'il posait cette question, Miles Melhuish sentait qu'elle était à la fois cruelle et injuste. Budden était robuste, mais il n'aurait jamais usé de sa force contre une femme. Aucun époux ne se montrait plus attentionné. Sa femme était sans doute à blâmer pour ce qui était arrivé.

Le curé tenta de sonder les secrets de l'alcôve :
— Ce problème est d'origine récente ?
— Depuis que je suis venu vous chercher, mon père.
— Et que se passait-il entre vous, auparavant ?
— Nous partagions le lit dans une joie chrétienne.
— Et votre épouse était alors plus... expansive ?
— Tout à fait, en vérité !
— Elle ne vous témoignait pas de réserve ?
— C'est moi qui étais novice, au début. Eleanor a dû m'initier à mes devoirs, et s'en est acquittée avec une merveilleuse habileté.

Miles Melhuish rougit sous l'effet de la vision qui passa devant ses yeux en un éclair : le corps dénudé d'une femme passionnée, dans la chambre à coucher d'un paroissien. Il pouvait encore humer son parfum, sentir sa peau, partager sa folie. Il lui fallut un puissant effort de volonté pour la bannir de son esprit.

Il posa sa question entre ses dents :
— Donc, votre mariage était heureux ?
— Très heureux, mon père.
— Et elle vous initiait de bon gré.
— Deux époux lui avaient beaucoup enseigné.

— Ainsi, vous et votre épouse... confondiez vos deux chairs ?

— Chaque nuit, mon père.

— L'acte d'amour vise à la procréation, rappela le curé d'un ton sec. Non au plaisir charnel comme une fin en soi.

— Nous le savons, et agissions à cet effet. Notre plus cher désir était que notre union fût bénie par un enfant.

— Je m'étonne que vous n'ayez pas eu de rejeton, marmonna l'autre sous cape. Avec une activité aussi assidue, on peuplerait une ville entière !

Il se redressa sur son siège et se reprit :

— Mais tout cela appartient désormais au passé ?

— C'est ce qu'elle dit.

— Pour quelle raison ?

— La volonté divine.

— Cette femme est dérangée !

— Elle souhaite accomplir un pèlerinage, mon père.

— La malheureuse ! Elle a besoin d'aide.

— Eleanor va bientôt partir.

— Où ira-t-elle ?

— A Jérusalem.

— Je pressens une folie.

Humphrey Budden se pencha vers l'homme d'Église pour implorer :

— Parlez-lui, mon père !

— Moi ?

— Vous êtes notre seul espoir. Eleanor vous écoutera.

— Vous croyez ?

— Faites-lui entendre raison !

Miles Melhuish ne pouvait rester sourd à ce cri du cœur. Une partie de lui-même aurait aimé secouer ce joug de ses épaules, mais une autre voulait en assumer tout le poids. La vision fulgurante repassa dans son esprit. De longs cheveux blonds, des fesses rondes et frémissantes, des seins hardis, une peau de soie, des lèvres succulentes... La reddition totale sous sa forme humaine la plus séduisante.

La réponse à une prière.

— Fort bien, céda-t-il. Je lui parlerai.

Lawrence Firethorn piaffait tel un taureau furieux. Lorsqu'il commençait à charger, aucun de ceux qui se trouvaient dans les parages n'était à l'abri. C'était un spectacle terrifiant.

— Qu'avez-vous dit, Nick ? tonna-t-il.

— Ils ne souffriront pas que nous jouions chez eux.

— Ils ne souffriront pas ?... Dans le propre comté de Lord Westfield, où la volonté de notre mécène a force de loi ? Ils ne souffriront pas que nous jouions, vraiment ! Que je sois pendu si je ne leur apprends pas ce que souffrir veut dire !

— Une autre compagnie nous a précédés, messire.

— Avec notre pièce ! Volée sans scrupule !

— Ils ne voulaient pas revoir *La Folie de Cupidon*, expliqua Nicholas. Pas plus qu'ils ne voulaient autoriser une autre de nos œuvres. Leur appétit de théâtre est rassasié.

— Alors qu'ils en vomissent ! ragea Firethorn. Par le Ciel, que l'estomac leur brûle ! Les rustres, les fripons minables, les pouilleux, les goujats, les malotrus, ignares et ingrats ! Que leurs carcasses pourrissent dans ce trou oublié de Dieu ! Retenez-moi, Nick, ou je les taille en pièces ! Par ma foi, j'en accrocherai les lambeaux sur une corde à linge, à l'intention des vautours !

Lawrence Firethorn tira sa lame du fourreau et s'escrima contre un buisson pour épancher son humeur noire. Le reste de la troupe l'observait non sans émoi. Nicholas les avait rejoints à une demi-lieue au sud de Ware pour leur apprendre la mauvaise nouvelle. Comme c'était à prévoir, cette annonce avait ulcéré l'acteur-directeur. Tandis qu'il réduisait le buisson en un tas pitoyable de brindilles et de feuilles, ils commencèrent à craindre pour toute la végétation du comté. Firethorn était armé et dangereux.

Ce fut Edmund Hoode qui s'enhardit à le calmer.

— Ce buisson n'est pas l'ennemi, Lawrence.

— Reculez, monsieur !

— Rengainez votre rapière et écoutez la voix de la raison.

— La raison ? Que me chaut la raison ?

— Nous avons tous perdu dans cette aventure.

— Moi le premier ! décréta Barnaby Gill avec fatuité, du haut de sa selle. *La Folie de Cupidon* eût marqué mon triomphe. Je ne joue jamais Rigormortis sans que mon public se torde de rire.

— A cause de cet absurde haut-de-chausses, renifla Firethorn.

— Mon talent ne réside pas dans mon haut-de-chausses.

— Cela, nous pouvons tous le confirmer !

L'éclat de rire général contribua à alléger la tension. Gill postillonna quelques protestations impuissantes puis tourna bride, offusqué. Hoode ôta l'épée des mains de Firethorn et la remit au fourreau.

Nicholas en vint au cœur du problème :

— Comment a-t-on pu s'emparer de la pièce ?

— On vous l'aura dérobée en cachette, dit Firethorn.

— Cela n'est pas possible, messire. Tous nos livres de régie sont enfermés dans une malle que je tiens cachée loin des regards indiscrets. Nul n'a le droit d'en approcher, encore moins nos rivaux. *La Folie* n'a pas été volée.

— On a trouvé un moyen de la piller, dit Hoode, pâle et défait. Et si l'on a réussi avec une pièce, on peut agir de même envers les autres. Comment garantir la sécurité de mes œuvres ?

— Il n'y a pour ce faire qu'une seule réponse, dit Nicholas.

— Des représailles ! clama Firethorn.

— Seulement une fois que nous aurons appris la vérité, messire.

— Nous la connaissons fort bien, Nick. Cette perfidie porte la signature des Hommes de Banbury, ces vermisseaux rampants qui se targuent d'être une compagnie dramatique. Ils croient nous voler nos armes, mais nous retournerons nos canons contre eux et nous déchaînerons un feu de batterie dont le souffle les expédiera à Londres.

— Mais comment ont-ils fait ? insista Nicholas.

— Ma foi, c'est en effet le point qui importe, approuva Hoode.

— Pas pour moi, répliqua Firethorn en prenant une pose héroïque, un bras tendu vers le ciel. Une seule réponse servira nos intérêts : une vengeance, foudroyante et sanglante ! Si cette vermine à livrée du comte de Banbury ose jouer au plus fort avec les Hommes de Westfield, soit ! Elle en supportera les conséquences.

Il continua de déclamer avec extravagance pendant plusieurs minutes. Les Hommes de Banbury étaient leurs grands rivaux, une troupe de talent qui luttait pour les égaler sans jamais y parvenir. Dirigés par le rusé Giles Randolph, ils avaient déjà tenté de nuire à la réputation des Hommes de Westfield, toutefois ils ne s'étaient jamais abaissés à de tels procédés. A Londres, ils n'auraient pas été si téméraires, mais l'anonymat de la province leur procurait un précieux bouclier. Les Hommes de Banbury avaient porté le premier coup.

Firethorn comptait bien frapper le dernier.

— Hâtons-nous de les poursuivre, messieurs. Et pas de quartier ! Ils ont montré qu'ils sont prêts à s'enfoncer dans la fange en vue d'acquérir la renommée. Ces bouffons méprisables n'ont pas leur place dans notre profession. Nous devons les en bannir une fois pour toutes.

L'épée jaillit, traçant vers les nuées un geste pittoresque.

— En avant, mes braves ! Sus à l'ennemi ! Défendons notre vie et notre réputation !

D'un mouvement exercé du poignet, il projeta sa rapière, dont la pointe se ficha dans le sol. La lame oscilla d'avant en arrière, exerçant une fascination envoûtante. Tous contemplaient encore l'arme vibrante lorsque leur chef gronda ces paroles fatales :

— Messieurs... C'est la guerre !

Dans un coin de la taverne, Giles Randolph se laissait aller dans un fauteuil de bois et jouait avec son verre de xérès. Grand, mince, le teint mat, il avait une physionomie méditerranéenne qui le démarquait de l'homme ordinaire et le rendait irrésistible auprès de son public féminin. Il émanait de sa personnalité quelque chose de diabolique qui subjuguait. Randolph était la vedette incontestée des Hommes de Banbury, un superbe acteur doublé d'un homme d'affaires roué. Prisonnier de la vanité attachée à son métier, il ne pouvait accepter qu'un autre vînt fouler les planches avec plus d'assurance ou extraire la substance d'un rôle avec un effet plus dévastateur. Son inimitié avec Lawrence Firethorn était donc incommensurablement plus profonde qu'une simple jalousie professionnelle. C'était une guerre à outrance, à la fois avivée et amplifiée par le fait que le comte de Banbury et Lord Westfield étaient ennemis jurés. En mortifiant son rival, Giles Randolph contentait son protecteur.

Il sourit avec complaisance à son compagnon.

— Nous avons agi avec diligence.

— Les Hommes de Banbury sont en tête, à tous les sens du terme.

— Que cela reste ainsi. Je n'aime pas ces tournées fastidieuses, mais, du moins, nous en tirons quelque amusement pour nos peines.

— Ils ont sûrement atteint Ware, à l'heure qu'il est.

— Et reçu un accueil des plus glacials.

Randolph sirota son vin puis fit tourner son verre entre ses mains. Comme il seyait à un acteur de premier plan, il était vêtu avec ostentation d'un pourpoint de satin bleu dont le devant s'ornait de motifs d'or compliqués, et d'un haut-de-chausses vert. Son chapeau incliné sur l'œil, dont la plume d'autruche tremblait chaque fois qu'il parlait, lui donnait l'air d'un conspirateur.

— Firethorn doit être blessé au vif.

— Nous avons déjà fait couler assez de sang.

— Je veux l'écarteler, dit Randolph avec véhémence. Je veux que toute la scène soit rougie par son sang. S'il ose contester ma suprématie, je causerai sa perte une bonne fois pour toutes.

— Par quel moyen ?

— En l'attaquant dans son amour-propre.

— Je parie qu'il essuie un affront cinglant à Ware, en ce moment même.

— Attendez qu'il parvienne à Grantham ! Je lui réserve un chien de ma chienne qui lui fera regretter de n'être pas resté chez lui, à Shoreditch, à écouter les récriminations de sa mégère. Maintenant, dites-moi, messire, continua-t-il en reposant son verre. Quel est son plus beau rôle ?

— Vincentio ? suggéra l'autre.

— Une vilaine pièce qui n'a guère que trois tirades passables.

— Pourquoi pas Hector ? Messire Firethorn ne cesse de se gargariser de ses prouesses dans *Hector de Troie*. Le rôle lui sied comme un gant.

— Il ne l'a pas interprété cette année.

— Alors, attaquons-nous à son personnage favori.

— Lequel ? Vous connaissez ses goûts.

— Pompée !

— C'est lui en personne !

— La pièce est réclamée régulièrement.
— Une œuvre d'Edmund Hoode, ce me semble ?
— Oui, messire. Elle a pour titre *Pompée le Magnifique*.
— Elle gardera l'empreinte de ma magnificence !
— Nous donnerons la pièce à Grantham.
— Et nous démontrerons notre colossale supériorité. Je couperai l'herbe sous les pieds à Lawrence Firethorn, qui y perdra sa réputation. Les Hommes de Westfield rouleront dans le caniveau. Cette tournée m'offrira une complète réparation.

Giles Randolph réclama encore du vin en fût. La saveur lui en parut plus douce que jamais.

4

Marmion Hall composait une véritable illusion d'optique. Niché dans un vallon et bordé par un demi-cercle d'arbres, il paraissait infiniment plus petit qu'il n'était en réalité. Derrière la modeste façade s'étendait un ensemble remarquablement spacieux ; le corps du château se prolongeait loin en profondeur et une aile de belle taille était masquée par un bosquet de sycomores. Un incendie avait causé des dégâts considérables à l'arrière de la propriété, dix ans plus tôt, occasionnant de longs travaux de réfection. Sir Clarence Marmion avait profité de la reconstruction pour ajouter quelques innovations, bien qu'elles ne fussent pas apparentes à l'œil nu. A l'instar de son propriétaire, Marmion Hall conservait son secret.

Ce dimanche après-midi, Sir Clarence était assis, seul, dans la salle à manger, au bout de la table en chêne lustré. Il étudiait sa Bible. Vêtu de tons neutres, une expression de profonde concentration sur le visage, il pourvut à ses besoins spirituels puis ferma les yeux, plongé dans ses réflexions.

On frappa à la porte. Un serviteur entra.

— Eh bien ?

— Les invités sont arrivés, Sir Clarence.

— Tous ?

— Oui, Sir Clarence.
— Quelle heure est-il ?
— Sur le coup de quatre heures.
— Merci.

Un geste sec de la main renvoya le domestique. Sir Clarence ouvrit les yeux et relut le passage qu'il avait étudié. Il ferma le livre avec douceur, le cala sous son bras et quitta la pièce. Il se sentait parfaitement préparé à ce qui allait suivre.

Le hall formait un immense rectangle, dont trois murs étaient lambrissés de chêne et le dernier percé tout du long par de hautes fenêtres aux carreaux enchâssés de plomb. Des miroirs à cadres dorés et des portraits de famille brisaient la monotonie. Le plafond à moulures donnait une impression majestueuse. Les meubles de chêne, d'excellente facture, étaient disposés avec goût. Dans la vaste cheminée de pierre, au bout du hall, un contre-feu de fer arborait les armoiries des Marmion. Des chenets étaient posés à côté, dans un panier de fer forgé où s'entassaient de hautes piles de bûches.

Quand Sir Clarence entra, tous ceux qui l'attendaient cessèrent immédiatement de converser à voix basse. Il les regarda avec un mélange de fierté et de tristesse, puis ouvrit les bras pour les accueillir. Toute la famille traversa le salon afin de le saluer et il fit échange de civilités avec chacun. Alors vint le moment où le bébé fut placé dans ses bras. C'était un garçon, à peine âgé de trois mois mais déjà robuste et vigoureux. Il agitait ses petits poings vers le monde avec l'air de défi des Marmion, gigotant dans sa robe de dentelle blanche comme s'il avait hâte de passer à des occupations plus sérieuses.

Sir Clarence souleva l'enfant, déposa un baiser sur son front et faillit recevoir un coup à l'oreille pour prix de sa témérité. Avec un demi-sourire attendri, il rendit son premier petit-fils à sa bru puis conduisit ses hôtes jusqu'au plus récent des portraits exposés. C'était un tableau de son père, qui les dominait avec un air de ferme détermination, montrant toutes les qualités de caractère associées avec la dynastie. Tous regrettaient qu'il ne fût plus là pour prendre part aux cérémonies familiales.

— Donnez-nous votre bénédiction, père, dit Sir Clarence.

Alors, il passa la main sous le bord inférieur du cadre. On entendit un déclic et, dans les lambris, une porte dérobée tourna sans bruit sur ses gonds. Un passage étroit apparut, où des degrés de pierre s'enfonçaient vers les profondeurs.

Sir Clarence indiqua son minuscule petit-fils :

— Qu'il prenne la tête.

Dans les bras de sa mère, l'enfant passa l'entrée et descendit l'escalier éclairé aux chandelles. Le reste de la famille suivit, le maître de maison fermant la marche. Derrière lui, Sir Clarence tira la porte qui se remit en place avec un nouveau déclic. Les effluves de l'encens montèrent à ses narines. Il emprunta le souterrain humide jusqu'à la salle où les autres étaient rassemblés.

C'était une chapelle. Sir Clarence en avait supervisé la construction, et ce lieu n'avait cessé de lui procurer du réconfort et de la joie. Bien que petite, austère et par nécessité secrète, elle l'inspirait autant que la cathédrale d'York et son merveilleux effet s'exerça sur lui une fois de plus. Les autres prirent place sur les bancs, puis s'agenouillèrent pour rendre grâce au Créateur. Sir Clarence se joignit à eux. Il s'agenouilla entre sa femme et son petit-fils tout en se signant.

L'autel était illuminé par des cierges. Un grand crucifix d'or, dressé en son centre, réfléchissait la lumière comme s'il flamboyait. Les membres de la petite congrégation redressèrent la tête, pénétrés par ce spectacle. Une porte d'acier s'ouvrit derrière l'autel et une silhouette entra, arborant le costume sacerdotal d'un prêtre catholique. Tout le monde se leva aussitôt en signe de respect. Le prêtre prit place sans bruit derrière les fonts de pierre et posa sur l'enfant un regard bienveillant. A son attitude calme et assurée, personne n'eût deviné que cet homme s'apprêtait à perpétrer un crime odieux.

Robert Rawlins entama le service du baptême.

— En vérité, vous Lui portez atteinte en vous prévalant de Sa volonté.

— Je dois obéir à la parole de Dieu.

— Mais c'est justement Dieu Qui vous a unis par les liens sacrés du mariage.

— Il me destine une autre tâche à présent.

— Votre époux est terriblement blessé.

— Nous devons tous souffrir au service du Seigneur.

Miles Melhuish secoua la tête, désappointé par l'inanité de ses efforts. Il était dans la sacristie aux côtés d'Eleanor Budden — debout, afin de pouvoir fuir en cas d'urgence. Excès de prudence ne nuit pas. La femme était calme pour l'instant, mais il n'avait pas oublié la passion débordante dont elle était capable et il avait à cœur de ne pas la provoquer pendant qu'ils étaient seuls ensemble sur un sol consacré.

Il se plaça derrière la chaise sur laquelle elle avait pris place.

— Je vais vous poser une question, ma fille.

— J'écoute en toute humilité.

— Vous me dites que vous pratiquez la chasteté depuis que la voix de Dieu a murmuré à votre oreille.

— Il est vrai, mon père.

— Alors, voici ma question...

Melhuish chercha ses mots. C'était un sujet qu'il n'avait encore jamais abordé avec une femme et cela mettait sa détermination à l'épreuve. Lorsqu'il s'adressait aux autres paroissiennes dans l'intimité de sa sacristie, c'était d'habitude pour les tancer sur leur manque d'assiduité à l'église, ou pour les conseiller sur l'éducation chrétienne à dispenser à leur progéniture. Le devoir l'obligeait cette fois à entrer au lit avec un couple marié et à influencer son union. C'était pour lui une contrée inconnue, dont il ignorait le langage.

— Voici ma question, Eleanor, reprit-il nerveusement. Imaginez que se présente un homme armé d'une épée, qui menace de trancher la tête de votre époux si vous n'accueillez pas à nouveau ce digne compagnon dans votre couche. Dites-moi, en votre âme et conscience — puisque vous affirmez que vous ne mentirez pas —, que feriez-vous ?

— Je vous répondrai avec sincérité, mon père.

— Permettriez-vous à Humphrey de commettre avec vous l'acte de chair, plutôt que de lui laisser trancher la tête ?

— Je préférerais le voir mort.

— Vous êtes bien cruelle, femme !

— Je ne puis rien contre, mon père, dit paisiblement Eleanor. Nous devons tourner le dos à toute souillure.

— Dieu a voulu que l'amour unisse les époux.

— Par trois fois je me suis soumise à son dessein.

— Est-ce tout ? s'étonna le curé. Pourtant Humphrey parlait de pratique quotidienne.

— Je veux dire que j'ai partagé mon lit avec trois époux, mon père. Ils n'ont pas trouvé que je manquais d'amour.

— Jusqu'à présent, ma fille.

— Les temps changent.

Miles Melhuish perdait le contrôle de la conversation. Le but de cet examen était de soumettre Eleanor à une pression suffisante pour lui faire discerner son égarement, mais elle restait sereine et indifférente. Elle en revenait toujours à la parole de Dieu, c'était donc sur ce sujet qu'il devait la confondre. D'innombrables années de prière assidue lui avaient conféré un accès privilégié à la volonté divine et il croyait connaître le timbre de la voix du Seigneur plus intimement que n'importe quelle femme de dentellier, si fort qu'elle protestât de sa dévotion.

— Quand Dieu S'est-Il adressé à vous pour la première fois ? interrogea-t-il.

— Cela fait huit jours aujourd'hui.

— Où étiez-vous, à ce moment-là ?

— Au marché, mon père, en train d'acheter du poisson.

Miles Melhuish sursauta.

— Le Seigneur vous a parlé au milieu des odeurs de maquereau ?

— Je L'ai entendu aussi clair que le jour.

— Et quels mots a-t-Il utilisés sur cette place de marché ?

— Il a dit : « Laisse ton époux et suis-Moi. » Dieu m'a appelée par mon nom et je Lui ai obéi aussitôt.

— Qu'avez-vous fait ensuite ?

— Je suis rentrée à la maison et je suis montée dans la chambre. Nous avons un crucifix sur le mur afin que Jésus veille sur nous. J'ai alors proclamé ma mission.

— De quelle manière, bonne dame ?

— C'est surprenant, admit-elle avec un haussement d'épaules qui fit danser sa poitrine de manière fort tentante. Je ne sais ce qui m'est arrivé après. Mais quand j'ai ouvert les yeux, j'étais couchée par terre, vous étiez debout près de moi avec mon mari et tout n'était que paix.

— Vous ne vous rappelez rien d'un grand bruit que vous auriez fait ?

— Un bruit, mon père ?

— Un cri des plus douloureux sortait de vous.

— Je pleurais la mort du Christ supplicié.

Miles Melhuish jeta sa prudence aux orties et s'assit en face d'elle. Les mères de famille égarées avaient toujours bien réagi à un reproche sévère. Il était temps de cesser d'encourager cette femme dans ses chimères et de la remettre sur le sentier droit et étroit du devoir conjugal. Il fronça les sourcils et adopta le ton qu'il réservait à ses homélies :

— Rejetez ces idées erronées ! Si vous tenez à servir Dieu, montrez à l'un de Ses ministres le respect qui lui est dû. C'est entre les quatre murs de cette église que vous entendrez Sa vraie voix, et non devant l'étal du poissonnier au marché de Nottingham.

Il lui trouva un air accablé qui l'aiguillonna à poursuivre :

— Retournez à Humphrey Budden. C'est un bon époux, qui mérite mieux de la compagne qu'il a choisie. Qu'il ne soit plus question de chasteté dans la chambre à coucher ! Soyez fidèle envers votre mari. Donnez-lui les enfants qu'il désire. Ajoutez quelques petits paroissiens à notre congrégation de Saint-Stephen. En cela seulement réside votre devoir sacré ici-bas.

Il avait gagné. Eleanor Budden baissait la tête, les épaules courbées, humble, douce et soumise à ses fermes injonctions. Cela représentait pour lui une petite victoire qui le rendit un peu suffisant. Il se redressa sur sa chaise afin de projeter tout le poids de son autorité ecclésiastique.

La défaite d'Eleanor semblait totale.

Ce fut alors qu'elle commença à rire. Cela débuta comme un pouffement, à moitié réprimé du dos de la main. Puis cela devint un gloussement, presque enfantin dans son irrévérence, montant de volume à chaque seconde jusqu'au rire à gorge déployée qui secoua tout son corps et résonna dans la sacristie. Enfin et inexplicablement, cela se mua en un fou rire incontrôlable, qui alla crescendo avant de s'arrêter net.

Les yeux étincelants de gaieté étaient maintenant noyés par des larmes de remords. Les mains qui s'étaient agitées frénétiquement se joignirent dans la prière. Melhuish se crispa sous son regard intense et se promit de rapporter ce cas au synode du diocèse. Cela dépassait sa simple compétence. On était en présence de sorcellerie. Seul le doyen était apte à se prononcer sur une affaire aussi grave.

Les larmes se tarirent, mais le regard égaré ne le quittait pas. Il en subit l'éclat jusqu'au moment où il s'aperçut qu'elle fixait en fait quelque chose derrière lui. Il se tourna pour découvrir l'objet d'une telle fascination. C'était une petite fenêtre à lancette dans laquelle un artisan zélé avait placé un vitrail émouvant. Le Christ couronné d'épines était cloué sur la croix. Son visage rond était encadré par de longs cheveux blonds et une barbe abondante, qui se paraient d'une nuance dorée dans le flot de lumière. Il y avait de la majesté dans cette représentation du martyre.

Transfigurée, Eleanor Budden laissa échapper un soupir de pur enchantement.

Elle l'aimait.

Nicholas Bracewell passa ses mains humides dans ses cheveux et rejeta sa tête en arrière en terminant ses ablutions à la pompe de la cour. Il s'était levé peu après l'aube et le soleil jetait son premier regard sur le jour. Il y avait beaucoup à faire avant le départ. Nicholas devait superviser le repas, le harnachement des chevaux, ainsi que le chargement des bagages dans le chariot. Il devait vérifier qu'aucun bien de quelque valeur ne manquait, veiller au paiement du patron et apaiser son épouse que, dans un moment d'ébriété, Firethorn avait enlacée fougueusement, la prenant pour une servante. Il y aurait aussi les leçons d'escrime qu'il avait promises aux garçons, et les provisions à acheter pour le voyage. Le travail d'un régisseur n'avait pas de fin.

— Bien le bonjour, messire Bracewell !

— De même à vous, Christopher.

— Espérons qu'il sera porteur de fruits plus doux que ceux d'hier.

— J'en suis sûr.

— Où nous arrêterons-nous ?

— A Royston, par la grâce de Dieu.

— Royston !

Ce nom parut déclencher un souvenir. Deux longs jours de marche n'avaient rien enlevé à Christopher Millfield de son élégance tapageuse. Il restait net et coquet dans son pourpoint et son haut-de-chausses. Nicholas, qui portait une vieille chemise et un gilet de cuir, se sentit négligé par comparaison. Il n'avait jamais ressenti de réelle sympathie pour le jeune acteur, ce qu'il imputait à l'affabilité excessive de ce dernier.

Christopher arbora son sourire agaçant.

— Aurai-je l'audace d'émettre une suggestion ?

— Je vous en prie, messire.

— Si d'aventure nous n'avions pas de public à Royston, comme à Ware, nous pourrions néanmoins y trouver du travail.

— Où donc ?

— A Pomeroy Manor.

— Vous connaissez l'endroit ?

— Uniquement par ouï-dire, répondit Millfield avec désinvolture. Ce manoir se trouve sur les terres d'un certain Neville Pomeroy, un véritable érudit féru d'art dramatique, qui nous marquera sans doute plus de bonté que les habitants de Ware.

Nicholas hocha la tête en guise de remerciement. Le nom de Pomeroy lui était vaguement familier. Il l'avait entendu mentionner par Lord Westfield en termes élogieux, fait rare de la part de leur mécène. Peut-être un hobereau de la région, passionné de théâtre, remplirait-il volontiers sa plus grande pièce de spectateurs pour eux.

— Où se trouve ce manoir ? demanda-t-il.

— Du côté de Meldreth, pas très loin de notre route.

— Dans quelle direction ?

— Cambridge.

Cela méritait réflexion. Si les Hommes de Banbury

étaient déterminés à les faire échouer, il se pouvait fort bien que Royston leur fût hostile. Mais Giles Randolph n'aurait pas gâché leurs chances à Pomeroy Manor. On pouvait peut-être encore déjouer ses plans.

Christopher Millfield s'était campé devant lui, les poings sur les hanches.

— Pourquoi ne m'aimez-vous pas, messire Bracewell ?

— Ai-je dit cela ?

— Je le vois à votre attitude.

— Vous vous méprenez. Je vous apprécie plutôt.

— Mais pas autant que Gabriel Hawkes.

— Je n'ai pas réfléchi à la question.

— Ce n'est pas l'opinion de messire Gill. Il m'a dit que vous aviez imposé le nom de Gabriel, de préférence au mien.

— Je ne le nierai pas.

— Puis-je connaître vos raisons ?

— Il était, selon moi, meilleur comédien.

Millfield tressaillit.

— En cela vous vous trompez, messire.

— Je me borne à exprimer mon avis sincère.

— Il changera avant longtemps, déclara l'autre dans un sursaut de fierté. Mais était-ce l'unique motif de votre préférence ? Celui qui vous poussait à accorder la première place à Gabriel ?

— Non, Christopher.

— Quoi d'autre ?

— Je trouvais en lui un plus honnête compagnon.

La franchise de Nicholas ne fut pas du goût de Millfield. Après avoir jeté un regard noir au régisseur, il découvrit un sourire nonchalant et conclut :

— C'est sans importance.

— Vraiment ?

— Gabriel est monté au ciel et m'a laissé sa place.

— Vous n'accordez donc aucun respect aux morts ?

— Il était mon rival. Je ne le regrette pas.

— Même alors qu'il a été assassiné ?

Christopher Millfield, un instant désarçonné, recouvra très vite son sang-froid. Incapable de déterminer si ce trouble était provoqué par la culpabilité ou la surprise, Nicholas tenta de le sonder :

— N'avez-vous pas été frappé par la soudaineté de sa mort ?

— Il a été victime de la peste.

— Elle ne tue point si rapidement, d'ordinaire.

— J'ai vu des hommes emportés en un seul jour.

— Des vieillards ou des êtres déjà affaiblis, objecta Nicholas. Les jeunes et les bien-portants résistent mieux.

— Où voulez-vous en venir, messire Bracewell ?

— Jusqu'au jour où il fut pris par la fièvre, Gabriel était un homme en pleine santé, dans la fleur de l'âge. Il n'aurait pas dû succomber si rapidement.

— Qu'en déduisez-vous ?

— Que quelqu'un l'a aidé à passer.

— Vous en avez la preuve ?

— Du moins une forte présomption.

— Et c'est tout ? ironisa Millfield. Il vous faudra plus que cela pour convaincre. D'ailleurs, quelle importance, à présent ? Gabriel était destiné à mourir. Si vraiment quelqu'un l'a tué, il lui a rendu service en lui épargnant les souffrances d'une lente agonie.

— Vous prenez la chose trop à la légère, Christopher.

— Ce sont de vaines spéculations.

— Vaines ? Quand un homme de valeur est assassiné ?

— Par qui ? interrogea l'autre d'un air de défi.

— Par quelqu'un à qui profitait sa disparition prématurée.

Millfield soutint son regard scrutateur sans ciller.

Royston n'était guère plus qu'un village, doté de

quelques chaumières blotties autour de l'église comme des enfants inquiets dans les jupes de leur mère. Une fois de plus, les hommes de Westfield arrivaient trop tard. Leurs rivaux avaient donné une représentation dans la cour de la grange devant un public issu de tous les hameaux alentour. Ce qui fit rager Firethorn au point d'éclater était que les Hommes de Banbury avaient de nouveau emprunté une pièce de leur propre répertoire, *Les Deux Jouvencelles de Millchester*, une autre comédie rustique adaptée à un public peu raffiné. Ils empoisonnaient l'eau à laquelle les Hommes de Westfield comptaient se désaltérer.

Après avoir insulté tous ceux qu'il voyait en termes des plus crus, l'acteur-directeur installa sa compagnie dans un champ voisin afin de réfléchir aux mesures à prendre. Nicholas présenta la suggestion de Christopher Millfield, qui fut acceptée avec empressement. Plutôt que de pousser péniblement jusqu'à l'étape suivante prévue dans la tournée, ils choisirent de faire halte dans un lieu plus proche. Pomeroy Manor constituait une possibilité intéressante et Firethorn s'échauffa à cette idée.

— Messire Pomeroy ne m'est pas inconnu, déclara-t-il avec arrogance. Nous nous sommes rencontrés par l'entremise de Lord Westfield après une de mes représentations à *La Rose*. Il connaît ma valeur.

— Qui reste-t-il pour l'ignorer ? demanda Nicholas.

— Ware l'ignore, sacrebleu ! Royston l'ignore !

— Pour leur honte éternelle, messire.

— Je ne voudrais pas jouer devant ces rustres, dussent-ils m'offrir une rançon de roi. Des palais gâchés par du Giles Randolph ne supporteraient pas le goût corsé de mon talent. Le monde entier nous attend !

— Dois-je vous devancer jusqu'à Pomeroy Manor ?

— A bride abattue, Nick ! dit Firethorn, flairant enfin l'occasion de jouer. Prenez messire Millfield avec vous. Il connaît le chemin et allégera votre solitude.

Nicholas aurait préféré un autre compagnon, mais il n'avait pas le choix. Edmund Hoode offrit spontanément de prêter sa monture au régisseur et — plus étonnant — Barnaby Gill confia la jument baie à Millfield de bonne grâce, geste dont Nicholas devait se souvenir plus tard.

Les deux cavaliers se mirent en route pour leur destination. Bien que Millfield ne se fût jamais rendu au manoir, il semblait posséder de mémoire une carte de sa situation géographique. Deux lieues de galop le long de pistes défoncées les conduisirent au sommet d'une éminence d'où ils eurent une vue parfaite de Pomeroy Manor. Ils arrêtèrent leur monture afin d'admirer l'impressionnant panorama.

La propriété était bâtie sur le site d'un ancien manoir entouré de douves qui avait appartenu à l'Église. A la dissolution des monastères, sous Henri VIII, elle avait été acquise par la famille Pomeroy, qui l'avait reconstruite en brique, dans le style Tudor. Ses huit cheminées, couronnées de capuchons en étoile, s'élevaient de pignons à redans. Les fenêtres à meneaux bas étaient en briques moulées, enduites d'une argile grise provenant d'un estuaire du fleuve. Un porche ajoutait à la symétrie de l'ensemble et offrait ses treillis à une explosion de roses. Le lierre des façades était si épais qu'on eût pu y grimper.

— C'est exactement tel que je l'imaginais, dit Millfield.

— Il est rare de voir de telles demeures dans ce comté, observa Nicholas.

— Qu'ont-elles de si particulier ?

— En règle générale, les constructions en brique ne se rencontrent qu'en East Anglia. Messire Pomeroy a-t-il des liens avec cette région du pays ?

— Je suis porté à le croire.

— Où avez-vous glané tous vos renseignements ?

— En écoutant là où il le faut.

Millfield rit sous cape et pressa son cheval en avant.

Après les déceptions de Ware et de Royston, ils obtinrent une juste récompense. Dès qu'il apprit leur arrivée, le maître des lieux les fit venir dans le bureau où il examinait les comptes avec son intendant.

Neville Pomeroy était un homme vigoureux entre deux âges, aux cheveux gris bouclés et aux gestes pondérés. Il leur réserva un accueil cordial, les écouta, puis hocha la tête avec enthousiasme. La chance daignait enfin leur sourire.

— Vous survenez à point nommé, messieurs ! leur dit-il. Je rentre de Londres aujourd'hui même et je croyais vous avoir manqués lors de votre passage à Royston.

— Vous étiez informé de notre présence ici ? s'enquit Nicholas.

— Par Lord Westfield en personne. Nous avons en ville des amis communs. J'ai admiré sa troupe sur les planches et je me porte garant qu'elle est sans égale. Messire Firethorn me fera un grand honneur en jouant dans ma maison.

— Nous pouvons donc rédiger le contrat ?

— Assurément, messire Bracewell. Il me faudra vingt-quatre heures pour annoncer la nouvelle et réunir un public, mais, s'il vous est loisible de patienter, je puis vous garantir de chaleureux applaudissements après-demain. Votre compagnie est-elle nombreuse ?

— Elle ne compte que quinze personnes.

— Alors, vous logerez à l'auberge voisine. Je ferai en sorte que *Les Armes de Pomeroy* vous fournissent gracieusement le gîte et le couvert. C'est, je le crains, un établissement de petite taille, néanmoins il devrait suffire à vos besoins.

— Nous vous remercions de tout cœur, messire.

— C'est moi qui vous suis reconnaissant. J'ai la passion du théâtre.

— Que souhaitez-vous que nous donnions ?

— *Tarquin de Rome.*

Nicholas ne discuta pas ce choix, pourtant inattendu. La pièce, une tragédie sur le thème de la tyrannie et de la trahison, serait une chère un peu lourde par une chaude matinée d'été passée dans un lieu clos, toutefois cela dénotait un amateur éclairé. *Tarquin* était une œuvre d'une qualité exceptionnelle. Le rôle principal abondait en tirades propices à faire vibrer la corde sensible et à enflammer l'âme. Pomeroy avait démontré son bon goût en matière d'art dramatique.

Nicholas et Millfield s'en retournèrent auprès de leurs camarades. La nouvelle répandit la joie dans le cercle des comédiens. Firethorn se décida sur-le-champ. Ils n'avaient pas prévu de présenter *Tarquin de Rome* au cours de la tournée ; ils n'avaient emporté ni les costumes ni les accessoires de la pièce, cependant l'acteur-directeur ne s'avoua pas vaincu.

— Il l'aura, Nick.

— C'est ce que j'ai dit à messire Pomeroy.

— Nous avons tout un jour pour nous préparer. Cela suffit. Qu'on me donne vingt-quatre heures, et je serai un Tarquin plus vrai que nature !

Il se lança dans le monologue marquant le point culminant de la scène d'agonie, et les vers jaillirent tel un torrent. Firethorn avait une mémoire prodigieuse et n'oubliait jamais une ligne une fois qu'il l'avait apprise. Il gardait en tête cinquante rôles d'une infinie complexité, qu'il était capable de réciter sur commande. Emporté par l'émotion, il déclama encore quelques autres monologues de Tarquin, émerveillant son entourage.

Nicholas, qui était devenu pensif, claqua des doigts et hocha la tête. Edmund Hoode était assez près de lui pour le remarquer.

— Qu'y a-t-il, Nick ?

— Je crois avoir percé leur secret.

— A qui ?

— Aux Hommes de Banbury.
— Ces gredins qui ont volé nos pièces ?
— Oui, et je sais comment.

Grantham leur réserva une ovation de plusieurs minutes dont Giles Randolph jouit avec délices. Il y avait un public considérable, venu de la ville et des environs du Lincolnshire, qui n'avait jamais assisté à rien de tel que *Pompée le Magnifique*. S'attendant au genre de comédie pastorale dont les abreuvaient généralement les troupes itinérantes, les spectateurs furent d'abord un brin mal à l'aise, confrontés à un récit de gloire militaire et d'intrigues politiques, mais ils s'animèrent bien vite tandis que le drame se nouait avec une adresse irrésistible. C'était une des œuvres les plus bouleversantes d'Edmund Hoode, et l'interprétation des Hommes de Banbury sut en souligner la valeur.

Giles Randolph incarna le rôle principal avec intelligence et sensibilité, cependant il ne possédait pas la présence martiale de Firethorn ni sa puissance phénoménale. Néanmoins, pas plus que son public il n'avait conscience de ses lacunes. Il était convaincu d'avoir atteint des hauteurs inaccessibles à son rival exécré, démontrant sa supériorité de la manière la plus flagrante et humiliante. Les cascades d'applaudissements enflaient sa vanité. Dans le théâtre de son imagination, il laissait Firethorn étendu sur le carreau.

Il convenait de fêter la chose dignement. Pompée dîna en grande cérémonie dans une auberge locale, entouré de sa troupe servile avide de sa présence. Après des années passées dans l'ombre des Hommes de Westfield, c'était revigorant de les écarter et d'apparaître au grand soleil.

Près de Giles Randolph était assis un jeune homme pensif, dont l'expression indiquait un paisible contentement de soi. L'acteur principal se mit encore en quête de compliments :

— Ne fus-je pas inspiré, sur scène ?
— Vous étiez l'incarnation même de Pompée.
— N'ai-je pas saisi sa grandeur ?
— Dans chaque vers et dans chaque geste, messire Randolph.
— Le public m'a adoré !
— Comment aurait-il pu en aller autrement ?
— J'ai marché en compagnie des dieux !

Mark Scruton acquiesça d'un sourire. Il avait misé tout son avenir sur le succès des Hommes de Banbury et il ne le cédait à personne dans son estime pour le talent de la vedette. Il manquait seulement à Giles de meilleurs matériaux. Dans son propre répertoire, il était toujours fascinant, voire brillant, mais restait bridé par les défauts de l'œuvre qu'il interprétait. Si on lui donnait une pièce de réel mérite, un rôle dans lequel il pourrait se couler corps et âme, il approcherait enfin la magnificence.

De son côté, Giles Randolph en était parfaitement conscient.

— C'est une composition de talent, admit-il non sans réticence.
— Messire Hoode est un poète inspiré.
— Ce monologue final arracherait des larmes à une pierre.
— Il n'a pas son pareil pour ce genre de scène.
— Vous parlez d'or, messire, approuva Randolph. Foin des pâles œuvrettes d'apprentis rimailleurs ! Qu'on me donne des vers qui roulent et résonnent tel le tonnerre ! Nous avons de bonnes pièces, mais aucune qui égale la magie de ce *Pompée*. Bien qu'il m'en coûte de l'avouer, j'aimerais que ce messire Hoode mette sa plume au service des Hommes de Banbury.
— Mais n'est-ce pas exactement ce qu'il fait, messire ?

Giles Randolph rit, goûtant le sel de la plaisanterie.

— Lorsqu'il atteindra Grantham, il sera ébahi.

— Et il poussera des cris d'orfraie.

— Avec sur ses talons un Firethorn hurlant « Au meurtre ! ». Nous devons conserver notre avance, poursuivit-il, reprenant son sérieux. Il serait regrettable que les Hommes de Westfield nous rattrapent. Nous en viendrions aux mains.

— J'ai un plan pour les ralentir sérieusement.

— Exposez-le-moi, messire Scruton.

— Prêtez-moi l'oreille.

Giles Randolph se pencha si bien qu'il pouvait sentir le souffle de l'autre tandis qu'il murmurait. Un sourire affecté éclaira ses traits ténébreux. L'idée lui plut tant qu'il glissa à son compagnon quelques pièces, en signe de gratitude. Ce n'était encore qu'une mince rétribution envers un homme qui s'avérait un tel ami pour les Hommes de Banbury.

Mark Scruton était leur sauveur.

La nuit enroulait son noir manteau autour des *Armes de Pomeroy*. Dans la bienheureuse certitude qu'un public les attendrait au matin, les Hommes de Westfield répétèrent jusqu'au soir, puis firent bombance jusqu'à minuit. Ils s'affalèrent sur leur lit et ne tardèrent pas à dormir comme des bûches, bercés par le doux rêve de la satisfaction. Nicholas partageait une chambre avec quatre autres camarades à l'arrière de l'établissement. Le tendre souvenir d'Anne glissa dans son sommeil, et il l'aurait savouré la nuit entière n'eût-il été dérangé. Il s'éveilla aussitôt et regarda autour de lui, les yeux embrumés. L'obscurité empêchait d'y voir, mais il entendait un paisible concert de ronflements. Il écouta attentivement et comprit alors ce qui le tracassait.

Un de ses compagnons avait disparu.

Le claquement lointain de souliers sur les pavés l'incita à s'approcher de la fenêtre, de l'autre côté de la chambre. Il distingua seulement une vague silhouette masculine s'éloignant de l'auberge en courant. Nicholas secoua la tête pour recouvrer toute sa lucidité, et plissa les yeux afin de percer les ténèbres. L'homme gravit une butte et sa haute silhouette se découpa quelques secondes sur fond de ciel. Cela suffit. Le régisseur le reconnut à son profil et à sa démarche.

Christopher Millfield poursuivit sa fuite dans la nuit.

Les Hommes de Westfield préparèrent avec leur ingéniosité coutumière leur plongée dans la Rome antique. Des draps se transformèrent en toges, de longues dagues servirent de glaives courts, des buissons furent dépouillés afin de tresser des couronnes de laurier et un fauteuil à dossier droit fut emprunté à l'auberge en vue de faire office de trône. Guidés par le régisseur, les comédiens jouèrent les charpentiers pour construire quelques mécanismes simples. Tel un ébéniste maniant le ciseau, la scie et le rabot, Edmund Hoode s'appliqua à menuiser la pièce elle-même. *Tarquin de Rome* était une longue tragédie comportant une imposante distribution. S'ils avaient joué dans une ville comme Bristol, Newcastle ou Exeter, ils auraient aisément pu recruter des journaliers pour renforcer leurs rangs, mais ils ne disposaient pas de cette ressource. La pièce devait être tronquée pour s'adapter à leur nombre modeste. Néanmoins, même dans sa version abrégée, elle conservait son intensité dramatique. Seule une interprétation vigoureuse — voire frénétique pour certains devant cumuler plusieurs rôles — permettrait d'en rendre la splendeur. C'était le genre de défi auquel ils se plaisaient.

Lawrence Firethorn leur donna du cœur et de l'espoir :

— Que la joie résonne entre ces vieux murs !

Pomeroy Manor attira la petite noblesse du comté tel un aimant. Les équipages affluèrent pour découvrir le spectacle singulier de Lucius Tarquinus Superbus, septième et dernier Roi de Rome, dans la salle de banquet d'une demeure de l'Hertfordshire. Ce fut une véritable révélation. Sur une scène de fortune, avec des accessoires et des décors sommaires, les Hommes de Westfield firent accomplir aux spectateurs un bond de deux mille ans dans le passé.

Ils frémirent à contempler Lawrence Firethorn en Tarquin, ivre de pouvoir et vautré dans le vice, accroissant la puissance et la prospérité de Rome pour mieux les exploiter à des fins égoïstes.

Il incombait à Christopher Millfield de clore la pièce :

Nos soldats vaillants soumettant tes lâches soudards
Rétablissent la paix sur notre terre gorgée de sang.
Maudit soit ton cœur, exécrable tyran !
L'honneur est de retour en ce jour glorieux.
Bien que des rois cruels commettent des crimes odieux,
A la fin la liberté déploie au vent son fier étendard.

Neville Pomeroy bondit sur ses pieds pour donner le signal d'applaudissements nourris, qui saluèrent une pièce aussi émouvante que captivante. Les Hommes de Westfield étaient les héros du jour, ce qui compensait toutes leurs déconvenues. Ils s'apprêtèrent à quitter Pomeroy Manor, ragaillardis et triomphants, la bourse plaisamment arrondie.

Leur hôte les couvrit à nouveau de remerciements :

— Vous ne pouvez savoir quelle joie vous nous avez procurée.

— Nous sommes sincèrement flattés, répondit Firethorn de sa voix de Tarquin. Nous ne sommes que de pauvres hères, qui subsistons grâce à l'indulgence de nos mécènes. Cela fut également une joie pour toute la troupe de jouer à Pomeroy Manor. Si seulement nous pouvions recevoir semblable accueil partout où nous allons !

— Vous le recevrez à coup sûr, messire.

— Pas à Ware ni à Royston, je le crains.

— Allez plus loin au nord. Le succès est assuré.

— Telle était notre intention.

— Pour ma part, annonça Pomeroy, dès que j'ai eu vent de vos projets de tournée, j'ai écrit de Londres à mon meilleur ami pour l'aviser de votre venue. Les Hommes de Westfield sont assurés d'être reçus chaleureusement là-bas.

— Nous vous rendons grâce pour toutes vos bontés, messire. Comment se nomme cet endroit ?

— Marmion Hall.

— Dans quelle ville ?

— Une localité toute proche d'York.

Lawrence Firethorn rendossa son costume de croisé :

— York ? Nous connaissons ce lieu sous un autre nom.

— Quel est-il ?

— Jérusalem !

La cave se trouvait dans les profondeurs du château. Aucune lumière naturelle ne perçait entre ces épais murs de pierre suintant d'humidité. Il flottait comme une odeur de désespoir. L'homme était nu jusqu'à la taille. Bras et jambes écartés, il était attaché sur la table de bois de manière à exacerber son tourment. La corde mordait ses poignets et ses chevilles, l'étirant comme pour l'écarteler. Des gouttes de sueur se mêlaient aux filets de sang sur son torse et sur ses bras. Son visage était en charpie. Gisant dans ses propres excréments, il n'avait même plus la force de geindre et ne sentait pas la course impudente de l'araignée sur son front.

Marmion Hall était la demeure ancestrale d'une des familles les plus respectées du Yorkshire. Personne n'aurait pu croire qu'elle abritait un tel hôte sous son toit.

La porte de la cave fut déverrouillée de l'extérieur et une chandelle apparut dans un halo de lumière. Un homme petit et carré, en livrée, s'approcha du prisonnier et leva la flamme pour éclairer les traits informes. Sir Clarence Marmion resta impassible à la vue du corps torturé.

— Il n'a rien dit d'autre ?

— Il n'a proféré que des cris de douleur, Sir Clarence.

— L'avez-vous éprouvé jusqu'au bout ?

— Par le fer et par le feu. Il est presque saigné à blanc.

— Le fouet ne pourrait-il délier sa langue ?

— Seulement pour lui faire implorer grâce.

— On n'obtient rien sans rien, dit l'autre froidement. Nous devons être aussi impitoyables que les hommes de Walsingham.

Empoignant le prisonnier par les cheveux, le domestique lui cogna la tête contre la table puis lui lança méchamment :

— Parlez plus fort ! On ne vous entend pas.

Une longue plainte sortit des lèvres parcheminées.

— Qui était-ce ? siffla Sir Clarence. Je veux le nom de l'espion qui a dénoncé Rickwood !

Le prisonnier se tordit de douleur mais ne dit mot.

— Parle ! insista le maître de maison. Laquelle d'entre les âmes damnées de Walsingham l'a envoyé à la mort ?

— Pas moyen d'en tirer la moindre information...

— Son nom !

Perdant toute maîtrise, Sir Clarence frappa l'homme en travers du visage jusqu'à ce que le sang gicle sur son gant. Il se ressaisit et retourna près de la porte.

— Et maintenant, Sir Clarence ?

— Achevez-le.

Bien que la maison de Shoreditch fût désormais à moitié vide et comptât beaucoup moins de bouches à nourrir, Margery Firethorn ne manquait pas de corvées pour la tenir occupée. L'une de celles-ci consistait en des visites régulières au marché afin d'acheter des provisions et de rabrouer tout commerçant tentant de lui faire payer trop cher. On ne pouvait se fier aux servantes pour choisir la qualité au meilleur prix, aussi se réservait-elle la tâche de remplir le cellier. Cela lui permettait du moins de prendre l'air et d'oublier sa solitude.

Elle entra en ville par Bishopsgate et fut prise dans un petit mouvement de foule. Des soldats en armes poussaient les gens pour dégager la voie, rudoyant ceux qui osaient se plaindre. Margery soulagea son cœur en leur lançant quelques remarques acerbes avant de descendre tranquillement la rue vers le marché de Gracechurch Street. Elle fut bientôt engagée dans une dispute avec un infortuné vendeur au sujet de la fraîcheur de ses fruits. Quand elle l'eut amené au prix qui lui convenait, elle passa à l'étal suivant afin d'y déployer son ardeur belliqueuse.

Ses pas la conduisirent enfin près de *La Tête de la Reine*, qui ranima ses souvenirs mélancoliques. Margery était tiraillée entre des sentiments contradictoires. Encore fâchée contre son époux, elle souffrait pourtant de son absence. Si désireuse qu'elle fût de lui faire reproche, elle aurait émaillé ses récriminations de quelques baisers. Margery ne pouvait rejeter entièrement la faute sur lui. En s'unissant à Firethorn, elle avait épousé le théâtre, ce qui entraînait des sacrifices particuliers.

Elle en eut une preuve supplémentaire. Devant l'auberge, un homme maigre aux allures d'ascète était assis sur un tabouret bas, une viole entre les jambes. Il tirait des notes plaintives de son instrument dans l'espoir d'obtenir quelques pièces des passants. Margery reconnut avec tristesse Peter Digby. Dix jours plus tôt, il dirigeait fièrement l'orchestre des Hommes de Westfield. Maintenant il mendiait sa maigre pitance dans la rue. Le théâtre était un maître cruel.

— Comment allez-vous, messire Digby ? lui demanda-t-elle.

— Dame Firethorn !

— N'avez-vous pas d'autre travail que celui-ci ?

— Aucun qui me permette de vivre.

Elle sortit une pièce de sa bourse et la lui glissa dans la main. Il la remercia pour sa gentillesse avant de s'enquérir de la troupe. Elle n'avait encore aucune nouvelle à lui fournir, hormis des banalités. Des cris, au loin, leur firent tourner les yeux vers Bishopsgate, où d'autres soldats se mêlaient aux remous de la foule.

— Que signifie cette agitation ? s'étonna-t-elle.

— Vous n'êtes pas au courant ?

— Non, messire Digby.

— L'une des têtes a disparu de sa pique.

— Comme c'est macabre !

— On l'a volée dans la nuit. Ce n'est pas un geste anodin. Le coupable risque la potence. On le recherche activement.

— Quelle tête a été emportée ?

— Celle d'un traître que l'on venait d'exécuter. Un certain Anthony Rickwood.

5

Les Hommes de Westfield s'étaient mis en route avec de grandes espérances, mais celles-ci furent bien vite anéanties par la dure réalité. Les pluies tombées durant la nuit avaient transformé en bourbier une route déjà fort mauvaise.

Les paroisses locales étaient responsables de l'entretien de toute voie passant dans leurs limites, mais une grand-route comme celle-ci représentait un fardeau écrasant. Elles ne pouvaient réunir les fonds nécessaires pour entretenir une artère de cette importance, et les Hommes de Westfield en subissaient le contrecoup.

— Utilisez votre fouet, mon vieux !

— Cela ne servirait à rien.

— Faites-les avancer.

— Nous sommes bloqués pour de bon, messire Firethorn.

— Je vous dégagerai, dussé-je tirer le chariot à mains nues !

Mais Firethorn échoua. Il eut beau s'emparer du harnais d'un des chevaux et tirer de toutes ses forces, les animaux n'avancèrent pas d'un pouce. La roue avant du chariot était embourbée jusqu'à l'essieu et tout le véhicule penchait.

Barnaby Gill fut prompt à jeter le blâme.

— Admirez votre œuvre, messire Bracewell !
— Je ne pouvais contourner l'ornière.
— Le chariot est trop lourd, maintenant que vous y avez casé toute la troupe. Son poids a causé votre perte.
— On ne pouvait leur demander de marcher dans cette fange, messire Gill. Cela aurait abîmé leurs souliers et crotté leurs bas.
— C'eût été préférable à cette calamité.
— Nick, faites quelque chose ! ordonna Firethorn.
— Je m'y emploie, messire.
— Et avec célérité.
Nicholas sauta du siège du conducteur et fit signe à tous les autres de descendre du chariot, qui fut alors déchargé laborieusement. Au moyen d'une hache, il coupa une bonne longueur de bois, qu'il cala ensuite sous le flanc du véhicule, à l'endroit où la roue était bloquée. Trois de ses compagnons lui prêtant main-forte, il utilisa ce levier pour soulever le chariot. Un grand bruit de succion se fit entendre tandis que la roue s'extirpait de sa prison. Les chevaux, encouragés par des claques vigoureuses, tirèrent sur les brancards et le chariot roula sur la terre ferme. Pendant qu'on rechargeait, Lawrence Firethorn en appela à la loi.
— Les paroissiens devraient être poursuivis en justice !
— Ils ne peuvent combler toutes les fondrières, objecta Hoode avec bon sens. C'est à nous d'avancer avec plus de prudence.
— Je les traînerai devant la cour trimestrielle du comté.
— Et que deviendront les Hommes de Westfield pendant que vous entreprendrez toutes ces arguties ? Devrons-nous patiemment vous attendre dans ces campagnes ?
— Ne vous gaussez pas de moi, Edmund.
— Ne prêtez pas le flanc à la moquerie, Lawrence.

— On devrait les mettre aux fers, tous autant qu'ils sont.

— Et comment répareraient-ils les routes, ainsi entravés ?

La troupe fut prête à partir et reprit sa lourde progression. Quelques-uns des employés marchaient à l'arrière pour éviter un peu la boue. Quand ils entrèrent dans l'Huntingdonshire, ils découvrirent le pire de la grand-route du Nord. Longeant les plaines marécageuses situées à l'est, elle constituait la voie la plus fréquentée du pays hormis dans les faubourgs de Londres, et sa surface était terriblement défoncée. Il fallut redoubler de vigilance et avancer au pas. Tous éprouvèrent du soulagement quand la ville d'Huntingdon fut enfin en vue.

Richard, dévoré de curiosité, interrogeait le régisseur avec animation :

— Êtes-vous déjà venu dans cette ville, messire Bracewell ?

— Une ou deux fois, mon garçon.

— Quel genre d'endroit est-ce ?

— On y trouve deux choses remarquables.

— Je me demande lesquelles !

— Un terrain pour le jeu de boules et une potence.

— Assisterons-nous à une pendaison ?

— A plusieurs, s'il ne tenait qu'à messire Firethorn.

— Et nous permettra-t-on de jouer là-bas ?

— J'en suis certain.

Mais le régisseur était trop optimiste. Ils dépassèrent l'église de Saint-Bennet pour se rendre à l'hôtel du comté sans recevoir d'accueil officiel. Les Hommes de Banbury avaient sucé la ville jusqu'à la moelle avec une représentation de *La Double Imposture*.

Ce nouveau pillage d'une de leurs œuvres mit Firethorn dans une rage féroce. Le pire restait à venir. Un des membres du conseil de la ville, revenu peu avant du Lincolnshire, leur apprit que leurs rivaux avaient joué

Mariage et Discorde à Stamford, et donné *Pompée le Magnifique* à Grantham devant un public enthousiaste, dont son auguste personne. Lorsqu'il renchérit en encensant Giles Randolph dans le rôle principal, il fallut retenir Firethorn pour l'empêcher de faire un sort au conseiller.

L'écume aux lèvres, le chef de la troupe fut transporté à l'auberge la plus proche où on lui fit avaler une pinte de xérès pour adoucir sa disposition d'esprit. Barnaby Gill, Nicholas et Edmund Hoode étaient avec lui. Firethorn fulminait et criait vengeance :

— Par le Ciel, je le pourfendrai de la tête aux pieds !

— Il faudra d'abord le trouver, lui rappela Nicholas.

— Me voler mon rôle, dans ma pièce, le jouer devant mon public adorateur ! Ha ! Cet homme a les instincts d'un chacal et le talent d'un singe estropié.

Gill ne put résister à l'envie de le piquer dans son orgueil :

— Ce notable a parlé de Randolph en termes élogieux.

— Un putois sous forme humaine !

— Pourtant il a fait date avec son Pompée.

— Mon Pompée ! C'est mon Pompée à moi, à moi, à moi !

— Et à moi, donc ! soupira Hoode d'un ton qui trahissait son âme. L'écriture de cette pièce m'a coûté beaucoup de travail et de peine. Je suis bien marri d'apprendre que les Hommes de Banbury se la sont appropriée à si bon compte.

Nicholas compatissait avec l'auteur. Aucune loi ne protégeait son œuvre. Une fois qu'il avait reçu ses cinq livres, la pièce ne lui appartenait plus, mais entrait au répertoire des Hommes de Westfield. Il exerçait peu d'influence sur la mise en scène et encore moins sur la distribution. Son unique consolation était le splendide rôle de jeune tribun ambitieux qu'il s'y était réservé.

— Qui a joué Sicinius ? s'interrogea Hoode.

— Qui a joué Pompée ? C'est tout ce qui importe, vociféra Firethorn, tapant du poing sur la table en faisant sauter les chopes de bière. Randolph devrait être pendu à l'arbre le plus proche pour son impertinence.

— Mais comment les Hommes de Banbury s'y prennent-ils ? maugréa Gill.

— Je le sais, répondit Nicholas. Ils se sont assuré le concours de nos comédiens, contre nous.

— Monstrueux ! s'exclama Firethorn.

— Il n'existe qu'un exemplaire complet de chaque pièce, que je tiens soigneusement sous clef, expliqua Nicholas. Mais je ne peux dissimuler le livre de régie durant une répétition ou une représentation. Si certains camarades ont mémorisé une œuvre à plusieurs, ils ont pu en transcrire la substantifique moelle avec l'aide d'un copiste. Et c'est de cette moelle que messire Randolph se repaît.

— Qui sont ces gredins, Nick ? demanda Hoode.

— Et combien sont-ils ? ajouta Gill.

— Je ne connais ni leur nom ni leur nombre, dit le régisseur. Néanmoins, j'ai dressé la liste de nos employés saisonniers de cette année. Plusieurs sont partis mécontents, avec un bon motif de nous porter atteinte. Si assez d'argent est venu remplir assez de poches, ils ont pu retourner leur veste et aider les Hommes de Banbury.

— Certes ! acquiesça Firethorn. Et trouver une place au sein de cette troupe méprisable, en guise de récompense. Il nous suffit de les rattraper pour démasquer ces coquins.

— Ils ont trop d'avance, raisonna Nicholas. De plus, nous essuierons de nouveaux camouflets en visitant des villes où ils nous ont précédés. Apaisez votre courroux, messire Firethorn, jusqu'à l'occasion propice. Changeons notre itinéraire et jetons ailleurs nos filets.

— Ce conseil est des plus sensés, approuva Hoode. Où devrions-nous aller, Nick ?

— A Nottingham. Nous continuerons sur cette route, puis nous prendrons la direction du nord-ouest en passant par Oakham et Melton Mowbray. Peut-être dans ces villes appréciera-t-on quelque divertissement.

Firethorn et Hoode y consentirent. Gill fut le seul à marquer sa divergence. Opposé par principe à toute idée émanant du régisseur, il fit remarquer que les petites routes seraient encore pires que celle qu'ils venaient d'emprunter. Mais la majorité des voix fut contre lui et il noya son dépit dans la bière.

Encore assoiffé de sang, Firethorn accepta de différer le moment où il s'abreuverait de celui des Hommes de Banbury. L'idée de Nicholas le séduisait. Vu leur nouvelle destination, le titre de leur prochain spectacle s'imposait de lui-même.

— A Nottingham, messieurs ! Nous y donnerons *Robin des bois* !

Ainsi en fut-il décidé.

En soumettant la question à une autorité supérieure, Miles Melhuish savait qu'il agissait judicieusement. Non seulement il se déchargeait d'un problème qui lui causait une intense anxiété, mais il en référait à un homme capable de le résoudre avec une rapidité péremptoire. Le diacre était craint dans tout Nottingham. Un seul de ses regards du haut de la chaire domptait n'importe quelle congrégation. L'expression de son déplaisir pouvait faire rentrer dans le rang l'apostat le plus buté. Ayant atteint un âge vénérable, il surpassait Melhuish en autorité, en sagesse, en assurance et en habileté. Il éprouvait de surcroît un goût marqué pour les joies de la coercition, pour la destruction d'un adversaire, sachant qu'il avait derrière lui l'Église toute-puissante. Il guérirait dame Budden de ses illusions. Cinq minutes avec le diacre, et elle regagnerait sa chambre en courant pour forniquer avec son mari au nom de Dieu, et pour se faire pardonner de l'avoir lésé de son droit de possession le plus sacré.

Toutefois, il y eut un imprévu. Eleanor resta enfermée avec le diacre pendant plus de deux heures et, quand elle reparut, elle n'était pas le moins du monde animée d'un esprit de repentance. Elle arborait le même air de confiance inébranlable, le même sourire angélique. Nul ne sut précisément dans quel état d'effondrement elle avait laissé celui qui était censé la détourner de sa mission.

Humphrey l'attendait au-dehors :

— Eh bien ?

— Mon examen est terminé ! répondit-elle.

— Que s'est-il passé entre vous ?

— Nous nous sommes longuement entretenus de la Bible.

— Le diacre vous a-t-il instruite dans vos devoirs ?

— Dieu l'avait précédé, messire.

— Il n'a pas formulé d'objection ? dit Budden, incrédule.

— Il s'est rangé à ma décision.

— Dites plutôt à votre folie !

— Trouvez-vous que votre épouse est folle, Humphrey ?

— Dans cette disposition d'esprit ? Oui.

— Comme vous devez me mépriser !

Ils étaient debout entre les tombes, dans le cimetière. Des nuages renflés assombrissaient le ciel et le vent portait les premières gouttes de pluie. Eleanor se vêtait d'habitude à la manière des épouses de bourgeois, d'un corsage et d'une jupe ample d'un ton discret, d'un bonnet dissimulant ses cheveux tressés et d'une collerette en dentelle d'une incomparable finesse. Ce dernier détail était une source de fierté professionnelle pour son mari. Il tenait à ce qu'elle fût digne et modeste aux yeux de toute la ville, comme pour afficher sa réussite, son bonheur et son accomplissement d'homme. Mais

Eleanor s'était depuis peu dépouillée de tout raffinement vestimentaire. Sa tenue se réduisait à une simple défroque grise et à un fichu. Ses longs cheveux blonds pendaient sur son dos.

Ironiquement, elle l'attirait plus encore. A la voir dans ce costume, dans cet endroit, sous ce ciel maussade, Humphrey sentait croître son désir, sa volonté de s'affirmer. Folle ou illuminée, elle était belle à damner un saint. Sourde aux exhortations du curé et rebelle au diacre lui-même, elle n'en restait pas moins l'épouse d'Humphrey Budden et pouvait être matée.

— C'en est fini de la chasteté ! lança-t-il.

— Que dites-vous, messire ?

— Rentrons chez nous à l'instant !

— Je n'aime pas votre ton.

— L'eussiez-vous entendu plus tôt, accompagné d'un peu plus de poigne, nous ne traverserions pas une telle épreuve.

— Me menacez-vous ?

Elle était calme et sans crainte. Il fut décontenancé un moment, mais ces grands yeux bleus et cette peau douce lui rendirent sa détermination. Il l'attrapa par le bras.

— Laissez-moi. Vous me faites mal.

— Venez à la maison et réglons cette affaire dans notre chambre à coucher. Vous ne perdrez rien au change.

— Lâchez-moi, Humphrey. L'acte de chair est un péché.

— Pas dans les liens du mariage.

— Nous ne sommes plus mari et femme.

Il la saisit par les deux bras pour l'empêcher de se dégager et la sentit se débattre contre lui. Le contact du corps d'Eleanor lui faisait perdre la raison.

— Soumettez-vous à mon étreinte !

— Je m'y refuse.

— C'est mon droit et mon privilège.

— Plus maintenant.

— Si vous n'obéissez pas à la seconde même, je vous prends ici, sur-le-champ, au milieu des morts de Nottingham.

— Vous n'oserez pas.

— Ah non ?

— Dieu vous en empêchera.

Hors de lui, il agrippa rudement le devant de sa robe et le déchira, dévoilant une épaule blanche et la naissance d'un sein tendre, mais un autre bruit se mêla au craquement de l'étoffe. La porte de l'église s'ouvrit et Miles Melhuish apparut, franchement abasourdi. Il ne pouvait comprendre comment Eleanor avait vaincu le diacre. Toutefois, dès qu'il vit la scène devant lui, il comprit fort bien et trembla face à ce sacrilège.

— Ici ! Sur une terre consacrée !

— Vous aviez préconisé la fermeté...

— Pas de cette nature immonde.

— Pardonnez-lui, mon père, car il ne sait pas ce qu'il fait, intervint Eleanor. Je n'en attendais pas moins. Dieu m'a annoncé de grandes tribulations. Et pourtant Il m'a sauvée, comme vous voyez. Il vous a fait sortir de cette église pour me secourir.

Eleanor tomba à genoux et se mit à prier avec ferveur tandis que Miles Melhuish entraînait à l'écart l'époux vaincu, en pleine détumescence, afin de le semoncer au milieu des pierres tombales. Lorsqu'elle eut fini, le curé l'aida à se relever et poussa du coude Humphrey en avant, non sans un regard impérieux.

— Pardonnez-moi ma méchanceté, Eleanor.

— Vous n'avez fait que suivre votre nature humaine.

— J'ai gravement péché contre vous.

— Alors lavez-vous de toute souillure. Implorez Dieu de purifier votre cœur et d'effacer vos mauvaises actions.

Humphrey était bien affligé. Abandonné par sa

femme et réprouvé par l'Église, il voyait son cas désespéré. Au lieu de ramener au foyer une épouse docile, il l'avait perdue à jamais, tout cela à cause d'une voix qu'elle était la seule à entendre.

— Puis-je connaître votre intention, ma femme ?

— Je suivrai le chemin de la vertu.

— Elle doit obéir à l'injonction du diacre, précisa Melhuish.

— J'irai à Jérusalem.

— A York, corrigea le prêtre. Seul le saint archevêque peut statuer sur cette affaire. Vous lui porterez une lettre du diacre et solliciterez audience.

— A York ! répéta Humphrey, effondré. Puis-je venir ?

— Je voyage seule, dit-elle fermement.

— Comment trouverez-vous de la nourriture et un toit ?

— Dieu y pourvoira.

— Les routes ne sont pas sûres pour un homme, encore moins pour une femme telle que vous. Songez à votre vie !

— Aucun danger ne peut m'atteindre.

— Mais si, comme pour n'importe quel voyageur.

— Le Seigneur me protégera tout au long du chemin.

Il commença à pleuvoir.

Oliver Quilley maudit la pluie torrentielle et éperonna son cheval, qui partit au petit galop. Un bouquet d'arbres à mi-distance promettait un abri pour lui et son jeune compagnon. Petit et fluet, âgé d'une trentaine d'années, il avait un air délicat qui ne manquait pas de charme. Dans son costume de courtisan, il formait un contraste incongru avec le solide gaillard en futaine qu'il avait choisi comme garde du corps sur la route partant de Leicester. Les arbres bruissaient et ployaient sous les intempéries, mais leur feuillage dru et leurs longues branches tombantes leur éviteraient le pire de l'orage. Quilley sentait dans sa poitrine comme une griffe tentant de se refermer sur son cœur.

— A droite ! ordonna-t-il d'un ton pressant. Là-bas nous serons protégés du vent.

— Oui, messire.

Le jeune homme n'avait guère de conversation, cependant son imposante musculature rendait sa compagnie rassurante. Quilley lui pardonna son manque de savoir-vivre et fonça à couvert. Ils étaient trempés comme des soupes en arrivant sous les frondaisons, mais le soulagement d'être à l'abri leur fit oublier toute prudence. Cette erreur devait être fatale.

— Holà, messeigneurs !

— Tiens, tiens, tiens ! Voyez donc qui voilà !

— C'est le destin qui vous a guidés jusqu'à nous.

— Descendez !

Quatre brigands vêtus d'habits grossiers avaient bondi de leur cachette avec tant de soudaineté que les cavaliers furent pris au dépourvu. Deux étaient munis d'épées, le troisième d'une dague et le dernier d'un gourdin menaçant. Le jeune paysan n'eut même pas le temps de tirer sa rapière. Terrifié par le bruit et l'agression subite, son cheval se cabra si haut qu'il fut désarçonné en un éclair. Il tomba en arrière, impuissant, et se rompit le cou. Après un craquement sinistre, son corps devint inerte. Ce fut une mort d'une grande simplicité.

Les autres reportèrent leur attention sur Quilley, qui hurla :

— Assassins !

— Allons, nous avons deux mots à vous dire.

— Lâchez ces rênes !

Mais les faibles efforts de Quilley ne servirent à rien. Il leur balança des coups de pied et de poing qui n'eurent d'autre effet que de lui attirer des moqueries. Le plus grand des ruffians tendit la main et le descendit de son perchoir comme on cueille une fleur. Oliver Quilley fut précipité au sol.

— Gibier de potence !

Il tenta de se lever, mais ils étaient las de sa présence. Le gourdin le frappa derrière l'oreille et il piqua du nez dans l'herbe. Satisfaits de leur ouvrage, les quatre hommes s'emparèrent de leur butin et repartirent bientôt à cheval.

Quilley resta longtemps inconscient, mais la pluie crépitante finit par le ranimer. La première chose qu'il vit fut le cadavre du jeune paysan, payé pour assurer sa protection. Cela le fit vomir. Puis la mémoire lui revint et il tâta l'avant de son pourpoint. Pleurant de soulagement, il se dégrafa et sortit le petit sac de cuir qu'il cachait sous son vêtement par souci de sécurité. Ils lui avaient volé son cheval, ses sacoches et son argent, mais c'était sans importance. Le sac était encore là.

Quilley l'ouvrit avec précaution pour en inspecter le contenu. Réchapper à un meurtre et à un vol sur la route de Nottingham... Il pouvait s'estimer heureux. La mort de son compagnon était fâcheuse, mais il saurait se passer de lui. En revanche, perdre son précieux sac eût été une catastrophe. Son art était sauf.

Il entreprit de marcher vers le prochain village.

La pluie fouettait sans pitié les Hommes de Westfield. Surpris en rase campagne alors qu'ils traversaient non sans peine le nord du Leicestershire, ils ne purent éviter d'être trempés jusqu'aux os. La préoccupation première de Nicholas était les costumes. Il étendit une bâche au-dessus de l'énorme malle d'osier calée à l'arrière du chariot, mais il ne pouvait rien pour ses camarades, ruisselants, crottés et piteux. La boue épaisse les ralentissait. Le grand vent les souffletait et irritait les chevaux. C'était l'épreuve la plus terrible qu'ils avaient subie jusqu'alors. Ils pensaient avec regret à *La Tête de la Reine* et aux agréments de Londres.

L'orage s'apaisa aussi rapidement qu'il avait commencé. Les nuages gris s'auréolèrent d'or, puis un soleil radieux les transperça pour revêtir toute la campagne d'un étincellement liquide. Lawrence Firethorn ordonna une halte afin que la troupe pût se reposer et se sécher tant bien que mal.

Pourpoints, justaucorps, chemises, chausses et bonnets furent accrochés à profusion sur les buissons. Les hommes à demi nus gambadaient dans la nature. Les chevaux du chariot, dételés, purent brouter l'herbe à loisir.

Nicholas gardait un œil sur Christopher Millfield. Depuis son réveil nocturne aux *Armes de Pomeroy*, le régisseur n'avait cessé de se demander où l'acteur était allé au plus noir de la nuit. Un rendez-vous galant semblait improbable, car les servantes ne manquaient pas à l'auberge. Elles lui avaient adressé leurs œillades les plus coquines et leurs rires les plus provocants. Il avait badiné avec chacune sans pousser l'avantage avec aucune. Son escapade avait donc une autre cause, et Nicholas savait qu'il ne la découvrirait jamais en posant franchement la question. Millfield tenait toujours une excuse en réserve, assortie de ce sourire facile.

Faute de pouvoir le surveiller en permanence, Nicholas recourut aux services d'un ami, sans que celui-ci soupçonnât qu'on lui soutirait des informations.

— Qu'a-t-il dit encore, George ?

— Il a parlé des autres compagnies qui l'avaient embauché.

— Je crois qu'il était chez les Hommes de l'Amiral.

— Ils ont quitté Londres il y a un mois ou deux pour jouer à Arundel, Chichester, Rye et je ne sais où.

— Ont-ils été bien reçus ?

— Très bien, messire Bracewell. Ils ont joué dans les plus belles maisons du comté et n'ont jamais manqué de public. Le sort leur a été plus favorable qu'à notre troupe, pauvres de nous !

George Dart paraissait triste, à tout le moins. Dans sa chemise mouillée et ses bas noirs de boue, il semblait inconsolable. Son plaisir de participer à la tournée s'était mué en regrets informulés. Lui qui était le plus chétif des aides-machinistes se voyait toujours attribuer la plus grosse part du travail. La tournée ajoutait même d'autres corvées à une liste déjà interminable. Outre ses fonctions pendant la représentation, il était palefrenier, porteur, couturière et souffre-douleur général. A Pomeroy Manor, assurant bon nombre de rôles de figuration, il serait assassiné pas moins de quatre fois — dans quatre costumes différents et de quatre manières particulièrement déplaisantes — par l'implacable Tarquin. On accumulait un tel fardeau sur ses faibles épaules que ses jambes ployaient sous le faix.

Il ne se doutait pas qu'une autre mission lui était dévolue.

— Une chose encore, George.

— Oui, messire ?

— A-t-il fait mention de Gabriel Hawkes ?

— A maintes reprises.

— Que dit-il ?

— Qu'il joue beaucoup mieux que messire Hawkes.

— Je suis d'avis différent.

— Moi aussi, mais je n'ai pas osé le contredire.

— Regrette-t-il la mort de Gabriel ?

— Pas du tout, messire.

— Il ne lui a même pas rendu l'hommage d'un soupir ?

— Je n'en ai pas entendu un seul.

— Merci, dit Nicholas avec gentillesse. S'il disait quoi que ce soit d'intéressant, informez-m'en aussitôt.

— Je n'y manquerai pas, messire.

Après avoir répondu à tant de questions, George Dart en trouva une à formuler. Il la roulait dans sa tête depuis des jours et Nicholas était le seul susceptible de l'écouter avec civilité. Son petit visage se chiffonna :

— Quand nous avons quitté Londres...

— Oui, George ?

— Nous sommes sortis par Bishopsgate.

— En effet.

— Il y avait là-bas une tête sur une pique.

— Plusieurs, si ma mémoire est bonne.

— C'était la plus récente.

— Ah ! celle de messire Rickwood.

— Quel était son crime ?

— Il projetait de tuer la reine Élisabeth.

— Était-il seul dans cette machination ?

— Non. Il faisait partie d'une conspiration catholique.

— Pourquoi les autres n'ont-ils pas été jugés ?

— Parce qu'on ne les a pas encore pris.

— On les prendra ?

— Sir Francis Walsingham y veillera.

— Comment ?

— Ses hommes passeront le royaume au crible.

Avant que George eût pu élaborer une autre question, un cri tout proche fit partir Nicholas à fond de train, son épée au clair. Richard Honeydew avait hurlé de peur, derrière les buissons où il s'était éclipsé pour se soulager. Nicholas le rejoignit en quelques secondes pour le trouver, la bouche béante d'horreur, montrant du doigt le haut d'une colline.

C'était un spectacle plus étrange, plus exotique qu'ils n'en avaient vu jusqu'ici au cours de leurs pérégrinations. Une vingtaine de personnes ou plus étaient apparues, étrangement costumées de turbans brodés et d'écharpes chamarrées sur des haillons rapiécés. Leurs visages basanés étaient peints en rouge ou en jaune et des clochettes tintinnabulaient à leurs chevilles tandis qu'elles avançaient à cheval. Elles étaient à la fois effrayantes et fascinantes. Richard restait pétrifié.

Nicholas éclata de rire et lui tapa dans le dos.
— Ils ne te feront pas de mal, mon garçon.
— Qui sont-ils ?
— Des Égyptiens.
— Qui ?
— Des amants de la lune.
— Sont-ils réels ?
— Autant que toi et moi.
— Pourquoi ont-ils cette apparence bizarre ?
— Ce sont des bohémiens.

En cours de route, Anne était passée par Watling Street afin de rendre visite à ses cousins de Dunstable. Elle avait bientôt continué pour séjourner chez un oncle, dans le Bedfordshire, et fut ravie lorsqu'il l'invita à l'accompagner chez son frère, qui habitait Nottingham. Bien que cette ville ne figurât pas dans l'itinéraire des Hommes de Westfield, cela la rapprochait beaucoup d'eux et la réconfortait un peu. C'était seulement depuis sa séparation avec Nicholas qu'elle mesurait combien il comptait dans sa vie. Durant les trois années où ils avaient partagé la même maison, elle en était venue à apprécier ses qualités peu communes.

Son doux accent du sud-ouest de l'Angleterre manquait à Anne, ainsi que son sens de l'humour et ses attentions. Certaines des expériences qu'il avait vécues auraient ravalé bien des hommes au rang de brutes, mais Nicholas restait fidèle à lui-même et sensible aux besoins d'autrui. Il avait ses défauts, mais même ceux-ci provoquèrent un sourire nostalgique. Anne flânait entre les étals du marché de Nottingham, ses mains tâtaient la dentelle, le cuir et la percale, mais ses pensées allaient toutes vers son ami le plus précieux. Un pressentiment lui disait qu'il n'était peut-être pas très loin d'elle.
— N'achetez pas cela ici, Anne.
— Comment ?

— Les plus beaux cuirs se trouvent à Leicester.

— Oh !... Vous avez raison.

Elle reposa la bourse qu'elle regardait distraitement et prit le bras de son oncle. C'était un homme âgé, conscient qu'il ne lui restait plus guère d'occasions de rendre visite à son frère. Il était heureux de pouvoir gâter un peu sa nièce, qui avait toujours été sa préférée.

— Que puis-je vous offrir, Anne ?

— C'est moi qui devrais vous offrir un présent, mon oncle.

— Votre visite est un cadeau suffisant, répondit-il, avant de désigner les éventaires en agitant sa canne. Choisissez ce que vous désirez.

— Je n'ai besoin de rien.

— Je tiens à vous faire plaisir.

— Vous l'avez fait en m'amenant ici.

Il regarda autour de lui et se gratta pensivement le crâne. Une idée le fit rire avec bonhomie.

— Peut-être apprécierez-vous quelque divertissement.

— De quelle sorte, mon oncle ?

— Je vais vous emmener voir une pièce.

— Ils ont une compagnie théâtrale, ici ?

— Si vous n'aviez pas la tête dans les nuages, vous l'auriez remarqué. Il y a des affiches à tous les coins de rue.

— Vraiment ?

Anne s'anima. Se pouvait-il que les Hommes de Westfield fussent à Nottingham ?

— Je vais vous en montrer, ma nièce.

— Je vous suis de grand cœur.

Il joua des coudes à travers la foule jusqu'à *La Vieille Auberge du Salut*, une des tavernes nichées près du château, et qui permettait aux voyageurs d'étancher leur soif depuis d'innombrables générations. Une affiche enjolivée de force fioritures était clouée à une poutre à l'extérieur de l'auberge. Anne sentit son pouls s'accélérer lorsqu'elle vit le titre de la pièce : *Pompée le Magnifique*.

La célèbre tragédie d'Edmund Hoode. Le triomphe des Hommes de Westfield.

Presque aussitôt, sa joie se changea en amertume. Le public n'admirerait pas Lawrence Firethorn dans son rôle le plus illustre. On lui offrait les talents superficiels de Giles Randolph et de sa compagnie.

— La verrez-vous avec moi, Anne ?

— Non, merci, mon oncle. Cette pièce ne me dit rien du tout.

Elle se détourna, outrée.

Ils surent qu'ils se trouvaient dans le comté de Nottingham rien qu'au paysage. Le Leicestershire comptait peu de forêts et encore moins de chasses gardées. Les terres étaient largement consacrées à l'agriculture. Les champs d'orge, de blé et de légumineuses étaient un spectacle familier, tout comme les troupeaux de bœufs et de moutons dans les pâturages. Les Hommes de Westfield rencontrèrent soudain un terrain très différent. Ils étaient dans « le comté des bois », dont la forêt de Sherwood constituait plus d'un quart.

Ils avaient retrouvé bon moral depuis le retour du soleil. La décision de quitter la grand-route du Nord avait comporté ses avantages et ses inconvénients. Elle leur avait permis de jouer à Oakham et à Melton Mowbray devant des spectateurs peu nombreux mais enthousiastes, cependant elle les avait également confrontés au supplice des routes creusées d'ornières sous des cieux incléments. Quand ils s'arrêtèrent pour la nuit à deux lieues de Nottingham, ils espéraient avoir laissé le pire de leurs épreuves derrière eux.

Lawrence Firethorn tint à séjourner à *L'Enclume du forgeron*. Les autres pensèrent que c'était de sa part une rare manifestation de sentimentalité. Lui-même fils de forgeron, il avait la carrure de ceux qui exercent ce métier, alliée au port d'un véritable gentilhomme. La forge originelle était un bâtiment en silex surmonté d'un grand toit de chaume, mais l'auberge qui avait poussé tout autour était principalement en bois. Dès que les comédiens pénétrèrent dans la salle, ils comprirent pourquoi leur directeur avant tant insisté pour passer la nuit en ce lieu précis.

— Lawrence Firethorn !

— Susan ! Dans mes bras !

— Quelle joie inattendue !

— Elle n'en est que plus douce...

L'hôtesse était une femme avenante, à la poitrine généreuse et aux manières pleines de vivacité. Susan Becket débordait de sa robe tant elle était bien aise de les recevoir. Son visage dodu s'arrondissait en un sourire, ses tresses rousses voltigeaient de ravissement. Elle traversa la salle en bondissant pour planter un baiser aussi sonore qu'un coup de tonnerre sur les lèvres de Firethorn.

— Qu'est-ce qui vous amène dans mon auberge, messire ?

— Quoi donc, sinon votre accorte personne ?

— Vous me flattez, petit fripon !

— Il se peut que je fasse mieux d'ici mon départ.

— Bas les pattes, effronté ! dit-elle en gloussant de rire.

— Les lits sont-ils bons, dans votre hostellerie ?

— Aucun homme ne s'en est plaint.

— Loin de moi cette idée ! assura Firethorn en l'enveloppant à nouveau de ses bras. Serrez-moi fort contre votre cœur, dame Susan Becket. Bien que vous portiez le nom d'un saint, c'est la pécheresse que je préfère en vous.

Le rire de Susan fit ballotter joyeusement ses seins plantureux.

Comme d'habitude, Nicholas se chargea de l'organisation du coucher. Les meilleures chambres furent attribuées aux associés, les employés eurent à s'accommoder du reste. L'établissement étant petit, certains durent coucher dans la paille de la grange. Nicholas offrit de passer la nuit avec eux afin que les apprentis puissent disposer de la dernière chambrette. Tous quatre s'entassèrent dans le même lit bosselé. George Dart s'installa à leurs pieds.

Le régisseur acheva de souper dans la salle avec Barnaby Gill et Edmund Hoode. Munie d'un bougeoir, l'hôtesse guida Firethorn jusqu'à la chambre qui lui était destinée. Gill remarqua avec un ricanement sardonique :

— Elle va lui user la chandelle jusqu'à ce qu'il n'en reste que de la cire.

— Je pense que c'est une vieille amie, dit Hoode.

— Lawrence a des amies dans toutes les tavernes et les bordels d'Angleterre, persifla Gill. Je me demande pourquoi elles ne donnent pas son nom à une de leurs maladies. Je connais une bonne demi-douzaine de catins à qui il a laissé un petit souvenir.

— Il a toujours été très apprécié des dames, commenta Nicholas avec diplomatie.

— Des dames ! s'indigna Gill. Elles n'ont rien de dames, messire Bracewell. Du moment qu'il peut les chevaucher, cela lui suffit, et dame Becket se révélera une monture consentante. Je gage qu'il n'aura pas besoin de monter en amazone, avec elle.

— Cessez ces méchantes critiques, Barnaby, dit Hoode.

— Je songe simplement à son épouse.

— Margery connaît l'homme avec lequel elle s'est mariée.

— Comme la moitié des femmes de Londres.

— Nous avons tous des passions.

— Pas de ce genre ! répliqua Gill, se levant de table avec un air de suprême dédain. Certains d'entre nous s'entendent à discerner le plaisir véritable, qui ne se trouve pas dans les bras d'une putain. Il existe un amour qui dépasse celui des femmes.

— L'amour de soi, peut-être ? s'enquit ingénument Nicholas.

— Bonne nuit, messieurs !

Barnaby Gill quitta la salle d'un air de noblesse outragée.

Richard Honeydew eut quelque difficulté à trouver le sommeil à cause de l'animation des autres apprentis. Ils s'empoignèrent, s'esclaffèrent, se taquinèrent et se firent des niches jusqu'à épuisement. George Dart était incapable de les contrôler, lui qui était habituellement en butte à leurs plaisanteries. Quand enfin ils cédèrent, ce fut à un sommeil profond et bruyant. Les ronflements de Dart étaient les plus sonores.

Aucun d'eux ne s'abandonna plus volontiers aux bras de Morphée que le petit Richard. Coincé à un bout du lit à côté de John Tallis, il ne sentit même pas les pieds remuants de ses deux compagnons qui couchaient tête-bêche. Pas plus qu'il n'entendit le loquet de la porte se soulever. Deux silhouettes entrèrent en silence et scrutèrent l'obscurité. L'une tenait une épée afin de décourager toute opposition, l'autre portait un grand sac. Lorsqu'elles eurent repéré leur cible, le sac fut glissé par-dessus sa tête et une main pressa fermement sa bouche. Le jeune garçon fut tiré du lit avec une hâte subreptice et les ravisseurs prirent la fuite en emportant leur victime.

Dans la grange, Nicholas était couché en chien de fusil sur la paille quand une main empoigna son épaule. Il s'éveilla aussitôt et vit George Dart à côté de lui.

— Messire Bracewell ! Messire Bracewell !

— Que se passe-t-il, George ?

— On nous l'a volé...

— Quoi donc ? dit Nicholas en s'asseyant.

— Je n'ai rien entendu... Les autres non plus...
— Le vol a eu lieu dans votre chambre ?
— Oui, messire. Nous avons perdu notre joyau le plus précieux.
— Que dites-vous ?
— Dick Honeydew a disparu.
— En êtes-vous sûr ?
— Sans aucun doute.
— Ce n'est pas une plaisanterie des autres ?
— Ils sont aussi stupéfaits que moi.
— Où peut bien être Dick ?
— Je connais la réponse, messire. Il a été volé par les bohémiens.

Oliver Quilley, assis dans un fauteuil, attendait impatiemment que le chirurgien eût fini de s'occuper de lui. Sa rencontre avec les bandits de grand chemin lui avait valu maintes contusions et il avait jugé sage de consulter avant de poursuivre son voyage. Le médecin l'aida à enfiler son pourpoint, puis réclama ses honoraires. Quilley n'avait plus d'argent pour le payer. Il chercha dans son petit sac de cuir et en sortit un objet.
— Voici qui vaut dix fois vos honoraires, docteur.
— Qu'est-ce donc ?
— Une œuvre de génie.
Quilley ouvrit la main pour révéler une miniature d'une exquise délicatesse. Le visage d'une jeune femme avait été peint avec un tel talent qu'il semblait presque vivant. La somme de détails accumulés sur la surface minuscule était sidérante. Quilley l'offrit au chirurgien.
— Non, messire, je ne puis l'accepter.
— Pourquoi pas ? J'en aurais tiré au moins trois livres.
— Alors vendez-la, messire Quilley, et payez-moi ce que vous me devez. C'est une trop riche récompense

pour ma bourse, et d'ailleurs je dois ménager mon épouse.

— Votre épouse ?

— Les femmes sont des êtres jaloux, qu'elles en aient quelque motif ou non, expliqua le médecin. Si la mienne trouvait une telle beauté parmi mes affaires, elle me croirait épris de cette jeune personne et me rendrait la vie infernale. Gardez cette miniature. Je ne prendrai rien de plus que ce que j'ai gagné.

— Je la vendrai à Nottingham et je vous apporterai votre dû.

— Rien ne presse, messire. Vous avez besoin de repos.

— Pourquoi, du repos ?

— Afin de vous remettre de vos blessures.

— Elles sont insignifiantes.

— Quelques jours de lit permettraient de les guérir pour de bon.

— Je ne puis m'attarder, répondit Quilley, l'air important. On a besoin de moi ailleurs. Certains aspirent à la magie de mon art. J'ai déjà perdu des heures précieuses en racontant au magistrat ce qui m'était arrivé et en assistant à l'enterrement de mon compagnon. Je dois partir en toute hâte, car on m'attend là-bas.

— Où cela, messire Quilley ?

— A York.

Si les intempéries, les mauvais chemins et les terrains vallonnés imposaient une allure léthargique à des comédiens ambulants, il existait des moyens plus rapides de parcourir les distances. Un messager trouvant des chevaux frais à des relais de poste toutes les huit ou dix lieues pouvait dévorer la route. Une missive partie de Londres atteignait n'importe quelle région du royaume en quelques jours. L'urgence raccourcissait encore la longueur du parcours.

Sir Clarence Marmion reçut le message à son château, puis ordonna qu'on selle son cheval. Bientôt, il galopait vers la ville. Le pont de l'Ouse était le seul à enjamber le fleuve, à York. En dos d'âne, il comportait six arches de bois sur lesquelles les sabots retentirent. Sir Clarence éperonna sa monture pour dépasser la cinquantaine de maisons qui y étaient bâties et ne tira sur les rênes que lorsqu'il se fut engouffré dans la cour de *La Jérusalem*. Un palefrenier accourut et le nouveau venu mit pied à terre.

Dans la salle, Sir Clarence ignora l'accueil obséquieux de Lambert Pym et alla droit à l'escalier. Il frappa à la porte d'un salon à l'étage et entra.

Alarmé, Robert Rawlins se redressa sur son siège.

— Je ne vous attendais pas d'aussi bonne heure !

— La nécessité m'amène.

— Un incident fâcheux ?...

— Je le crains. Des nouvelles de Londres.

— Que se passe-t-il, Sir Clarence ?

— Quelqu'un a été dénoncé.

— Messire Neville Pomeroy ?

— Il a été arrêté et enfermé à la Tour.

— Mon Dieu !

— Les hommes de Walsingham se rapprochent.

— Un seul d'entre nous est-il encore en sûreté ? gémit Rawlins.

— Nous avons notre foi, qui est à toute épreuve. Pomeroy ne leur livrera aucun nom, quels que soient les supplices qu'ils lui infligent. Nous devons garder notre sang-froid et prier afin d'avoir la vie sauve.

— Amen !

6

Lawrence Firethorn gronda tel un dragon quand George Dart tambourina à la porte de sa chambre. Renouant avec le métier de son père, l'acteur-directeur jouait les hardis forgerons sur l'enclume consentante de dame Susan Becket. Il emplissait l'air d'étincelles de joie au moment même où les jointures brutales osèrent l'interrompre. Arraché inopportunément au plaisir, il ouvrit d'un coup la porte et cracha de telles flammes de colère que le petit machiniste se crut carbonisé à vie. Affronter son employeur était toujours intimidant, mais se mettre à la merci d'un Firethorn nu, excité et arrêté dans son élan, revenait à se promener dans le septième cercle de l'Enfer. George Dart fut licencié trois fois avant d'obtenir le simple droit d'ouvrir la bouche. Une éternité s'écoula avant qu'il pût transmettre son message :

— Dick Honeydew a été enlevé.

— Par qui, idiot ? Par quoi, nigaud ?

— Par les bohémiens.

— Folie pure et simple !

— Je crains que ce soit vrai, messire Firethorn.

Une confirmation apparut sous la forme de Nicholas et des autres apprentis, qui menaient des recherches approfondies sur les lieux. Ils avaient inspecté les moindres coins et recoins du bâtiment, de la cave au grenier, sans trouver signe de Richard. Soit l'enfant s'était enfui — hypothèse improbable —, soit il avait été enlevé. La seconde possibilité fut admise immédiatement par Firethorn, qui vit là une attaque personnelle contre lui-même et sa carrière.

— Ils ont volé ma Marianne !

— Nous le retrouverons, affirma Nicholas avec détermination.

— Comment Robin des bois jouera-t-il seul les scènes d'amour ?

— Un des garçons remplacera Dickie.

— L'idée me déplaît.

— Il faut une autre Marianne à la forêt de Sherwood.

— Pas John Tallis ! protesta le comédien. Ses traits se prêtent mieux à la farce qu'au baiser. Marianne ne peut avoir un menton en galoche !

— Stephen Judd ou Martin Yeo reprendra le rôle.

— Aucun ne conviendra.

— Alors choisissez une autre pièce, messire Firethorn.

— Me laisser détourner de mon dessein ? Jamais !

Il tapa du pied sur les lattes de bois et s'enfonça quelques échardes.

— Cette vilenie est dirigée contre moi, Nick. Ils savent que mon Robin est tout à fait incomparable et cherchent à m'abattre, mus par une basse jalousie.

— Nous devons immédiatement retrouver la trace du petit.

— Chargez-vous-en, Nick.

— J'aurai besoin d'un cheval.

— Prenez le mien, cher cœur !

Nicholas n'était pas convaincu que Richard eût été enlevé par des bohémiens, bien qu'on les eût vus rôder dans le voisinage. Néanmoins, son avis fut écarté par un homme qui ne souffrait aucune contestation. Privé simultanément d'extase et de Marianne, l'acteur-directeur vibrait d'une ardeur vengeresse.

— A cheval ! A cheval, Nick !

— Nous nous retrouverons à Nottingham.

— Ne revenez pas les mains vides.

— Si l'enfant est chez les bohémiens, je le ramènerai.

— Prenez garde, messire ! Ces gens sont aussi glissants qu'une anguille.

— Adieu !

Nicholas partit précipitamment et manqua donc un instant d'intense émotion. Tout au long de cet échange entre l'acteur vedette et le régisseur, George Dart avait attendu humblement, se demandant s'il avait encore un emploi et si son corps malingre serait requis pour grossir les rangs des figurants dans la prochaine représentation à Nottingham. Firethorn le vit planté là et leva un sourcil interrogateur. La physionomie de Dart ressemblait à une étude sur l'incertitude et l'appréhension.

— Ferai-je encore partie des Joyeux Compagnons, messire ?

Nicholas se mit en selle et quitta les écuries juste avant le point du jour. Une épée et une dague étaient accrochées à son flanc. C'était un excellent cavalier. Fils d'un marchand prospère du Devon, il avait, dès son jeune âge, accompagné son père dans ses voyages, apprenant à monter et à s'occuper d'un cheval. Plus tard, les affaires du père obligèrent le fils à voyager en Europe. C'est ainsi que naquit son amour de la mer, passion qui devait culminer trois années durant dans le célèbre voyage de Drake autour du globe. Cela ne lui avait pas fait oublier ses sensations en selle. Fixant l'allure de sa monture avec soin, il adopta un galop modéré, mais régulier.

Il lui fallut quatre heures pour retrouver leur piste et deux autres pour découvrir leur campement. Les bohémiens s'étaient arrêtés dans un hameau du Leicestershire afin de colporter leurs ustensiles et d'offrir un divertissement aux âmes simples de la paroisse. Pendant que les femmes vendaient des écharpes ou lisaient l'avenir dans la paume des naïfs, les hommes s'étaient changés en acrobates. Nicholas attacha son cheval et se dirigea vers le terrain herbu où tout le monde s'était assemblé. Sous le couvert d'un châtaignier, il observa une scène animée et pittoresque. En dépit des circonstances, il était dévoré de curiosité.

Nicholas ressentait toujours de la compassion pour les bohémiens, ces vagabonds épris de liberté. Ils souffraient de punitions beaucoup plus sévères que les mendiants anglais. Régulièrement taxés, fouettés, emprisonnés, chassés des villages à coups de bâton, sous les jets de pierres, une meute de chiens à leurs trousses, ils encouraient en outre une peine légale de déportation. Tout au long du règne d'Henri VIII, puis de sa fille Élisabeth, l'hostilité officielle envers ceux qu'on appelait les « Fils de Ptolémée » ne s'était jamais démentie. Des bandes entières étaient envoyées en Europe par bateau, et l'on entendait des appels occasionnels à une complète extermination de leur lignée.

Au vu de tout cela, leur simple survie tenait du miracle. Nicholas éprouvait donc envers eux une certaine sympathie. Sa propre profession avait d'étroites affinités avec leur mode de vie. Les acteurs également étaient des hors-la-loi tant qu'ils n'entraient pas au service d'un noble protecteur tel que Lord Westfield. Sans cette livrée, ils pouvaient être chassés et traqués presque aussi impitoyablement que les bohémiens et, comme ceux-ci, ils servaient souvent de boucs émissaires lorsqu'un crime était commis durant leur passage. Ils étaient loin d'être honnêtes et respectueux des lois, mais Nicholas avait toujours été convaincu que les récits qui couraient sur leur noirceur inhérente et leur pratique de la sorcellerie étaient fortement exagérés.

Il en était à ce point de ses réflexions quand le spectacle acrobatique arriva à son terme. Des paumes calleuses prodiguèrent leurs applaudissements et se séparèrent de quelques menues piécettes quand un petit enfant fit le tour des spectateurs en leur présentant un large bonnet. Les musiciens attaquèrent un morceau, et le public fut régalé par un ballet. Souples et gracieux, les hommes exécutèrent des pas rarement vus dans ce pré auparavant. Nicholas admirait leur agilité et leur fantaisie quand le jeune garçon apparut. Au premier coup d'œil, on voyait qu'il manquait d'assurance. Il suivait une routine, comme sous la contrainte bien plus que comme s'il prenait plaisir à danser.

Nicholas avait déjà vu cette gigue. Barnaby Gill l'avait enseignée aux apprentis, et seul l'un d'eux l'avait maîtrisée immédiatement. Le régisseur scruta l'adolescent en guenilles, le visage grimé, et parvint bien vite à une conclusion. C'était Richard. Enlevé pendant la nuit, il était contraint de travailler pour payer son voyage avec les bohémiens. Il était des leurs, désormais, et devait danser pour gagner sa subsistance, si réticent qu'il soit. Alors que Nicholas s'avançait discrètement pour le voir de plus près, le garçon exécuta un saut périlleux qui lui valut un tonnerre d'applaudissements et confirma les soupçons du régisseur. Il avait vu les apprentis travailler ce saut à peine quelques jours plus tôt. C'était là une preuve solide.

Toute discussion avec les bohémiens eût été vaine et le constable ne tenterait pas le sort face à une bande d'hommes musclés prêts à en découdre. Nicholas devrait reprendre le petit par la force en profitant de l'effet de surprise. Il attendit la fin de la danse, laissa l'apprenti saluer sous les bravos, puis se jeta sur lui par-derrière en l'entourant de son bras. De l'autre main, il brandissait son épée avec détermination pour les tenir tous à distance pendant qu'il reculait vers son cheval.

— Viens, Dick, bientôt nous serons loin !

Mais le jeune garçon ne semblait pas pressé outre mesure de partir. Il se dégagea en mordant à pleines dents le bras de Nicholas, puis fit volte-face pour agonir son ravisseur sous un torrent d'injures en romani.

Le régisseur se sentit totalement désemparé.

Ce n'était pas Richard Honeydew.

Les Hommes de Westfield étaient fort abattus lorsqu'ils se mirent en route pour Nottingham. Après avoir été souvent malmenés par le sort, ils venaient de recevoir un coup bas. La disparition de Richard était un véritable désastre. Il tenait un rôle crucial dans toutes les représentations. Même s'ils conservaient quelques traces de rancœur, les autres apprentis avaient fini par admettre que le plus jeune d'entre eux était aussi le plus doué. Il assurait tous les rôles d'ingénues, les reléguant aux personnages moins attrayants de comtesses vieillissantes et de servantes cocasses, d'intrépides amazones et d'amoureuses banales. Honeydew avait de surcroît une autre corde à son arc. Il possédait une voix de soprano des plus mélodieuses, et on lui composait des chansons dans presque chacune des pièces. Sa disparition fit naître la discorde.

— Appuyez-vous contre mon épaule, belle dame.

— C'est mon plus cher désir, mon bon monsieur.

— Nous voyagerons côte à côte.

— Comme si nous partagions un même joug.

— Je gage que nous tirerons dans la même direction.

Cette allusion érotique fit éclater de rire Susan Becket. Elle se hissa sur la selle en prenant appui sur la robuste épaule de Firethorn. Il s'était montré enchanté lorsqu'elle avait proposé de les accompagner à Nottingham pour voir leur spectacle, d'autant qu'elle venait avec un cheval de ses propres écuries, plus un autre réservé à l'usage personnel de l'acteur-directeur. Laissant la taverne entre les mains capables de ses employés, Susan Becket s'éloigna avec la troupe. Elle attirait tous les regards, sur sa jument blanche. Solide, gracieuse et pourtant sensuelle, elle remontait le moral des comédiens par sa seule présence et permettait à Firethorn de satisfaire ses désirs à volonté.

Cependant, elle n'était pas accueillie avec plaisir par tous les membres de la compagnie.

— On s'étonne que le cheval ne crève pas sous la charge !

— Elle est bien en chair, messire Gill, mais elle a belle tournure.

— Si elle avait deux doigts de respect, dame Becket mettrait la selle sur son dos et porterait le cheval.

— Voilà qui est injuste.

— Seulement pour cette pauvre jument.

— Messire Firethorn connaît la dame depuis longtemps ?

— Oui, bien que leurs rencontres n'excèdent jamais une heure.

— Ce sont donc de vieux compagnons de lit...

— Le principe même est de leur invention.

Barnaby Gill chevauchait à côté du chariot que conduisait Christopher Millfield. Les autres associés et les apprentis étaient installés parmi les bagages, toutefois les employés devaient marcher derrière. C'était une chaude journée, sans la moindre brise pour rafraîchir les fronts en sueur. Gill profitait de cette relative intimité pour donner libre cours à son âpre misogynie :

— Elle est la quintessence de son sexe, vous ne trouvez pas ?

— Dame Becket ?

— Elle fera un bel archevêque pour Sa Majesté Firethorn. Bien que nous allions à York, cette nuit elle l'emmènera en pèlerinage à Cantorbéry et lui montrera toutes ses saintes reliques. Quand messire Firethorn plongera dans ses fonts baptismaux, il baignera jusqu'aux aisselles dans l'eau impure de sa passion et devra implorer les saints martyrs pour qu'ils l'en ressortent !

— Vous n'aimez pas la dame, constata sèchement Millfield.

— Ni elle, ni aucune autre personne de son sexe.

— Pour quelle raison ?

— Les femmes n'ont pas leur place au côté des acteurs.

— Ni même dessous ?

— Ce sont de viles distractions.

— Ne les garderez-vous même pas à des fins d'ornement ?

— Seulement dans les lieux d'aisances, qui sont leur place naturelle.

— Vous êtes sévère, messire.

— Un homme sain d'esprit peut-il vraiment supporter les femmes ?

Christopher Millfield se contenta de rire pour toute réponse. Il aimait bien Barnaby Gill et avait beaucoup appris en l'observant sur scène, dans le feu de l'action, néanmoins il ne pouvait partager son dégoût envers les femmes. Millfield éveillait leur intérêt où qu'il allât, et savourait ce qu'il considérait comme un des rares avantages légitimes d'un acteur.

Gill tourna la tête pour contempler le profil séduisant.

— Puis-je vous poser une question ?

— Sans hésitation.

— Comment se fait-il que vous connaissiez Pomeroy Manor ?

— Grâce aux Hommes de l'Amiral.

— Ces canailles sans talent !

— Ils n'avaient pas vos qualités, il est vrai, convint l'autre avec tact, mais ils n'étaient pas dénués de valeur. Et ils savaient où gagner leur prochain repas lorsqu'ils étaient en tournée. L'un d'eux connaissait par cœur la liste de toutes les demeures d'Angleterre où les acteurs sont bien reçus.

— Cette liste n'était pas trop longue à mémoriser, commenta Gill avec tristesse. On nous claque bien plus de portes au nez qu'on n'en ouvre à nos divertissements.

— Il est vrai, messire. C'est pourquoi j'ai pris la peine d'apprendre la liste moi-même. Messire Neville Pomeroy y figurait, ainsi que d'autres gentilhommes de l'Hertfordshire.

— Dont cet ami qu'il a à York ?

— Sir Clarence Marmion se trouvait également sur la liste. Il me semble que les Hommes de l'Amiral avaient joué chez lui lors de la précédente épidémie. Mais il y a d'autres maisons dont nous pouvons espérer un accueil cordial, dans ce comté et dans le Yorkshire même.

— Nous expérimenterons plus amplement votre liste.

L'attention de Gill fut détournée par un spectacle qui lui fit froncer le nez de dégoût. Lawrence Firethorn, éclatant d'un rire paillard, se penchait pour presser les épaules de la joyeuse Susan. Leur bonne humeur les distinguait des Hommes de Westfield, qui ruminaient encore l'enlèvement de Richard et ses conséquences sur la qualité de leur travail.

— Regardez-les ! renifla Gill.

— Deux tourtereaux, dit Millfield avec tolérance.

— Deux pourceaux dans leur bauge ! Quand ils auront fini de se bâfrer des yeux, ils se rouleront dans la soue et il agacera les tétons de cette vieille truie.

— Dame Becket n'est pas si vulgaire ni si bestiale.

— C'est un monstre ! Pour la représenter sur scène, il faudrait trois garçons compressés dans une robe comme des lapins dans un sac. Pendant que Martin Yeo lui prêterait ses traits, John Tallis et Stephen Judd joueraient le rôle des fesses. Dommage que Dick Honeydew ne soit pas là. Il aurait incarné le sein gauche, avec ce grain de beauté hideux.

— Quelle honte, messire Gill !

— J'exprime simplement mon sentiment.

— Chez elle, nous avons trouvé bonne chère et gîte confortable.

— Comme dans n'importe quelle hostellerie, moyennant finances.

— J'aime bien la dame.

— Je vous croyais un goût plus raffiné.

Millfield observa Firethorn et sa compagne.

— Elle sait fort bien l'amuser.

— N'importe quelle femme en est capable.

— Son épouse n'oppose-t-elle pas d'objection ?

— Cent à la minute, mais elle est restée à Shoreditch, tandis qu'il est ici. Si Margery était témoin de la scène qui s'étale sous nos yeux, elle lui arracherait les bourses et s'en ferait des pendants d'oreilles pour décourager ses rivales. Hélas, elle n'est point ici ! Elle défend le fief de son époux à Londres.

— Farouchement ?

— Telle une armée assiégée. Je plains l'homme qui essaiera de prendre sa forteresse, messire Millfield. Dût-il apporter le plus gros boutoir de la chrétienté, cela ne suffira pas. Margery le noiera sous l'huile bouillante.

— Dehors, filou ! Du vent, coquin, gredin, valetaille d'extorqueurs ! Ne m'agitez pas vos misérables créances au visage, espèce d'entremetteur, face de rat, prédateur ! Portez ailleurs vos yeux fouineurs ! Allez renifler quelque autre proie ! La vérole, vous l'avez déjà, rien qu'à regarder votre museau grêlé, et j'espère vous voir un beau jour emporté par la peste, nez morveux !

— Je viens seulement réclamer mon dû, ma bonne dame.

— Avance un peu ta tête galeuse et tu tâteras de ce

balai ! Ou penche-toi, que je t'en enfonce le manche dans ta partie la plus charnue, afin que tu te souviennes de moi comme d'une ménagère méticuleuse.

— Calmez-vous, dame Firethorn !

— Seulement quand tu auras disparu de ma vue !

Le tailleur, un petit homme timide suant abondamment, n'était pas de force à lutter avec Margery. Venu lui présenter sa note, il avait été repoussé par le même ouragan que ses prédécesseurs. Reculant sur le seuil, il réunit son courage pour évoquer la menace de poursuites judiciaires.

— J'ai la loi de mon côté, madame !

— Restez, et je vide ce seau d'eau sur vos atours de soie.

— Payez maintenant pour éviter le pire.

— Or çà ! Voulez-vous donc que je vous fende le crâne avec mon balai ?

— Je porterai plainte pour voies de fait.

— Votre veuve, plutôt, car vous n'y survivriez pas.

— Je ne suis pas marié, confessa-t-il.

— Quelle femme voudrait de vous ? railla-t-elle. Je le vois rien qu'à votre figure, faiseur de misère. Vous n'êtes que l'ombre d'un homme, petit tailleur, une paire de chausses sans rien dedans, un coq de basse-cour incapable de chanter ou d'effaroucher la moindre poule. Passez votre chemin, eunuque !

— Laissez-moi, harpie !

— Filez, avant que je vous châtre avec mes ciseaux !

— C'est d'une sellette que vous avez besoin, de celles qu'on utilise pour corriger les mégères insolentes !

— Aaaaaaaah !

Margery fondit sur lui armée de son balai. Le tailleur prit ses jambes à son cou et courut comme si sa vie en dépendait. Elle lui lança quelques autres invectives pour décupler son ardeur, puis se détendit et rentra chez elle. Le tailleur était le cinquième créancier à frapper à son huis en l'espace de deux jours, marchant sur les talons d'un drapier, d'un chapelier, d'un savetier et d'un forgeron. Chacun lui avait présenté des factures qu'elle était tout bonnement incapable d'honorer, des sommes astronomiques accumulées avec insouciance par Lawrence Firethorn, sachant qu'il quittait Londres sous peu et pouvait donc dépenser sans compter. Margery était abandonnée en première ligne. Les cinq dont elle s'était débarrassée s'en reviendraient, le bras affermi par la loi. Puis il y en aurait d'autres. Son époux s'était montré d'une folle extravagance. La veille de son départ, il avait accumulé les dettes dans tout Londres.

Tremblante de fureur, elle monta dans leur chambre à coucher et s'empara du manteau. Il était la réponse à tous ses maux. Non seulement sa vente rapporterait suffisamment pour solder leurs comptes, mais elle infligerait un coup terrible à Firethorn. Ce second manteau était bien davantage qu'un simple vêtement. Il représentait une juste récompense pour son œuvre artistique, le sceau d'approbation de son mécène. Quoiqu'il le lui eût laissé afin qu'elle pût le vendre, il avait tablé qu'elle le garderait, par fierté et par nostalgie. Ces sentiments rivalisaient à cet instant avec la conscience aiguë de subir un outrage.

Margery était trahie. Joindre les deux bouts sans son mari était déjà une rude épreuve, et il avait rendu sa situation encore plus intenable. C'était tout lui ! Elle se maudissait de n'avoir pas prévu cette éventualité. Aucun message de Firethorn ne lui était encore parvenu, et elle était sûre que, lorsqu'une lettre arriverait, elle ne trouverait pas un sou à l'intérieur. Elle ne pouvait compter que sur elle-même, avec des bouches à nourrir et des créanciers à refouler.

Elle palpa le manteau, le cœur en tumulte. Cela serait bien fait, si Firethorn à son retour le trouvait envolé. Margery s'approcha de la porte, le vêtement sur le bras, puis s'arrêta net. Sa conscience la tourmentait. Elle allait répondre à une trahison par une autre, beaucoup plus perfide. Quels que fussent les vices de son époux, une vertu les dominait et attirait Margery vers lui. Il aimait le théâtre. Avec une passion proche de l'obsession, il adorait chaque aspect de sa vocation et chérissait chaque récompense, chaque souvenir récolté en chemin. Même au paroxysme de la rage, elle n'avait pas le cœur de poignarder Firethorn dans le dos avec son beau manteau de taffetas.

Frémissante de frustration, elle le jeta de côté.

— Doll !

— Oui, madame ? répondit une voix juvénile.

— Venez ici immédiatement !

— J'accours !

La petite servante était trop avisée pour faire attendre Margery. Elle l'avait vue, à travers une fenêtre, envoyer paître les cinq créanciers, non sans leur chauffer les oreilles. Doll habitait cette maison et n'avait nulle part où aller. Une totale obéissance était le seul moyen d'apaiser sa maîtresse.

Elle entra, haletante, dans la chambre à coucher.

— Vite, ma fille !

— Je suis là, madame.

— Eh bien, repartez.

— Comment ?

— Apportez-moi une plume et de l'encre.

— C'est comme si c'était fait.

— Et de quoi écrire.

— J'y vole !

— Plus vite, petite.

Margery Firethorn recourrait à une autre solution. Elle savait à qui s'adresser.

Nicholas n'était pas en situation de parlementer. Écrasé par le nombre et manifestement dans son tort, son seul espoir résidait dans une fuite rapide. Une demi-douzaine d'hommes basanés s'approchait de lui, leur mimique menaçante dissimulée par les fards, mais leurs gestes éloquents. Quant au jeune garçon, il continuait à invectiver Nicholas. Il ramassa une poignée de poussière et la lui jeta au visage. Aveuglé, le régisseur fit décrire à son épée de larges moulinets pour repousser les bohémiens qui l'entouraient. Lorsque sa vue s'éclaircit, il distingua un autre homme courant vers eux, un fer à brûler à la main, déterminé à commettre un meurtre. Nicholas devina que c'était le père du jeune garçon et ne s'attarda pas pour débattre des talents de danseur de ce dernier.

Fouettant l'air de sa lame afin de s'ouvrir la voie, il fit volte-face et détala. Un des bohémiens, qui s'était faufilé derrière lui, tenta de lui barrer le passage, mais Nicholas l'écarta d'un vigoureux coup d'épaule. La poursuite fut immédiate, accompagnée par toutes sortes de glapissements sauvages. Quelques chiens s'y joignirent, pour le plaisir de la chasse.

Nicholas courait à toute allure mais accéléra encore lorsqu'un long coutelas se ficha dans un arbre à quelques pouces de son visage. Parvenu près de son cheval, il n'eut pas le temps de mettre le pied à l'étrier. Il sauta en selle, tira sur les rênes pour les libérer de la branche et fit comprendre à sa monture que le temps pressait.

Il s'éloigna au galop, les cris de révolte résonnant à ses oreilles. Trois hommes le suivirent et restèrent en vue pendant un quart de lieue, mais il parvint finalement à les semer et à gagner le couvert d'un bois. Prenant alors le temps de souffler, il mesura le prix élevé de cette mésaventure. Il avait gaspillé des heures précieuses, s'était attiré de dangereux ennemis et en conservait une ecchymose douloureuse à l'épaule. Quelle ironie ! Convaincu que les bohémiens avaient volé un enfant à la troupe, il avait agi de même envers eux. Il était accablé de remords et ne se trouvait pas d'excuse. Il avait bien mérité la morsure qui palpitait encore sur son bras. Nicholas avait de la chance de s'en être tiré sain et sauf.

Rattraper la compagnie était désormais sa préoccupation première et il ne ménagea pas sa monture sur le trajet du retour. En arrivant à *L'Enclume*, il abreuva son cheval, s'enquit de l'heure où les autres étaient partis, puis remonta en selle. En ce milieu d'après-midi, un soleil éclatant consolait de la pluie torrentielle qui les avait harcelés au début de la semaine, et asséchait la terre. Nicholas et le cheval ruisselaient de sueur. Lorsque la Trent fut en vue, il ralentit l'allure et continua au trot. L'eau fraîche miroitait devant lui, d'un attrait irrésistible pour le voyageur exténué.

Il tira sur les rênes quand l'eau lécha les fanons de sa monture, puis mit pied à terre. Après avoir attaché la longe à la branche d'un arbre surplombant la rivière, il se glissa derrière les fourrés et se dépouilla de ses habits collants et poussiéreux. L'endroit était désert lorsqu'il courut, nu, jusqu'au bord de la rive et plongea. C'était une sensation merveilleuse, à la fois relaxante et stimulante, qui apaisait sa douleur et lui rendait sa vitalité. Il nagea énergiquement vers le milieu de l'onde puis roula sur le dos et flotta à la surface. Les bras écartés, son corps et ses cheveux dorés par le soleil, il laissa le temps s'écouler.

Sur la rive opposée, Eleanor Budden sortit des buissons et observa l'apparition qui flottait lentement vers elle. Elle était assise près de la Trent, dans une profonde méditation, quand elle avait entendu un bruit d'éclaboussures. L'esprit tout à sa mission, elle attendait un autre signe du Tout-Puissant.

Ce signe était venu. Elle, elle ne voyait pas dans l'eau un régisseur se délassant après les fatigues d'un long voyage. Elle était témoin d'un miracle. Les yeux clos, les bras tendus sur une croix invisible, immobile et sublime avec ses cheveux blonds caressés par le soleil... Ce n'était pas là un inconnu, mais l'ami le plus proche qu'elle eût au monde. La dernière fois qu'elle l'avait contemplé, c'était sur le vitrail de Saint-Stephen.

Eleanor barbota joyeusement dans l'eau et s'écria :

— Seigneur Jésus ! Emmenez-moi à Jérusalem !

Nottingham, première grande ville par laquelle ils passaient depuis leur départ, leur procura un sentiment immédiat de réconfort. Elle était minuscule comparée à Londres, mais cela ne les inquiétait pas. Ce lieu constituait un progrès indéniable après les villages qui les avaient renvoyés et les hameaux où l'on ne pouvait réunir un public digne de ce nom. Nottingham, c'était la civilisation. La troupe était de retour dans le métier.

Ayant logé sa compagnie à *La Tête du Sarrasin*, près du centre de la ville, Lawrence Firethorn se para de ses plus riches atours et s'en fut rendre visite au maire. La permission de jouer lui fut accordée avec empressement, et l'hôtel de ville fut désigné pour cadre de la représentation. Le maire, lui-même très friand de théâtre, fut ravi que les Hommes de Westfield fissent à sa ville l'honneur de leur présence. On débattit des questions financières, et Firethorn repartit de belle humeur. La représentation de *Robin des bois* fut fixée au lendemain, ce qui leur donnait amplement le temps de répéter, de recruter des employés à la journée et — dans l'éventualité où l'absence de Richard se prolongerait — de décider qui jouerait Marianne. Tout semblait donc pour le mieux.

L'acteur-directeur retourna alors à l'auberge, et son univers s'écroula autour de lui.

— Encore ! C'est une double insulte !

— J'ai vu l'affiche de mes yeux, messire Firethorn.

— Avez-vous assisté à la représentation ?

— Je n'aurais pu le supporter. Ma loyauté vous est acquise.

— Ce sentiment vous honore, dame Hendrik.

Il tambourina sur le dossier du banc où il était perché.

— Par le Ciel, je ne le tolérerai pas ! Giles Randolph est le fourbe le plus accompli qui ait jamais foulé la face de la terre. A coup sûr, il n'est pas issu d'une union naturelle, mais de deux crapauds dans un marécage fétide un jour de fournaise. Ainsi, s'écria-t-il en sautant sur ses pieds, il a eu le front de jouer *Pompée le Magnifique* ?

— Il y a à peine deux jours.

— La traîtrise à son plus haut degré !

Anne avait retrouvé la trace de la compagnie et était venue à l'auberge pour apporter la nouvelle. Edmund Hoode, le visage long d'une aune, assistait à la discussion ainsi que Barnaby Gill. Tous trois attendirent que Firethorn eût tempêté tout son soûl et décrit les quinze agonies différentes qu'il comptait faire subir à son rival. S'étant écartés de leur itinéraire premier afin de se débarrasser des Hommes de Banbury, ils étaient découragés de voir qu'ils étaient venus dans leur sillage. On avait volé à Firethorn son rôle de prédilection, on s'était approprié la pièce d'Edmund Hoode, et tout le prestige qui aurait dû rejaillir sur les Hommes de Westfield avait été détourné par des mortels de moindre talent.

L'acteur-directeur aurait jeté feu et flamme pendant une heure, n'eût-il été interrompu par le tenancier, qui l'informa qu'un autre visiteur souhaitait une entrevue privée avec lui. Firethorn partit d'un pas majestueux, tel Pompée déterminé à purger la Méditerranée de ses pirates.

Anne put enfin s'enquérir de Nicholas :

— N'est-il pas ici avec vous ?

— Pas encore, madame, expliqua Hoode. Dick Honeydew a été enlevé par les bohémiens et Nicholas est parti à sa rescousse.

— Seul ?

— Il n'a pas voulu entendre parler de compagnie, intervint Gill.

— Mais les dangers sont si nombreux...

— Ils ne sont rien pour Nick, assura Hoode, qui posa ensuite la question qui le minait : Dites-moi, maintenant, car j'ai l'impression d'avoir un poignard dans le cœur : quel acteur de Banbury a osé interpréter mon rôle ?

— Votre rôle, messire ? Dans *Pompée le Magnifique* ?

— Sicinius.

— Je ne saurais le dire, messire Hoode.

— Peu importe, éluda Gill. C'est un personnage falot et sans intérêt qui passe inaperçu.

— Ce n'est pas vrai, Barnaby !

— Supposez qu'on le supprime. Qui le regretterait ?

— Moi, mon cher !

— Sicinius est un rôle médiocre dont personne ne voudrait.

— Il est à moi ! se lamenta Hoode. C'est moi qui l'ai écrit et c'est moi qui le joue. Sicinius, c'est moi ! Je refuse qu'on me dépouille de ce qui m'appartient. Alors, réfléchissez : qui m'a volé mon rôle ?

Mark Scruton éleva sa dague et poignarda sa victime dans le dos avec une cruelle détermination. L'homme tomba sur le ventre, se tordit pendant quelques effroyables secondes, puis se figea. Essuyant le sang sur sa lame, le meurtrier s'éloigna calmement, un sourire sardonique aux lèvres.

Une autre représentation s'achevait.

Kynaston Hall était la plus grande demeure privée où les Hommes de Banbury avaient joué depuis le début de la tournée. On leur y offrait toutes les commodités imaginables. Ils disposaient librement du salon d'apparat pour leurs répétitions, de l'assistance de quatre domestiques en livrée et des servantes de cuisine. Tout cela était fort gratifiant, mais aucun membre de la compagnie n'en jouissait davantage que Mark Scruton. On lui accordait sa première chance de camper un personnage important. La pièce était la leur, cette fois : *Le Renégat*, une tragédie noire et sanglante brodant sur le thème de la vengeance. Elle permettait à Randolph de briller dans un rôle principal réellement adapté à ses talents, et plaçait Scruton sous les feux de la rampe.

— Excellent travail, Mark.

— Merci, messire Randolph.

— Vous avez superbement interprété le rôle.

— J'espère que le public partage votre avis.

— Soyez-en sûr.

— N'avez-vous aucune critique à formuler ?

— Aucune, répondit Randolph avec langueur. Excepté que vous êtes resté trop longtemps sur scène après m'avoir poignardé. Le meurtre du duc revêt plus d'importance dramatique que la réaction de son assassin. Sitôt après m'avoir frappé de votre dague, quittez les planches.

— Je m'en souviendrai, messire.

— Mon corps sera en soi un monologue.

Ils se trouvaient dans le salon d'apparat, où les machinistes s'affairaient à ranger décors et accessoires. Giles Randolph se sentait très satisfait par la tournure des événements. A la ville comme à la scène, la vengeance était son fort. Il s'apprêtait à partir quand Scruton le retint en tirant sur sa manche :

— Un mot, messire.

— L'heure est mal choisie.

— Cela ne prendra qu'une seconde.

— Bien, céda Randolph avec un haussement d'épaules. De quoi s'agit-il ?

— J'ai la hardiesse de vous rappeler mon contrat.

— Je ne l'ai point oublié.

— Quand pourrai-je le voir, messire ?

— Dès que je l'aurai rédigé.

— Et quand cela sera-t-il fait ?

— Il faut d'abord convaincre les autres associés.

Scruton fronça les sourcils.

— J'avais cru comprendre que la décision ultime n'appartenait qu'à vous.

— Eh bien, oui, indubitablement.

— Pourquoi ce retard, alors ?

— Je ne suis pas homme de loi, Mark. Les termes adéquats doivent être utilisés avant que le comte lui-même en prenne connaissance. Vous allez vivre une ascension fulgurante.

— Vous savez que je le mérite, messire Randolph.

— Plus que quiconque.

— Donnez-moi donc une date, conformément à votre promesse.

Giles Randolph lui adressa le sourire énigmatique qui comptait parmi ses jeux de physionomie, puis, lentement, lui tourna tout autour. Cette attente ne fut pas au goût de Scruton. Son sourire aimable devint un tantinet crispé. Randolph lui fit face à nouveau et prit une décision.

— York.

— Que dites-vous ?

— C'est là que le contrat sera signé.

— Je puis le tenir pour certain ?

— Parole d'honneur !

Ils échangèrent une poignée de main.

— Vous deviendrez l'associé des Hommes de Banbury et goûterez aux fruits les plus doux de notre profession.

— Merci ! dit Scruton avec sincérité. Je n'ai pas douté de vous un instant. Cela me rend profondément heureux.

— Attendez d'être à York.

— Je m'y rendrai comme on va en pèlerinage.

— D'ici là, portez votre croix avec patience.

Mark Scruton sourit. Il y était presque.

Il fallut un quart d'heure à Nicholas pour convaincre Eleanor qu'il n'était pas le Christ et même ensuite elle conserva certains doutes. Lorsqu'il la vit venir à sa rencontre au milieu de la rivière, il se redressa immédiatement afin d'avancer dans l'eau. Jamais encore il n'avait été accosté par une femme aussi étrange et aussi belle, surtout le priant de la baptiser dans le Jourdain. Il eut peine à la persuader de regagner la rive. Ensuite, il nagea jusqu'à l'endroit où il avait laissé ses affaires et se sécha de son mieux avant de se vêtir. Revigoré et rafraîchi, il franchit le pont à cheval et longea la berge pour rejoindre Eleanor. Sa chemise trempée, raccommodée près de l'épaule, collait à son corps. Nicholas descendit de sa monture par courtoisie et effleura son chapeau.

— Voulez-vous que je vous reconduise chez vous, madame ?

— Emmenez-moi à Jérusalem.

— Comme je vous l'ai dit, je fais partie des Hommes de Westfield.

— Notre rencontre d'aujourd'hui avait été prédite.

— Pas à moi.

— Nos chemins étaient destinés à se croiser, messire Bracewell.

— Au milieu de la Trent ?

— Ne raillez pas les décrets divins.

— Permettez-moi de vous escorter jusqu'à votre demeure.

— J'ai résolu de la quitter à jamais.

— Vous parliez pourtant d'un mari et d'enfants.

— Ils devront se passer de moi.

— N'êtes-vous pas animée par le sens du devoir ?

— Si fait. Il me pousse à écouter la voix de Dieu.

Nicholas avait déjà rencontré des fanatiques religieux. Plus d'un parmi ses compagnons d'aventure, au cours du voyage avec Drake, avait trouvé les privations trop dures à supporter. Ils s'étaient réfugiés dans une sorte de christianisme forcené qui redonnait un sens à leur vie et consistait en un étalage de bonnes actions et d'abondantes citations de la Bible. Eleanor Budden n'était pas de cet acabit. Son obsession avait un fondement plus paisible et plus rationnel. Elle n'en était que plus dangereuse.

— Le Seigneur nous a réunis, déclara-t-elle.

— Ah oui ?

— Vous ne le ressentez pas ?

— Honnêtement, non.

— Là où vous irez, j'irai.

— C'est hors de question, répliqua-t-il, alarmé.

— Vous m'avez été envoyé pour me guider.

— Malheureusement, nous n'allons pas à Jérusalem.

— Quelle est votre destination, en ce cas ?

— York.

— Je le savais !

Eleanor se jeta à genoux et se pencha pour baiser les souliers de Nicholas. Il recula avec embarras lorsqu'elle essaya d'enlacer ses jambes. Affronter une meute de bohémiens furieux n'était rien, comparé à cela. Eleanor était un modèle de persévérance, un grateron accroché à ses vêtements.

— Je dois venir avec vous, messire Bracewell.

— Où donc ?

— A York. Il faut que je voie l'archevêque.

— Rendez-vous là-bas par quelque autre moyen.

— Vous êtes l'élu qui me protégera.

— Madame, je fais partie d'une troupe de comédiens.

— Alors j'irai avec vous et vos camarades.

— Impossible.

— Pourquoi, messire ?

— Pour toutes sortes de raisons, répondit-il, souhaitant qu'une au moins se présentât à son esprit. Principalement, parce que nous sommes un groupe d'hommes voyageant de conserve. Aucune femme ne peut se joindre à nous.

— C'est une règle que Dieu peut changer.

— Messire Firethorn ne le permettra pas.

— Laissez-moi seulement lui parler.

— Ce sera en pure perte.

Eleanor se releva et tourna vers lui son regard bleu sans dissimuler son ardeur. Elle se rapprocha du régisseur et ses longs cheveux humides effleurèrent la joue de Nicholas.

— Vous devez m'emmener à York, insista-t-elle.

— Pour quel motif ?

— Je vous aime.

Nicholas sentit son cœur défaillir. Tout cela augurait de sérieux ennuis.

Lawrence Firethorn fut lentement charmé. Ou pour dire vrai, il fut conquis par l'odeur de l'argent. Oliver Quilley l'avait invité à monter dans sa chambre afin de lui soumettre une proposition et, après avoir spontanément refusé, l'acteur-directeur commençait peu à peu à revenir sur sa décision.

L'artiste discourait avec emphase sur son travail. Se pavanant tel un dindon dans ses vêtements élégants, le petit homme expliquait pourquoi il était devenu miniaturiste.

— L'enluminure est un art à part, distinct de la peinture et du dessin, et qui surpasse tous les autres par différents aspects.

— Apprenez-m'en davantage.

— La technique du portrait miniature vient de l'enluminure de manuscrit. Pourtant messire Holbein, le premier peintre du genre, travaillait dans la tradition du portrait grandeur nature, réduit à une plus petite échelle.

— Et vous, messire Quilley ?

— Mon style est unique, monsieur.

— Ne vous reconnaissez-vous aucun mentor ?

— Je m'inspire un peu d'Holbein et un peu plus d'Hilliard, mais Oliver Quilley se démarque de tous les autres miniaturistes. Jugez-en par vous-même.

Il ouvrit son petit sac de cuir et en sortit quatre minuscules miniatures enveloppées de velours. Il écarta l'étoffe et les disposa sur la table. Firethorn fut subjugué par leur éclat. Trois étaient des portraits de femmes, la quatrième représentait un homme. Toutes étaient exécutées avec une hardiesse de couleurs qui rendait une impression de vie quasi surnaturelle. Quilley devina sa pensée et lui expliqua :

— L'essentiel, dans le dessin ou la peinture d'après nature, consiste dans la vérité des lignes. Voyez-vous, messire ? enchaîna-t-il en montrant son œuvre. Pas d'ombres là-dedans. Je crois en la souveraineté des lignes et la magie des couleurs.

— Elles sont proprement magnifiques !

— Toutes les peintures imitent la nature ou la vie, mais la perfection consiste à restituer le visage de l'homme.

— Et de la femme, dit Firethorn, lorgnant sur la plus jolie des modèles. Qui est la dame, messire ?

— Une comtesse française. L'autre est sa sœur.

— Et la troisième ?

— Lady Delahaye. Son futur époux me l'a commandée et souhaite qu'elle soit prête à temps pour le mariage. Elle est presque terminée et je pourrai la lui remettre à mon retour à Londres.

Firethorn éprouvait une vive sympathie pour ce petit homme. Il se sentait en présence d'un artiste de sa propre trempe, qui côtoyait la noblesse, dont les œuvres étaient arborées en pendentifs ou en broches à la cour, et auquel, pourtant, ses étonnants talents n'avaient pas apporté la fortune. L'acteur ne connaissait hélas que trop bien cette histoire, parce que c'était la sienne. Un don exceptionnel jamais récompensé à sa juste valeur. Cette sensation de vivre au jour le jour, qui rognait les ailes à son art et en étouffait la vraie résonance.

— Ma foi, messire, quelle situation que la nôtre ! Nous voici réunis loin de Londres, hommes de génie à la recherche du moindre penny !

— Certes, approuva Quilley. Et pour se le voir arraché par quelques bandits de grand chemin. Eussent-ils pris ces miniatures à la place, j'aurais été ruiné.

Une idée se forma dans l'esprit de Firethorn.

— Donc, vous souhaitez voyager en notre compagnie ?

— Seulement par souci pour ma sécurité, et pas plus loin que York.

— Nous n'admettons pas de passagers.

— Je paierai pour mon voyage, messire Firethorn, soyez-en assuré.

— C'est à cela que je voulais en venir.

L'acteur essaya de déterminer quel était son meilleur profil pour le présenter à l'artiste.

— Est-il possible — je pose la question par pure curiosité — que vous réalisiez un tel portrait de moi ?

— De vous ou de quiconque, en guise de salaire.

— En échange de votre sécurité ?

— Et je tiens à avoir mon propre cheval.

— Marché conclu !

— Ainsi qu'une chambre à coucher privée à chaque halte ?

— Ce sera la première clause de notre accord.

— Nous nous comprenons à merveille.

— Un tel portrait me serait aussi précieux que la prunelle de mes yeux.

— A moi aussi, messire Firethorn, assura Quilley avec sérieux. Les termes pourront être définis à une date ultérieure, mais je vous donne ceci en gage de ma bonne foi. Cela vaut beaucoup plus que ce que je vous coûterai. Je suis peu encombrant et ma charge vous semblera légère.

Il tendit à Firethorn la quatrième miniature. L'acteur contempla l'exquise peinture ovale qui reposait dans sa paume, si lumineuse, élégante et minutieuse. L'homme le fixait avec une fierté qui transparaissait dans toute son attitude. Firethorn était bouleversé par la générosité de l'artiste.

— C'est pour moi, messire ?

— Afin de sceller notre amitié, et de m'assurer un voyage sans incident.

— C'est de l'art dans toute sa perfection !

— Mes œuvres ne sont jamais moins que cela.

— Mais le modèle ne désirera-t-il pas le posséder ?

— Je crains que non.

— Je m'en voudrais de l'en priver.

— Cet homme-là n'en a plus besoin.

— Pourquoi ?

— Celui que vous voyez dans votre main est Anthony Rickwood.

— Le nom m'est familier.

— Je pense que vous avez déjà vu son portrait.

— Vraiment ?

— C'est l'œuvre d'un autre artiste de renom.

— Comment s'appelle-t-il ?

— Sir Francis Walsingham, dit Quilley. Il expose ses sujets sur des piques. Vous avez peut-être aperçu le pauvre sire Rickwood au-dessus de Bishopsgate.

— Il s'agit d'un traître ? demanda Firethorn, avalant sa salive.

— Un catholique romain convaincu.

— Je tiens donc le portrait d'un cadavre ?

— C'est par essence l'art de Walsingham.

Quilley eut un sourire espiègle qui accrut encore l'embarras de l'acteur, auquel le présent n'inspirait plus les mêmes sentiments. Loin d'être un objet chéri, il brûlait sa paume tel du métal en fusion.

7

Robert Rawlins entra sans bruit dans la cathédrale d'York en passant par la Grande Porte Ouest et descendit lentement le centre de la nef. Le soleil entrait à flots par la magnifique fenêtre derrière lui et illuminait les couleurs du vitrail, avec son cœur du Yorkshire central, accentuant ses reliefs et projetant vers le sol des ombres curvilignes. Rawlins semblait minuscule, petite souris grise au milieu des immenses piliers blancs. A près de trente mètres au-dessus de sa tête, les superbes bosses d'or de la voûte dépeignaient les événements capitaux de l'histoire chrétienne. On trouvait là à la fois une célébration et un avertissement, un hommage durable à ce qui avait eu lieu et une claire indication sur ce qui devait advenir.

Debout dans l'aile, Rawlins regardait autour de lui, à la fois inspiré et confondu, comme toujours, devant cette merveille architecturale dédiée à la gloire de Dieu que tant d'êtres avaient contribué à édifier. Il tomba à genoux sur la pierre rugueuse et adressa au Ciel une prière de supplication. Angoissé, environné de dangers, il venait à la recherche d'un sanctuaire et fut bientôt plongé dans une profonde conversation avec son Créateur.

Une heure passa. Le silence bruissant fut alors rompu

par le plus doux des sons. Derrière l'écran du chœur, avec sa rangée de rois surmontée par des anges de stuc, la chorale de la cathédrale venait de prendre place dans les stalles brillantes. Des voix d'une harmonie sublime s'élevèrent en une messe. De là où il se tenait, il semblait à Robert Rawlins que les anges eux-mêmes chantaient à l'unisson. Il écouta, pétrifié, le *Kyrie*, le *Gloria*, le *Credo*, le *Sanctus*, le *Benedictus* et l'*Agnus Dei*, formant des lèvres les vieilles paroles latines chantées avec tant de beauté et d'expression par de jeunes gorges, prenant part à la perfection du culte terrestre. C'était un tel baume pour ses oreilles, un tel secours pour son âme que des larmes de joie baignaient ses joues.

Le maître de chapelle décida ensuite de répéter une hymne. Quand les voix montèrent à nouveau pour remplir la cathédrale d'un son doucereux, elles rendirent un effet différent.

Vous tous qui résidez sur terre,
Chantez vers le Seigneur d'une voix joyeuse ;
Servez-Le avec crainte et louange,
Venez devant Lui, et réjouissez-vous.

Robert Rawlins se releva, horrifié. Ce n'était pas seulement parce que le chant des cantiques avait été introduit par les puritains, dans un désir de dénigrer les prêtres et d'impliquer les ouailles dans le service divin. Ce qui lui restait en travers de la gorge, c'était cette version particulière du psaume 100 : *Jubilate Deo*. Traduite dans le vernaculaire à partir du latin que Rawlins aimait tant, elle était l'œuvre de William Kethe, un compositeur de cantiques qui avait fui l'Angleterre sous le règne de Marie pour trouver refuge à Genève. Là-bas, il avait côtoyé des extrémistes tels John Knox, Goodman, Whittingham et Foxe. Ces noms, ces croyances, ces associations-là étaient odieux à Robert

Rawlins, et chanter cette hymne en ce lieu lui semblait sacrilège.

Il tourna les talons et redescendit la nef jusqu'à la Grande Porte Ouest. Le réconfort qu'il cherchait lui avait été refusé. Dieu restait sourd à ses supplications.

Il ressortit pour plonger à nouveau dans un monde hostile.

L'immense plaisir de revoir Anne était tempéré par l'impossibilité de passer du temps seul avec elle. Tout en bavardant avec son amie, Nicholas fut forcé d'aider à construire un faux arbre destiné à la prochaine représentation de *Robin des bois et ses joyeux compagnons*. Dans un coin de la cour de l'auberge, le régisseur s'improvisait charpentier avec l'assistance dubitative de George Dart. Sa conversation avec Anne était donc ponctuée par le grincement de la scie et des coups de maillet. Cela ôtait tout romantisme à leur rencontre.

— Je ne peux croire à ma chance de vous avoir retrouvé, déclara-t-elle.

— Je vous avais bien dit que cela arriverait.

— Si seulement les circonstances étaient plus heureuses !...

— Certes.

— N'a-t-on absolument aucune nouvelle de Dick ?

— Non, hélas.

— Qui a bien pu l'enlever ?

— Toutes sortes de gens, soupira Nicholas. C'est un jeune garçon avenant qui retient les regards où qu'il passe. Dick ne serait pas le premier apprenti enlevé par un admirateur dont il aurait suscité le caprice.

— Court-il un danger ?

— Espérons que non.

— Où peut-il être ?

— J'ai beau me creuser la cervelle, je n'ai que des soupçons et des conjectures.

— Et qui désignent-ils ?

— Les Hommes de Banbury.

— Ils commettraient un tel crime ?

— Ils nous ont volé nos pièces et nos spectateurs, raisonna-t-il. Pourquoi s'arrêteraient-ils en si bon chemin ? En ravissant le jeune Dick, ils nous portent un coup beaucoup plus pénible.

— Vous pensez que le petit est avec eux ?

— Messire Randolph est trop malin pour cela. S'il est l'instigateur de l'enlèvement — et tout mon instinct me porte à le penser —, il a dû confier cette tâche à quelque subalterne, en lui recommandant de garder Dick loin de la compagnie, pour éviter qu'on ne le perce à jour.

L'instinct maternel d'Anne était en émoi. Elle connaissait bien tous les apprentis, surtout Richard, et elle ressentait du désarroi en songeant à sa malheureuse disparition. L'imagination accroissait encore sa frayeur.

— Pourvu qu'ils ne lui fassent pas de mal !

— Ils n'en ont pas besoin, dit Nicholas, tentant de se rassurer autant que de tranquilliser sa compagne. Leur seul but est de nuire aux Hommes de Westfield, ce qu'ils ont obtenu en nous privant d'un de nos acteurs principaux.

— Que va-t-il lui arriver, alors ?

— Je crois qu'il sera libéré, à la fin.

— Quand cela ?

— Une fois que notre défaite sera consommée.

Nicholas planta quelques clous supplémentaires, puis dressa l'arbuste sur le socle carré qu'il venait de construire. Celui-ci oscilla légèrement sur les cailloux.

— Ce n'est pas un travail pour un régisseur, compatit Anne.

— Vu les circonstances, chacun doit mettre la main à la pâte.

— Ne pouvez-vous assigner ces corvées à d'autres ?

Un glapissement de douleur répondit à sa question. George avait manqué le clou qu'il tâchait d'enfoncer, trouvant son pouce à la place. Il dansa autour d'eux, étreignant sa main comme il eût fait d'une clochette, puis courut la plonger dans un seau d'eau froide que portait un palefrenier sortant des écuries. Nicholas observa la scène avec un amusement mêlé de tristesse.

— Voilà pourquoi je dois tout superviser, Anne. Nos amis sont pleins de bonne volonté, mais hélas maladroits. Si je n'étais pas là, il leur resterait à peine trois doigts à eux tous.

Nicholas poursuivit la tâche que Dart avait abandonnée. Tandis que résonnait le carillon de l'église toute proche, Anne tourna son esprit vers un autre sujet. Dans sa voix perçait une infime pointe de jalousie :

— Dites-m'en plus sur cette Eleanor Budden.

— Il n'y a rien à ajouter.

— Ainsi, elle vous a abordé dans l'eau ?

— Seulement parce qu'elle m'a pris pour un autre meilleur que moi.

— A mon avis, vous n'avez rien du Seigneur Jésus.

— Enchanté de l'entendre.

Ils rirent avec tendresse.

— Ne prêtez pas attention à dame Budden. Elle n'a été qu'un ennui mineur dans une longue journée fort occupée. Je m'en suis débarrassé.

— Comment pouvez-vous en être sûr, Nick ?

— Elle ne voyagera pas avec nous.

— Messire Oliver Quilley le fait pourtant.

— Seulement après un arrangement particulier.

— Et si elle obtenait la même autorisation ?

— Ce n'est pas du domaine des possibilités, répondit-il avec assurance. Messire Firethorn n'a pas de temps à perdre avec les missionnaires véhémentes. Il la renverra sur-le-champ. Nous sommes une troupe de comédiens, qui avons notre franc-parler. Des mots crus peuvent être prononcés par des esprits têtus. Ce n'est pas la place qui convient à la modestie virginale, et encore moins à un véritable pèlerin. Dame Eleanor

Budden use sa salive en vain. En aucune façon elle ne voyagera avec nous jusqu'à York.

— C'est donc d'accord, déclara Firethorn. Vous venez avec nous.

— Oh, messire ! dit Eleanor avec effusion. Votre bonté vous vaudra des amitiés au Ciel. Je vous baise la main.

— Nenni, madame, c'est moi qui vais baiser la vôtre.

Il saisit la main tendue d'Eleanor avec une courtoisie raffinée et y déposa un baiser de gentilhomme. Elle fit une profonde révérence devant lui, à laquelle il répondit par un salut. Pour un homme qui, en temps normal, gardait les Hommes de Westfield avec un soin jaloux, il se montrait d'une largesse extraordinaire. En l'espace de vingt-quatre heures, il avait consenti à laisser un artiste, puis une soi-disant visionnaire, les accompagner dans leurs voyages. Lawrence Firethorn se persuadait que les deux décisions étaient les bonnes.

— Vous n'oublierez pas l'argent, gente dame.

— Je le prendrai sur moi.

— Sans que cela cause de dispute avec votre mari ?

— Il ne m'arrêtera pas.

— Alors, me voilà satisfait.

— Et moi, je vous suis sincèrement reconnaissante, messire Firethorn.

Elle plongea en une nouvelle révérence, lui offrant encore un aperçu des charmes qui l'avaient finalement amené à se raviser. Eleanor était une femme splendide, et sa ferveur religieuse rehaussait encore ses appas. Il aimait l'éclat satiné de sa peau, la rondeur de son visage et les courbes attrayantes de son corps. Après avoir rejeté sa demande de prime abord, il l'avait écoutée lui parler avec douceur et ténacité tout en dévorant des yeux ses longs cheveux. Ces arguments l'avaient amené à y réfléchir à deux fois.

Firethorn chercha à clarifier leur relation :
— Il y aura certaines conditions, madame.
— Je me soumets à tout ce que vous désirez, messire.
— Si seulement c'était vrai, murmura-t-il.
— Que dois-je faire ?
— Vous abstenir de la moindre ingérence dans l'exercice de notre métier. Nous serons votre bouclier sur la route, mais nous devons avoir tout loisir de pratiquer notre art en chemin. Vous ne devez en aucune manière nous gêner lors des répétitions ou des représentations.
— Je m'en garderai bien, messire. Je passerai mon temps en prière.
— Nous pourrions vous trouver d'autres occupations...
— Je n'en ai pas besoin.
La simplicité de sa détermination était émouvante. Cependant, le comédien ne pouvait croire que sa foi la soutiendrait jusqu'à York, et certes pas jusqu'à Jérusalem. Dans toute son existence, Eleanor Budden n'avait jamais été à plus de cinq lieues de Nottingham, et ce en compagnie de son époux. Elle trouverait la longue chevauchée jusqu'à York exténuante et périlleuse, ce qui l'inciterait à chercher un soutien croissant auprès de Firethorn. L'idée l'émoustilla. Il n'avait encore jamais corrompu de sainte.
— Verrai-je messire Bracewell ? demanda-t-elle.
— Chaque jour. Vous ferez route près de lui, dans le chariot.
— C'est trop de joie ! Ma coupe déborde.
— Puisse la mienne en faire autant.
Il déposa un autre baiser sur sa main puis l'escorta jusqu'à la porte de l'auberge. Elle lui adressa un geste reconnaissant avant de s'éloigner d'un pas léger sur les cailloux. Riant dans sa barbe, Firethorn entra dans la salle pour informer Barnaby Gill et Edmund Hoode de

ce tout dernier rebondissement. Il rencontra de l'antagonisme.

— C'est de la folie ! protesta Gill. Je l'interdis !

— Ce n'est pas très avisé, raisonna Hoode.

— Ce marché est fructueux et nous vaut de la compagnie.

— Qui a besoin de la compagnie de cette femme ? rétorqua Gill. Qu'elle garde son argent et le distribue en aumônes ! Nous, nous sommes des acteurs, pas des gardes du corps dont le tout-venant peut s'offrir les services. Notre seul privilège est notre liberté, que vous jetez aux orties en invitant une sainte nitouche à venir nous juger.

— Ce n'est pas une sainte nitouche, répliqua vivement Firethorn.

— Cette dame est un brandon de discorde, dit Hoode. Elle n'a pas sa place à nos côtés. Pas plus que messire Oliver Quilley. Ils devraient trouver un autre moyen de voyager vers le nord.

Firethorn fit de son mieux pour les rallier à ses vues, mais il ne put les convaincre. Il savait qu'en dernier ressort il pouvait leur imposer sa volonté, toutefois il souhaitait l'éviter dans la mesure du possible. L'accord de tous était important. Il voulait être vu par Eleanor comme le chef d'une troupe prête à répondre à ses désirs, et non comme un petit tyran arrachant le consentement par la violence.

Ses deux collègues le quittèrent non sans lui prodiguer de sérieux avertissements :

— Je vous tiendrai tête avec résolution, Lawrence ! annonça Gill.

— Cela n'arrangera pas votre teint.

— Je suis avec Barnaby, dit Hoode. Votre geste envers cette dame ne nous vaudra que des embarras.

Tous deux sortirent, laissant Firethorn retourner leurs paroles dans son esprit. Il n'était pas ébranlé : ils opposaient toujours des objections à ses idées. Il suffisait simplement de leur donner le temps de s'habituer. Quand ils verraient combien Eleanor était inoffensive, ils changeraient d'avis. Firethorn était ravi de cette nouvelle opération. Il commanda une pinte de xérès.

Il trempait les lèvres dans son verre quand Susan apparut :

— J'espérais vous trouver ici, messire.

— Ma colombe ! Asseyez-vous et prenez vos aises.

— Je viens vous informer de ma décision, déclara-t-elle avec un large sourire, en prenant place sur une chaise. C'en est fini de vos nuits solitaires, Lawrence.

— Prouvez-le vaillamment entre les draps.

— J'y compte bien !

— Vous êtes le plus grand réconfort qu'un homme puisse avoir, Susan.

— C'est pourquoi je ne vous ferai pas défaut maintenant.

— Soyez bénie, madame !

— Messire Gill m'a inspiré ma décision.

— Barnaby ?

— Il vient de me parler de dame Budden.

— Ah, oui ! éluda-t-il. Une sainte femme qui entend la voix de Dieu. Une pauvre créature égarée, que tout chrétien doit prendre en pitié.

— Est-elle jeune ou vieille ?

— Croulant sous le poids des ans. Et si disgracieuse qu'un homme répugne à poser les yeux sur elle. C'est la seule raison pour laquelle je l'accepte. Dame Budden n'offrira pas de tentation aux instincts lubriques des membres de ma troupe — de véritables boucs.

Les yeux de Susan pétillèrent de malice.

— J'ai vu la dame vous quitter. Si elle croule sous les ans, je suis morte et enterrée depuis des lustres. Et elle a un teint de pêche à damner un évêque.

— Comment expliquer que tant de qualités m'aient échappé ?

— C'est parce que j'occupe toutes vos pensées, Lawrence.

— Très juste, très juste ! approuva-t-il platement.

— Ma décision résulte donc de ces différentes considérations. Dame Budden est une enfant de la nature, tout innocence. Je serai pour elle une véritable mère et j'empêcherai ces boucs de vouloir brouter son herbe tendre. Elle m'en sera reconnaissante.

— Je ne comprends pas où vous voulez en venir.

— Messire, votre bassinoire vient avec vous.

— Pendant tout le voyage ? demanda-t-il nerveusement.

— Pendant chaque pouce de la route.

— Je ne voudrais pas vous mettre en peine...

— C'est pour moi un plaisir.

Son sourire décidé brisa tous les plans que Firethorn avait échafaudés pour le voyage. Susan Becket était une vieille flamme qu'il avait eu l'intention de souffler à Nottingham, mais elle venait de se ranimer. Lawrence Firethorn ne pouvait dissimuler son dépit. Il emmenait à York une femme de trop.

La pinte de xérès fut rapidement ingurgitée.

Sir Clarence Marmion se promenait dans ses jardins avec à son côté un compagnon sobrement vêtu. Les grands parterres à la française, tout flamboyants de couleurs, rendaient hommage à l'habileté et aux soins diligents des jardiniers, mais leur maître ne s'y intéressait pas ce matin-là. Son esprit était préoccupé par un sujet plus inquiétant.

— Il a refusé de donner des noms.

— Vous êtes certain qu'il en connaissait ?

— Sans aucun doute.

— Avez-vous montré l'insistance nécessaire ?

— Avec autant de fermeté qu'on peut l'oser.

Robert Rawlins se frotta les mains avec une délicatesse exagérée.

— Laissez-moi parler à ce garçon, Sir Clarence.
— Cela ne servira à rien.
— Peut-être réussirai-je là où d'autres ont échoué.
— Vous arrivez trop tard pour cela.
— Mes arguments spirituels pèseront de tout leur poids.
— Il y serait insensible, messire Rawlins.
— Que me dites-vous là ?
— L'homme est mort.
— Depuis quand ?
— Depuis que j'en ai donné l'ordre.
— Sir Clarence !

Atterré, Robert Rawlins porta la main à sa bouche et chercha appui contre un ange de pierre. Ce n'était pas la première fois que son hôte le surprenait depuis son arrivée dans le Yorkshire, mais c'était sans conteste la plus déconcertante. Il agita faiblement les bras en guise de protestation mais son compagnon resta d'un calme implacable.

— L'homme a reçu une sépulture chrétienne.
— Après avoir été assassiné !
— Exécuté, mon père. Comme Anthony Rickwood.
— Œil pour œil ?
— Nous lui avons accordé toute la justice qu'il méritait.
— J'aurais imploré la clémence.
— En faveur de ce scélérat ?
— Tout homme possède une part de bien en lui.
— Pas ce monstre au cœur noir, répliqua Sir Clarence avec sévérité. Un homme de main de Walsingham ! Il a causé la perte de dizaines de catholiques sans l'ombre d'un scrupule. Devais-je donc le libérer, mon père, pour qu'il révèle que je suis du complot ? Et que Robert Rawlins est un prêtre missionnaire fidèle à l'Église romaine ?
— Je n'aime pas cette affaire.
— Aucun autre choix ne s'offrait à nous.

— Vous aviez les principes chrétiens pour vous guider.

— Anthony Rickwood les avait aussi, et où cela l'a-t-il mené ? Sur une pique à Bishopsgate, jusqu'à ce que nous allions le reprendre. Et Neville Pomeroy ? poursuivit-il avec une véhémence croissante. Comment l'ont guidé ses principes chrétiens ? En lui indiquant le plus court chemin vers la Tour !

— Je ne voulais pas vous contrarier ainsi, Sir Clarence.

— Nous devons rendre coup pour coup !

— Un meurtre encourt l'anathème.

— La vengeance possède une dignité intrinsèque.

Robert Rawlins ravala tout autre commentaire et s'efforça de composer avec ce qui s'était passé. Sir Clarence était un ami loyal et un hôte charmant quand il le voulait, mais un aspect nouveau et brutal de sa personnalité se dessinait. C'était extrêmement inquiétant. Réunis indissolublement par le même dessein, les deux hommes avaient toutefois des idées différentes quant au meilleur moyen de l'accomplir.

Sir Clarence tenta d'apaiser le prêtre :

— Il repose en paix, à présent.

— La justice mènera des recherches...

— On ne le retrouvera pas. Il gît six pieds sous terre.

— J'avoue que je suis en proie à la confusion.

— Auriez-vous préféré que nous fussions enterrés à sa place ?

— Certes non, Sir Clarence.

— Alors réjouissez-vous de la mort d'un ennemi.

Ils empruntèrent en flânant un sentier couvert de gravier qui traversait la roseraie. Peu à peu, Rawlins discerna du bon sens dans ce qui avait été dit. Son hôte fit entendre une note d'optimisme prudent.

— J'ai prié afin d'obtenir de l'aide.

— Moi aussi, Sir Clarence. Chaque jour.

— Il est encore possible que nos vœux soient exaucés.

— En avez-vous un signe ?

— Pas de façon visible, mon père.

— Comment, alors ?

— Ce n'est guère qu'une impression, mais de plus en plus précise. Il sera peut-être inutile de pourchasser celui que nous voulons, après tout. Il existe un autre moyen de le trouver.

— Dites-moi lequel.

— Le laisser venir à nous.

— Viendra-t-il ?

— J'en suis convaincu. Mon instinct m'a rarement trompé. L'homme se rapproche et nous devons nous préparer à l'accueillir. Gardez votre sang-froid, mon père.

— Je m'y efforcerai.

— Il est en chemin vers York.

Christopher Millfield savait faire brillante figure quand l'occasion se présentait. Il s'était vu attribuer le rôle de Will Scarlet et chanta la ballade qui ouvrait la répétition de *Robin des bois et ses joyeux compagnons*. Déambulant nonchalamment sur scène dans un costume écarlate du plus bel effet, il accompagna son agréable voix de ténor au son des cordes d'un petit luth. Will Scarlet connut véritablement son heure de gloire en l'hôtel de ville de Nottingham.

Venez maintenant et oyez, messeigneurs,
Libres de naissance et de sang,
La bien belle histoire d'un brave yeoman [1].
Robin des bois était son nom.
Robin vécut tel un fier hors-la-loi
Pendant son temps sur terre.

1. Yeoman : homme libre, parfois de petite noblesse. (*N.d.T.*)

Plus courtois et noble compagnon
Jamais ne se trouva.
Au cœur des bois de Sherwood
S'abritaient les insoumis,
Parmi lesquels Petit Jean,
Son fidèle ami.

La répétition révéla quelques faiblesses. Martin Yeo, l'aîné et le plus expérimenté des apprentis, n'était au mieux qu'un remplaçant qualifié pour Richard Honeydew dans le rôle essentiel de Marianne. Son jeu et son maintien étaient irréprochables, néanmoins il n'avait pas l'éclat radieux de son camarade, ni son sens suprême de l'enchaînement. Vêtu en vert selon l'usage consacré, Lawrence Firethorn apportait son panache habituel au rôle de Robin, mais même lui marqua quelques hésitations durant les scènes d'amour. Barnaby Gill était un Frère Tuck cocasse et Edmund Hoode excellait en Much, le fils du meunier, cependant les Joyeux Compagnons se laissaient aller au désordre le plus total. Renforcés par quelques journaliers pour l'occasion, ils évoluaient sur les planches tel un troupeau de moutons apeurés et s'égaillaient dans toutes les directions chaque fois que Robin maniait l'épée.

Nicholas maintenait la cadence et atténuait les effets de la plupart des erreurs, mais ne put pourtant empêcher George Dart — un membre décidément peu réjoui des Joyeux Compagnons — de faire choir un arbre en butant malencontreusement contre le décor. Will Scarlet fut un des rares à tirer son épingle du jeu et mit un terme à la séance par une autre ballade sur un air de luth.

Lors dit le bon Robin :
« Demain, m'en irai à Kirksley
Car d'être saigné j'ai besoin.
Au couvent on me soignera bien. »
Mais Sir Roger de Doncaster,

Et la Mère supérieure,
Dans leur malice et pour son malheur
Trahirent le bon Robin.
Christ ait pitié de son âme
(Qui est mort sur la Croix)
Car Robin était un brave hors-la-loi
Et aux pauvres gens fit grand bien.

Robin des bois s'en prit alors aux Joyeux Compagnons comme si chacun d'eux avait tenté de l'assassiner durant la représentation. Lorsque Firethorn eut fini de les invectiver pour leur incompétence et de leur reprocher jusqu'à leur existence, leurs joues rivalisaient avec la couleur du costume de Will Scarlet. L'acteur-directeur se montra prolixe en critiques et même Gill éprouva un peu d'embarras. Martin Yeo fut totalement démoralisé. Le seul acteur à trouver grâce à ses yeux fut Christopher Millfield, ce qui rendit celui-ci d'humeur exubérante.

— Qu'en avez-vous pensé, messire Bracewell ?

— Il nous reste encore beaucoup de travail.

— Je parlais de ma propre interprétation.

— Vous avez chanté fort mélodieusement.

— Et mon jeu, en Will Scarlet ?

— Satisfaisant, éluda poliment Nicholas. La troupe peut compter sur vous.

Millfield se sentit éreinté sous couvert d'éloge. En quêtant l'approbation de Nicholas de manière trop ostensible, il n'avait fait que l'irriter. Le régisseur prit le contrôle de la situation. Maintenant que la répétition était terminée, il délégua les multiples tâches mises de côté pendant les deux dernières heures. Plusieurs étais avaient besoin d'être réparés, un des tréteaux soutenant la scène devait être consolidé, et il fallait changer une corde à deux des instruments. Certains costumes ayant été déchirés lors des scènes de combat, George Dart se vit confier du fil et une aiguille afin de les raccommoder. La perruque de Stephen Judd perdait ses cheveux.

Tout à sa besogne, Nicholas ne vit pas le danger qui menaçait. Le dos tourné à la scène, il ignorait que deux petits machinistes bataillaient pour démonter l'échafaud utilisé dans la scène finale. Les poutres étaient beaucoup trop lourdes et difficile à manier pour eux, et finalement, ils ne purent en supporter le poids. Le long poteau bascula et tomba vers Nicholas.

Millfield réagit en un éclair.

— Attention !

Il bondit, poussa violemment le régisseur et reçut l'extrémité du poteau en travers de l'épaule. Nicholas se releva et se tourna pour voir ce qui s'était passé. Millfield, assis par terre, se massait doucement le haut du bras.

— Vous êtes blessé, Christopher ?

— Rien de grave.

— Je vous dois mille remerciements.

— Je vous ai évité l'échafaud, dit Millfield avec un large sourire.

— Ainsi qu'une blessure certaine.

Nicholas semonça les deux assistants qui avaient causé l'accident et leur ordonna d'emporter le poteau. Puis il offrit sa main à Millfield et le releva. Ce dernier s'épousseta et recommença à se masser l'épaule.

— Je m'en souviendrai, dit Nicholas.

— Vous en auriez fait autant pour moi.

A votre place, je me serais peut-être abstenu.

— Parce que vous ne m'aimez pas ?

— Cela pourrait être une raison suffisante.

— Mais moi, je vous aime bien, messire Bracewell.

Ce fut au tour de Nicholas de sourire. Le charme de Millfield était désarmant ; il était difficile de lui garder rancune. Le régisseur fit une concession :

— Votre interprétation était excellente, Christopher.

— Merci !

— A franchement parler, je ne suis pas sûr que Gabriel Hawkes aurait pu la surpasser.

— Je ne cherche pas de plus bel éloge que celui-là.
— Vous n'en obtiendrez aucun.

Ils rirent en chœur et une grande partie de la tension qui les opposait disparut. Tous les acteurs étaient en quête d'approbation, mais Millfield semblait particulièrement avide de s'attirer les applaudissements du régisseur. Cela lui fit oublier sa douleur à l'épaule. Il prit Nicholas par les deux bras.

— Je vais vous avouer quelque chose.

— Faut-il que je sois votre confesseur ? plaisanta Nicholas.

— Je suis sérieux, messire Bracewell.

— Je vous écoute.

— Gabriel était meilleur acteur que moi.

— Seulement à certains égards.

— J'ai assez d'honnêteté pour l'admettre, dit Millfield avec conviction. Il avait plus d'ampleur, plus de profondeur. En choisissant entre nous, vous ne vous étiez pas trompé.

— Peu de comédiens montrent tant de franchise.

— Pourquoi taire la vérité quand son rival n'est plus ? Je le haïssais car il était un obstacle sur mon chemin, expliqua-t-il, les mains crispées. Je souhaitais sa mort afin de pouvoir prendre sa place, mais je n'ai pas précipité sa fin, je le jure. S'il a été assassiné, comme vous le croyez, c'est par un autre.

Nicholas plongea son regard dans les yeux de son compagnon et sentit s'effacer bien des soupçons et des rancœurs nourris contre cet homme. Christopher avait ses défauts, mais ils étaient fréquents parmi les membres de sa profession. Le régisseur scella leur nouvelle amitié par une chaleureuse poignée de main qui fit tressaillir l'autre.

— Montrez-moi cette épaule, dit-il avec sollicitude.

— C'est insignifiant.

— Je vois bien que vous souffrez encore.

Millfield se laissa finalement convaincre d'ôter sa

tunique écarlate afin que Nicholas pût l'examiner. L'épaule présentait de vilaines contusions, mais ne saignait pas. Avec douceur, Nicholas palpa la blessure, puis demanda à son compagnon de tendre le bras, et enfin de le tourner. Il livra alors son diagnostic :

— Vous avez de la chance, Christopher. Rien de cassé.

— J'en serai quitte pour quelques égratignures.

— Et beaucoup de raideur, dit Nicholas. Accordez-moi un peu de temps, et je préparerai un onguent à appliquer sur votre épaule. Il apaisera l'inflammation.

— Il sera le bienvenu. Comment le confectionnerez-vous ?

— Avec des plantes.

— Vous connaissez aussi leurs secrets ?

— J'ai beaucoup appris du médecin du bord quand j'étais en mer. La douleur est le lot de tout marin, et j'ai étudié la manière de la calmer. Ce savoir m'a été maintes fois utile.

— Aucun patient ne vous sera plus reconnaissant que moi.

— C'est moi qui ai envers vous une dette de gratitude.

— Votre amitié est une récompense suffisante.

— Elle va de pair avec l'onguent.

— Tous deux seront pieusement conservés, dit Millfield en souriant.

Quand l'acteur partit pour se changer, Nicholas fut bientôt rejoint par un autre compagnon. Oliver Quilley avait observé toute la répétition attentivement. S'il lui fallait réaliser une miniature de l'acteur vedette, celle-ci devait exprimer les multiples facettes de sa personnalité, qui se manifestaient le mieux lorsqu'il était sur scène. Quilley n'en avait rien manqué.

— Messire Firethorn est-il toujours aussi impétueux ?

— Vous n'en avez vu aujourd'hui qu'une version atténuée.

— Plus de férocité est à venir ?

— Il la réserve pour son public.

— J'attends avec intérêt, dit Quilley. Quand je peins un portrait, j'entends qu'il soit le plus complet possible. Je transcris une personnalité dans sa vérité.

— Combien de temps vous faudra-t-il, messire ?

— Je travaille en trois séances de pose, expliqua l'artiste avec un mouvement délicat du poignet. A la première, je détermine les grandes lignes des traits, en commençant par le front à partir duquel je calcule les autres proportions du visage. A la deuxième, je prends note avec soin de toutes les nuances de la peau, des cheveux et du costume, en accordant une attention particulière — car c'est le sommet de mon art — à l'expression du regard et aux commissures des lèvres.

— Et à la troisième, messire Quilley ?

— J'apporte le détail final.

— Vous travaillez vite.

— Même les artistes ont besoin de se nourrir.

.— Comment en êtes-vous venu à embrasser cette carrière ?

— C'est elle qui m'a choisi, dit Quilley. Il y a près de trente ans, j'ai été l'apprenti d'un orfèvre d'Eastcheap. Mon maître était un homme aisé, qui s'est élevé au rang de chambellan de la ville de Londres et gouverneur de sa guilde.

— Vous avez choisi votre maître avec soin.

— La chance est restée à mes côtés durant les sept années que j'ai passées au *Lion d'or*. J'ai acquis une grande expérience dans la joaillerie, et je me suis pris de passion pour la peinture de miniatures.

— Comment avez-vous débuté, messire Quilley ?

— Avec une dame de la cour. C'était une amie de mon maître, et facile à flatter. Ce fut ma première œuvre de miniaturiste, et non sans erreur.

— En quel sens ?

— Le portrait était superbe, comme l'est toute ma peinture, mais j'omis un détail vital, messire Bracewell. Je n'exigeai pas le paiement.

Il roula des yeux et lança ses mains en l'air.

— Telle est la vie d'un artiste ! Nous ne recevons jamais la récompense qui nous est due. On affirme que je suis un génie et les commandes affluent, mais ces mêmes gens me paient-ils pour mes peines ? Très rarement, messire. Très rarement.

— Vous avez bien dû avoir quelques employeurs honnêtes.

— Quelques-uns. Messire Anthony Rickwood était du nombre.

— Celui qui a été exécuté ? s'étonna Nicholas.

— Oui, messire. Il a souffert pour sa vilenie, mais je n'ai qu'à me louer de sa bonté. Messire Rickwood m'a payé le double de ce que je demandais et m'a recommandé à maints de ses amis intimes, y compris messire Neville Pomeroy, de l'Hertfordshire.

— Nous connaissons ce gentilhomme.

— Alors vous avez constaté sa générosité. Un homme des plus courtois. Chez lui, je n'ai manqué de rien.

— Nous non plus, quand nous avons joué à Pomeroy Manor.

— Il évoquait souvent sa passion pour le théâtre.

— Nous comptons bien lui rendre à nouveau visite quand nous retournerons vers le sud.

— Hélas, messire, ce sera impossible.

— Mais il nous a invités !

— Il ne sera plus là-bas pour vous recevoir.

— Pourquoi dites-vous cela ?

— Messire Pomeroy a été arrêté.

— De quoi l'accuse-t-on ?

— De haute trahison. Il conspirait avec Anthony Rickwood.

— Cela se peut-il ?

— Walsingham a ordonné qu'on l'enferme dans la Tour.

— Quel sera son destin ?

— Le pire des sorts imaginables, répondit Quilley en grimaçant un sourire. Il connaîtra la mort ignominieuse des traîtres. Et quant à lui, je doute que messire Millfield parvienne à lui éviter l'échafaud.

Miles Melhuish blêmit. Il avait cru être au bout de ses surprises avec Eleanor Budden, mais il se trompait. Lorsqu'elle lui annonça sa toute dernière décision, il en resta bouche bée. Il se tourna vers le mari, assis dans le coin de la sacristie, mais Humphrey n'avait pas d'opinion. Totalement dépassé, il n'était plus que l'ombre de l'homme qui avait épousé Eleanor et s'était glorifié de ses faveurs. Humphrey resterait une présence essentiellement silencieuse pendant cette entrevue.

Melhuish s'indigna, les yeux exorbités.

— Madame, voilà qui n'est ni sage, ni respectable.

— J'ai la conviction du contraire.

— Voyager avec une troupe de comédiens ambulants !

— Ils viennent de Londres, dit-elle avec fierté.

— Cela rend la chose pire encore. Vous ne pouvez concevoir la noirceur d'esprit et les appétits de ces gens-là. Les acteurs sont des amis de l'Enfer sous apparence humaine.

— Ils m'ont traitée fort civilement jusqu'à présent.

— Attendez d'être sur la route, sans défense.

— C'est impossible. Dieu est toujours avec moi.

— Oui, ma fille, acquiesça-t-il avec condescendance. Dieu est avec chacun de nous, à tout instant. Mais quelquefois Sa divine protection ne suffit pas. Vous vous faites du tort en vous exposant à un tel danger.

— Lequel, père Melhuish ?

Le curé s'éclaircit la gorge et tira sur son col. Il jeta un regard rapide vers Budden, et comprit qu'il n'avait aucune aide à attendre de ce côté. Il empoigna le taureau par les cornes.

— Les comédiens sont des libertins notoires, Eleanor.

— Je ne l'ai jamais entendu dire.

— Ils n'ont pas plus de moralité que des bêtes.

— Pourquoi, alors, ont-ils été si polis envers moi ?

— Ce n'est qu'un leurre, pour que vous baissiez la garde.

— Messire Firethorn n'est pas une brute, protesta-t-elle avec chaleur. Messire Bracewell non plus, et c'est pour lui que je voyage avec les Hommes de Westfield.

— Qui est messire Bracewell ?

— Il est juste derrière vous, mon père.

Miles Melhuish se retourna avec un sursaut mais ne vit personne. Eleanor désigna le vitrail où l'image de Jésus-Christ ressemblait plus que jamais au régisseur. Le curé eut l'impression de recevoir un coup de massue.

— Vous prétendez que ce comédien ressemble... au Seigneur Jésus ?

— Comme deux gouttes d'eau, confirma-t-elle. Mais il n'est pas acteur. Messire Bracewell est le régisseur de la troupe. Je n'avais jamais rencontré un homme d'une telle droiture. Je mettrais sans hésiter ma vie et mon âme entre ses mains !

— Prenez garde qu'il n'abuse de votre confiance.

— Il en serait incapable.

— Pensez aux longues heures de la nuit.

— J'en ai fini avec la fornication, répondit-elle gaiement.

Humphrey tressaillit en entendant ce mot et une triste résignation se peignit sur ses traits mornes tandis que son esprit contemplait quelques souvenirs d'alcôve. Melhuish tenta encore d'user de persuasion, mais en vain. Quand elle avait pris une décision, Eleanor n'en démordait pas.

— Faites-vous accompagner par une autre femme, conseilla-t-il. Une de vos servantes, en guise de chaperon.

— Dieu sera mon bouclier.

— Ce sera pour Lui une bien lourde tâche.

— Vous mettez Ses pouvoirs en doute ?

— Non, non ! s'empressa de protester Melhuish. Je n'en aurais jamais la présomption. Simplement... eh bien, je serais plus satisfait si vous aviez un garant supplémentaire de votre sécurité.

— Mais j'en ai un, mon père, en la personne de Nicholas Bracewell.

— Ce n'est pas ce que j'avais en tête.

Il se tourna vers l'époux amorphe.

— Ne craignez-vous pas pour votre épouse durant ce voyage, Humphrey ?

— Non, grommela-t-il.

— Elle sera entourée de gens de théâtre, aux mœurs dissolues.

— Je leur souhaite bonne chance ! murmura l'autre.

— Tranquillisez-vous, mon père, dit Eleanor au curé. Je ne serai pas seule à voyager avec la compagnie. Un artiste fait également route avec nous jusqu'à York, ainsi qu'une autre femme. Elle assurera ma protection.

La peste frappait Londres avec une ardeur sans cesse renouvelée, néanmoins Doll aurait préféré tenter sa chance en ville. La vie dans la demeure de Shoreditch était une plaie croissante depuis que le siège des créanciers avait commencé. Margery fourbissait ses armes et ses servantes en ressentaient les pires trépidations. Doll semblait toujours se trouver sur la ligne de feu quand sa maîtresse explosait. Petite, jeune et échevelée, elle n'était pas de force à répondre aux exigences d'une employeuse irascible. Chaque jour lui apportait son nouveau lot de souffrance et d'humiliation.

Margery cria de la cuisine :

— Doll !

— Oui, madame ?

— Vous n'entendez donc pas qu'on sonne à la porte ?

— Non, madame.

— Ouvrez vos oreilles, ma fille, ou je m'en vais vous les chauffer !

Doll se précipita dans la cuisine, où Margery avait les bras plongés dans la farine. La servante, toute tremblante, fit une profonde révérence. La clochette de la porte résonna avec plus de vigueur.

— L'entendez-vous à présent, ma fille ?

— Oui, madame.

— Alors courez répondre.

— Que dois-je dire ?

— Si c'est un créancier, que je ne suis pas là.

— Et si c'est quelqu'un d'autre ?

— Venez me l'annoncer. Filez, maintenant !

Doll partit en courant. Margery l'entendit ouvrir et parler avec quelqu'un pendant quelques secondes. Quand elle revint, la petite domestique avait les yeux écarquillés de stupeur.

— Eh bien ? demanda sèchement sa maîtresse.

— Vous avez un visiteur, madame.

— Qui est-ce ?

— Il y a un grand carrosse devant la maison.

— Qui est-ce ?

— C'est le laquais qui a sonné.

— Son nom, petite. Quel est le nom de mon visiteur ?

— Lord Westfield.

Doll était frappée de terreur respectueuse à l'idée d'un pair du royaume en visite chez un comédien à Shoreditch, mais Margery réagit comme si cela se produisait tous les jours. Essuyant ses mains enfarinées sur son tablier, elle alla à l'évier les nettoyer dans une bassine d'eau froide. Elle tourna vivement la tête pour foudroyer sa servante du regard :

— Ne restez pas plantée là, Doll !

— Que dois-je faire, madame ?

— Faites entrer Lord Westfield.

8

Nottingham convergea en grand nombre vers son hôtel de ville. Des gens de toutes conditions vinrent revoir les hauts faits d'un des personnages légendaires de l'histoire anglaise. *Robin des bois et ses joyeux compagnons* était une pièce assez différente du répertoire habituel des Hommes de Westfield. Eux s'adonnaient surtout à la tragédie classique, à la comédie domestique et la farce rustique. Quand ils plongeaient dans leur glorieux héritage, ils en exhumaient des drames bouleversants sur des rois et des reines, résonnant de batailles grandioses livrées pour assurer la défense du royaume. L'héroïsme militaire et les conquêtes au-delà des mers attiraient toujours le public. Robin des bois relevait davantage de la mémoire collective que du fait historique, mais la troupe ne servait pas le mélange coutumier de romanesque et d'aventure dans la forêt de Sherwood. Investissant l'histoire d'une signification plus profonde, la pièce traitait de loyauté, de patriotisme, d'engagement spirituel. Dans son portrait du prince Jean, elle soulignait en outre les folies de l'ambition.

Massés dans l'hôtel de ville, les spectateurs restèrent totalement subjugués du début à la fin. Lawrence Firethorn était le Robin le plus convaincant qu'ils eussent jamais vu. Noble, intrépide et dévoué au roi Richard, il se montrait puissant dans les scènes d'action pour devenir doux et tendre lorsqu'il était seul avec Marianne. Sa cour procura de délicieux frissons au public féminin. Des chansons et des duels donnaient à la pièce un rythme enlevé, et l'intérêt était encore rehaussé par les habiles trucages imaginés par Nicholas, où des flèches fusaient de toutes parts. Des danses ponctuaient l'intrigue à intervalles réguliers, et le talent comique de Barnaby Gill atteignit des sommets quand Frère Tuck souleva ses jupes pour danser une gigue de ses pieds nus.

Anne, assise sur un banc à côté de Susan Becket, se joignit aux applaudissements. Pour elle qui avait vu les Hommes de Westfield au faîte de leur gloire à Londres, cette représentation ne soutenait pas la comparaison. Ce n'en était pas moins un divertissement de choix, et les gens de Nottingham pensaient se trouver en présence d'un chef-d'œuvre. Debout, ils lançaient des vivats et applaudissaient à tout rompre. Lawrence Firethorn en tête, la troupe reparut plusieurs fois pour répondre à cette ovation par de profonds saluts. Même George Dart, comblé, se fendit d'un sourire comme s'il était tout à fait à son aise parmi les Joyeux Compagnons. Après toutes leurs déconvenues, les Hommes de Westfield se sentaient de retour à la place qui leur revenait, et vibraient d'émotion.

C'était cela, le théâtre.

Nicholas ne partageait pas entièrement leur satisfaction. La représentation restait trop imparfaite à son goût et plusieurs erreurs de détail l'agaçaient. Bien que l'hôtel de ville représentât un progrès considérable par rapport aux autres endroits où ils avaient joué, il était à mille lieues des théâtres de Londres et imposait des restrictions. Mais la cause principale du mécontentement de Nicholas était l'absence de Richard Honeydew. Voir le rôle du jeune garçon interprété, quoique correctement, par un autre, ne lui faisait que mieux ressentir l'importance de retrouver sa trace. La troupe ne donnerait jamais le meilleur d'elle-même sans son apprenti vedette, et Nicholas se promit de reprendre ses recherches avec la célérité qui s'imposait.

— Où irez-vous ? demanda Anne.

— A la poursuite des Hommes de Banbury.

— Savez-vous où ils font étape ?

— Je finirai bien par les trouver.

— Seul ?

— Je voyagerai plus vite, dit Nicholas. D'ailleurs, messire Firethorn ne peut se dispenser de personne. Il ne voulait même pas me laisser partir avant que nous ayons monté *Robin*.

— Sans vous, il n'y aurait pas eu de représentation.

— Même avec moi, il n'y a guère de quoi être fier.

— Le public était enthousiaste.

— Il est peu exigeant, Anne.

— Ne soyez pas trop sévère envers la troupe.

Tous deux flânaient au long des ruelles qui les ramèneraient à *La Tête du Sarrasin*. Ayant composé une équipe pour démonter la scène, le régisseur avait un bref moment à consacrer à Anne avant de se lancer sur la piste du jeune Richard. Il exposa les quelques éléments concrets dont il disposait :

— Messire Quilley m'a apporté une certaine information.

— L'artiste ?

— Oui, dit Nicholas. Il est passé par Leicester avant de venir ici et il y a rencontré les Hommes de Banbury. Au lieu de rester sur la grand-route du Nord et de remonter jusqu'à Doncaster, en quittant Grantham ils ont pris la direction du sud-ouest.

— Pourquoi Leicester ?

— Nous en sommes peut-être la cause, Anne.

— Les Hommes de Westfield ?

— Pensant que nous tenterions de les rattraper afin de leur demander des comptes, ils ont cru nous semer en changeant d'itinéraire. Mais il existe une meilleure raison. Leicester est un havre pour bien des compagnies théâtrales. Messire Quilley m'a dit que les Hommes de Banbury y ont joué trois fois, et une fois à Ashby-de-la-Zouch.

— Puis à Nottingham, où ils ont donné *Pompée le Magnifique*.

— La pilule est amère pour messire Firethorn.

— Et quel affront pour sa vanité !

— Oui, une vanité déjà fort chatouilleuse...

Ils rirent, complices, en s'arrêtant devant le portail principal de *La Tête du Sarrasin*. Cela avait été merveilleux de se revoir de manière si inattendue, mais ils allaient devoir se séparer à nouveau sans le plaisir d'adieux langoureux. Anne l'embrassa sur la joue et il la serra contre lui pendant une longue minute.

— Prenez toutes les précautions possibles, Nick.

— J'y veillerai.

— Rentrez sain et sauf à la maison.

— Avec l'aide de Dieu, je ramènerai Dick avec moi.

— Où peut-il bien être ? soupira-t-elle pour la centième fois.

— Quelque part où il attend, Anne.

— Qu'attend-il ?

— La délivrance.

L'abri était exigu, sombre, étouffant. Il y régnait une désagréable odeur de végétation pourrissante. Les fissures dans les murs de bois permettaient tout juste d'évaluer l'intensité du soleil. Cet indice excepté, Richard n'avait aucune notion de l'heure. Quand les ombres s'allongèrent et que la pénombre s'approfondit dans sa petite prison, il résolut de redoubler d'efforts pour s'échapper. Ce qui l'effrayait le plus, dans son enlèvement, c'était de n'avoir toujours aucune indication sur l'identité des ravisseurs. Emporté à folle allure de son auberge, il s'était retrouvé pieds et poings liés, un sac de jute sur la tête. Pendant la première étape d'un voyage inconfortable au-delà de toute description, il avait parcouru, sanglé en travers d'un cheval, un terrain qui devait être le plus accidenté du pays. Courbatu et haletant, il avait enfin été détaché, puis enfermé.

On le nourrissait de manière convenable, mais sans lui accorder la moindre liberté de mouvement. Il gardait les poignets ligotés et on lui bandait les yeux chaque fois qu'on lui rendait visite. Les sorties occasionnelles pour se soulager lui valaient une humiliation supplémentaire, car il était constamment surveillé. Ils savaient tout de lui, mais lui ne savait rien d'eux, hormis que, jusqu'alors, ils ne l'avaient menacé d'aucune violence. Cette cabane était déjà sa troisième cellule et il décida que ce serait la dernière. L'emprisonnement dans la plus totale solitude était une torture.

L'adolescent se leva de son tabouret et sautilla sur le sol, les chevilles solidement entravées. Un coffre de bois se trouvait dans un coin, couvert d'un tas de feuilles de rhubarbe. Il se pencha pour l'en débarrasser. Ses poignets étaient enserrés par une corde épaisse, mais il parvint à tirer le coffre jusqu'au milieu de la cabane, juste sous la poutre centrale. Au-dessus de sa tête, un gros pieu rouillé avait été enfoncé dans le bois pour servir d'étai. L'extrémité pointue était son seul et mince espoir de libération.

Tout d'abord, il devait atteindre le pieu, ce qui supposait de sauter à pieds joints sur le coffre. C'était beaucoup plus difficile qu'il n'y paraissait. Il lui suffirait ensuite de faire un bond de cinquante centimètres, un piètre exploit pour quelqu'un doté de son agilité et de son amour de la danse. Mais sa pénible incarcération avait épuisé son corps et son esprit, et ses tentatives lui avaient valu des crampes dans tous les membres. Le premier saut était loin d'avoir la hauteur requise, et le deuxième ne fut pas plus brillant. Il se concentra encore, se propulsa en l'air mais retomba en porte à faux sur le bord du coffre, qui bascula sous son poids. Richard tomba lourdement contre le mur de bois. Il se cogna la tête et sentit un filet de sang couler de son cuir chevelu.

Le jeune garçon se refusa à la résignation. Il serra les dents et recommença. S'ébrouant comme un chien sortant d'une rivière, il s'agenouilla et redressa le coffre avant de prendre appui dessus pour se hisser sur ses pieds. Cette fois, il s'entraîna à plusieurs reprises avant d'essayer de sauter sur sa plate-forme. Quand il fut sûr de lui, il se plaça à côté, plia les genoux puis les détendit en avançant les pieds juste au bon moment. Le coffre oscilla violemment, mais Dick parvint à conserver l'équilibre. Son triomphe fut de courte durée. Même en se dressant de toute sa taille et en tendant les bras, il était encore à quinze bons centimètres du pieu.

Un autre saut non moins difficile était maintenant nécessaire. En cas d'échec, sa chute serait encore plus dure. S'il se trompait dans son estimation, il s'empalerait les mains sur le métal rouillé. Son premier instinct fut d'abandonner, mais alors il pensa à son triste emprisonnement et à la pénible solitude qu'il ressentait loin de ses amis de la troupe. Nicholas Bracewell n'eût jamais admis la défaite dans une telle situation. Lui ne renoncerait pas non plus. Il fallait courir le risque. Richard répéta le mouvement mentalement puis s'apprêta à sauter.

Plusieurs minutes d'anxieuse et intense préparation aboutirent à la fraction de seconde où il fléchit les genoux avant de s'élancer à nouveau dans les airs. Ses mains évitèrent le pieu, ses poignets volèrent en avant et bientôt il se retrouva suspendu par la corde de tout son poids. Il fut alors confronté à de nouveaux problèmes. Une douleur lancinante irradiait ses bras pour brûler ses épaules. Sa tête commença à palpiter. Sa respiration devint saccadée. Les liens entaillaient ses poignets pâles où saillaient les veines bleutées. Il était au supplice, et toute évasion semblait désormais illusoire.

Il n'avait pas de temps à perdre. Plus il restait accroché à la poutre, plus le danger grandissait. Concentrant dans son effort ses toutes dernières forces, il entreprit de balancer les jambes, lentement au début, puis avec détermination, leur imprimant un élan croissant. La souffrance s'intensifiait. Son corps mince était baigné de sueur tandis qu'il oscillait d'avant en arrière dans la cabane nauséabonde. La corde s'enfonçait dans ses poignets comme pour les trancher. Il fut pris de panique en sentant les premières gouttes de sang tomber sur son visage, mais son tourment était presque terminé. En frottant contre le pieu, les fils de chanvre rompirent lentement un à un. Juste au moment où Richard allait perdre connaissance, le dernier fil cassa.

Dans sa chute, le jeune garçon renversa le coffre d'un coup de pied et s'étala par terre avec un bruit sourd. Il se sentit trop fatigué pour bouger pendant plusieurs minutes, mais ses lèvres affichaient un sourire de triomphe. Son plan avait réussi ! Dès qu'il recouvra ses forces, il s'assit et délia ses pieds, étirant ses jambes et remuant ses chevilles. Ses poignets étaient couverts de sang, mais il ne s'en souciait pas. Il était libre ! La porte était son dernier obstacle. Verrouillée de l'extérieur, elle resta inébranlable sous son épaule, si bien qu'il préféra la ruse à la force. Il frappa son tabouret contre le sol jusqu'à ce qu'un pied cède et utilisa celui-ci comme un levier en l'insérant dans la porte. Une fissure s'élargit suffisamment pour laisser passer son bras fin, et il repoussa le verrou.

La porte de sa cellule s'ouvrit brusquement. La nuit tombait, et Richard ne pouvait distinguer que des ombres confuses dans le noir. Il se mit à courir pour traverser un terrain inégal, en direction d'un large bâtiment dont les contours se découpaient à l'extrémité d'un champ. Mais il n'alla pas très loin. Son chemin fut barré par une haute silhouette qui se plaça devant lui avec tant de détermination que le jeune garçon la percuta de plein fouet et tomba en arrière. Étourdi, Richard leva la tête vers le visage en partie éclairé par un croissant de lune.

— Tu restes ici, mon garçon.

Richard Honeydew s'évanouit de terreur.

York possédait une indéniable beauté. Nichée au cœur des vertes forêts de Galtres, elle était encerclée sur une lieue à la ronde par des fortifications de pierre blanche percées par quatre portes monumentales à créneaux. Elle avait été fondée par les Romains au confluent de l'Ouse et de la Fosse, et disposait d'une voie d'accès fort profitable vers la mer, sur la côte orientale. En partance pour le continent, les navires chargés de peaux, de laine et autres marchandises descendaient le courant vers le grand port d'Hull. Ils revenaient les cales remplies de savons, de soieries, de teintures, de parfums, d'épices exotiques et de vins fins. York était une communauté prospère. Si elle n'était plus la deuxième après Londres par la taille, elle le demeurait par son activité.

Des maisons à pignons flanquaient les rues étroites et gravillonnées. Toutes sortes de métiers étaient exercés bruyamment à chaque coin de rue. Des fosses à fumier et à purin ajoutaient leur âcre contribution à l'atmosphère distinctive de la cité. York bourdonnait de vie.

Robert Rawlins quitta son logis de Trinity Lane et se fraya un chemin dans les rues populeuses jusqu'à *La Jérusalem*. Il entra dans la salle et aperçut Lambert Pym, son ample panse en avant, qui donnait des ordres pressants à ses gens rassemblés autour de lui. L'aubergiste lui adressa un sourire en le reconnaissant.

— Bonjour à vous, messire Rawlins !

— A vous pareillement.

— Nous avons en perspective des journées bien chargées.

— J'ai cru l'observer.

— La foire de la Pentecôte arrivera bientôt et nous apportera un surcroît de clientèle. Nous devrons brasser plus de bière et rassasier plus de ventres. Cela requiert une préparation attentive.

— Quand arrivent les comédiens ?

— Au début de la foire, justement ! répondit Pym, se grattant la barbe. Nous allons être débordés, à *La Jérusalem*. Toutes mes chambres seront pleines à craquer, et ma cour servira de salle de spectacle !

— Je n'aime pas le théâtre, dit froidement Rawlins.

— Sir Clarence Marmion s'y rend régulièrement.

— Libre à lui.

— Resterez-vous longtemps avec nous à York, messire Rawlins ?

— Je ne puis le dire, messire Pym.

— Jusqu'à ce que vous en ayez fini avec vos affaires ?

— Nous verrons.

Sans rien révéler, Robert Rawlins ouvrit la porte qui donnait sur l'escalier. Quelques instants plus tard, il s'installait dans un fauteuil, dans le salon privé situé à l'étage. Un petit livre noir fut extrait des plis de son manteau et Rawlins se concentra dans sa lecture. Il était tellement absorbé par cet ouvrage que quelques minutes à peine lui semblèrent s'être écoulées quand il entendit l'écho familier des bottes sur les marches de chêne. Sir Clarence Marmion fit irruption si brusquement que Rawlins prit peur et se mit debout d'un bond.

Le nouveau venu lui fit un geste joyeux de la main.

— Messire, je vous apporte enfin de bonnes nouvelles !

— La reine est morte ?

— Ce serait trop demander, répondit Sir Clarence en tirant une lettre de sa manche. Mais nous avons d'autres causes de réjouissance. Nos amis n'ont pas perdu leur temps.

— Je suis réconforté de l'entendre.

— A Londres, Walsingham attend de tous nous prendre au piège telle une grosse araignée noire au cœur de sa toile. Mais nous sommes protégés par notre propre réseau d'espions. Nous connaissons grâce à eux le nom de l'informateur.

Rawlins prit la missive qu'on lui tendait.

— L'homme qui a trahi Rickwood ?

— Et Pomeroy, acquiesça Sir Clarence. Je savais que la piste le conduirait ici, tôt ou tard. Nous serons prêts à l'accueillir. Il ne livrera pas de Marmion aux mains du secrétaire Walsingham.

— Un homme averti en vaut deux.

— Dieu remet ce misérable entre nos mains.

— Voyage-t-il seul ?

— Non, il arrive avec une compagnie théâtrale de Londres. C'est pour lui une couverture commode, mais ici il ne pourra plus se cacher. Son voyage s'achèvera à York. A jamais.

A Kynaston Hall, on confirma qu'une représentation du *Renégat* avait été donnée sur place par les Hommes de Banbury, mais personne ne connaissait leur destination suivante. Nicholas remercia les gens du manoir pour leur obligeance et fonça vers le nord sur l'étalon alezan emprunté à Firethorn. L'animal était plein d'ardeur et Nicholas lui lâchait la bride. Il s'arrêta à chaque village, dans chaque hameau, devant chaque habitation en bordure de route pour s'enquérir du chemin pris par ceux qu'il traquait, mais il ne reçut pas grande aide pour sa peine. Quel que fût l'itinéraire des Hommes de Banbury, ils avaient su effacer leurs traces. C'en était décourageant.

Enfin, la chance tourna. Nicholas rencontra un vieux berger assis avec son chien à l'ombre d'un arbre, croquant une pomme. Bien qu'il n'allât jamais voir de pièces, le berger pouvait reconnaître une compagnie théâtrale quand il en voyait une. Son doigt osseux pointa vers un chemin défoncé.

— Ils sont allés par là.

— Vous en êtes sûr, l'ami ?

— Je m'assois ici tous les jours, et je les ai vus passer.

— Combien étaient-ils ?

— Oh, je ne sais pas ! Douze ou quinze, peut-être bien.

— A cheval ou à pied ?

— Les deux, messire. Ils avaient une paire de chevaux et un chariot plein de grands paniers. La plupart d'entre eux marchaient derrière.

— Comment êtes-vous certain que c'était des acteurs ?

— Pour sûr, c'était pas des bergers ! ricana le vieillard. Avec de ces tenues bariolées, et tout ce tapage ! Je ferais peur à mes brebis si je me promenais en faisant ce tintamarre.

— A quelle distance étaient-ils quand vous les avez vus ?

— A une centaine de pas tout au plus.

Le berger était catégorique : les Hommes de Banbury étaient passés près de lui. Nicholas glissa une pièce de monnaie dans la main noueuse et reprit la route. Le soir tombait. La troupe chercherait bientôt un abri avant la nuit. D'un coup de talons, il lança son cheval au grand galop. Deux lieues plus loin, il les rattrapa.

Ils avaient installé leur camp au bord du chemin et allumé un feu. La nuit étant claire et sèche, ils la passeraient à la belle étoile. Nicholas s'approcha avec une prudence née de ses mésaventures avec les bohémiens. Il ne voulait pas subir l'attaque de la compagnie entière ! Après avoir attaché son cheval derrière des buissons, il continua à pas de loup, en écoutant flotter dans l'air nocturne les bribes de conversation gouailleuses propres aux vrais comédiens. Il avait traqué les Hommes de Banbury jusqu'au bout. Il lui restait à découvrir si Richard Honeydew était avec eux.

Se rapprochant d'un pas furtif, il vit distinctement le campement pour la première fois. Son cœur se serra. Ils étaient bien une douzaine et arboraient les tenues voyantes d'acteurs itinérants, mais ce n'était pas là une compagnie londonienne en tournée. Leurs vêtements paraissaient usés jusqu'à la trame et leurs chevaux étaient de pauvres haridelles. Ce qui rôtissait au-dessus du feu n'avait pas été payé, car ils étaient visiblement dans une misère noire. Des joues hâves mastiquaient la nourriture. Des corps maigres étaient étendus autour des flammes vacillantes. C'étaient des acteurs, mais d'un genre et d'un tempérament différents des Hommes de Banbury. Eux n'avaient jamais joué de leur vie dans un vrai théâtre ni goûté le luxe de la capitale. Faute de travailler pour un noble mécène, ils n'étaient guère mieux lotis que des hors-la-loi, passibles d'arrestation pour vagabondage. Ils gagnaient misérablement leur vie en allant de village en village, tels les bohémiens.

Cela donnait matière à réflexion de voir à quel point leur univers était éloigné de celui des compagnies londoniennes. Nicholas éprouva un peu de honte que les Hommes de Westfield fussent venus leur voler leur public. Puis il se rappela le but de son voyage et chassa ces considérations de ses pensées. Pénétrant audacieusement dans le campement, il se présenta comme un de leurs camarades, faisant partie d'une troupe, et reçut un accueil joyeux. Celui-ci perdit quelque peu de sa chaleur quand il s'informa des Hommes de Banbury — qui étaient considérés comme des prédateurs londoniens venus s'abattre sur la province. Les comédiens n'avaient que mépris envers l'autre compagnie, mais ignoraient où elle se trouvait en ce moment. Nicholas les remercia et se retira.

L'obscurité s'épaississait et il avait besoin d'un lit pour la nuit. Il avait dépassé une petite auberge, quelques lieues plus tôt, aussi repartit-il dans cette direction. Son esprit retournait en tous sens les moyens de retrouver les Hommes de Banbury. Il éprouvait beaucoup d'inquiétude pour le jeune Richard. Absorbé dans ses pensées, il relâcha sa vigilance.

— Holà, messire !

— C'est un beau cheval que vous avez là.

— Jugeons de son âge par ses dents.

Les trois hommes sortis du bois s'approchèrent, un aimable sourire aux lèvres. Il ne fut pas dupe. Chacun d'eux avait la main sur son épée. Ils l'avaient surpris sur une route déserte passant entre les arbres. Nicholas savait qu'ils ne l'auraient pas abordé ainsi à moins d'avoir un complice. En un clin d'œil, il fit volte-face. Le quatrième brigand courait silencieusement vers lui, un gourdin à la main, prêt à l'assommer par-derrière pendant que les autres détournaient son attention.

Nicholas le prit de vitesse en lui envoyant un coup de pied bien placé, et l'homme au gourdin recula en titubant. Il revint à la charge, et hurla de douleur en sentant une lame transpercer son épaule. Ses complices se précipitèrent pour le venger, mais ils avaient mal choisi leur victime. Lorsque le premier brandit son épée, la puissante rapière de Nicholas lui arracha son arme de la main. Le régisseur mit pied à terre en un éclair tout en tirant sa dague, et défia les deux hommes armés de le rejoindre. Ils attaquèrent et ripostèrent sans pouvoir l'approcher. Incapable de récupérer son épée tombée à terre, le troisième homme sortit un coutelas et se prépara à le lancer, mais il fut beaucoup trop lent. La propre dague de Nicholas fendit l'air et lui perça le poignet. Il lâcha son arme dans un cri.

Les autres s'enfuirent sans demander leur reste. N'ayant plus autant l'avantage du nombre, ils relevèrent leurs deux compères blessés et s'éloignèrent en boitant. Nicholas leur donna la chasse et fit pénétrer un peu d'air dans le pourpoint en cuir de l'un d'entre eux. Trois des bandits remontèrent en selle, mais l'homme au gourdin, trop grièvement blessé, dut être hissé derrière un de ses comparses. Maudissant leur assaillant, ils battirent hâtivement en retraite dans la forêt.

Nicholas s'approcha du cheval qu'ils avaient abandonné et lui tapota l'encolure. C'était une trop belle bête pour de vulgaires bandits de grand chemin ; à l'évidence, elle avait été volée. Dans la lumière déclinante, il distingua à peine le monogramme d'or sur les sacoches de cuir — O.Q. En cherchant à l'intérieur, il trouva de la nourriture et quelques vêtements. Ce qui l'intéressa le plus, toutefois, fut le parchemin plié tout au fond. Une liste de noms et d'adresses, écrite d'une écriture distinguée. Deux des noms avaient été cochés et sautèrent aux yeux de Nicholas.

Anthony Rickwood et Neville Pomeroy.

A côté d'un troisième nom était apposé un point d'interrogation.

Sir Clarence Marmion.

Grâce aux initiales sur la sacoche, Nicholas comprit qu'il venait de retrouver le cheval volé d'Oliver Quilley. Il avait le sentiment d'avoir découvert un autre élément, lui, vraiment essentiel. L'artiste avait évoqué l'arrestation de messire Pomeroy, accusé de haute trahison, en précisant que le prisonnier croupissait dans la Tour. Ces événements s'étaient produits à plus de soixante lieues de là.

Comment Oliver Quilley était-il au courant ?

Lawrence Firethorn était pris à son propre piège. Après avoir encouragé Susan Becket à l'accompagner à Nottingham afin de vivre ensemble de folles nuits, il ne pouvait plus se débarrasser d'elle. Sa présence le paralysait. Alors qu'il espérait faire plus ample connaissance avec celle qu'il désirait conquérir, il était forcé de chevaucher au côté de l'aubergiste et d'écouter son aimable bavardage. Pendant ce temps, Eleanor Budden était assise auprès de George Dart, qui conduisait le chariot, et pourvoyait à ses besoins spirituels au grand dam de tous les passagers. Firethorn coula un regard furtif dans sa direction. Eleanor et Susan incarnaient les deux extrêmes de la féminité, la respectabilité et la mauvaise réputation, la vertu et la volupté, le sacré et le profane. Si les deux avaient pu être confondues en un seul être, rêvassait Firethorn, alors il aurait enfin trouvé la perfection faite femme.

Susan le poussa doucement du coude en pouffant de rire :

— Elle n'est pas pour vous, Lawrence !

— Une telle pensée ne m'avait jamais effleuré.

— Le cœur de dame Budden n'est plus à prendre.

— J'ai été présenté à son mari avant le départ.

— Ce n'est pas à lui que je faisais allusion, messire. La dame aime ailleurs. Elle ne parle que de votre régisseur.

— Nicholas a produit sur elle une forte impression.

— Si je le voyais nu dans la Trent, il m'impressionnerait, moi aussi, dit Susan en gloussant espièglement. C'est un homme bien bâti et à l'air plaisant.

— Nick se contentait de flotter, dit Firethorn avec humeur. A l'entendre, on croirait qu'il marchait sur les eaux !

Ils traversaient une épaisse forêt qui évoquait la mémoire du célèbre hors-la-loi. Reprenant son rôle de la pièce, Christopher Millfield se mit à chanter quelques couplets de la ballade. Depuis que Nicholas était au loin, il avait retrouvé toute sa vivacité. Les autres employés cheminaient en maugréant à cause de leurs trois compagnons de voyage inhabituels. Ils réprouvaient les manières hautaines d'Oliver Quilley, qui chevauchait presque en tête de la petite procession. Susan Becket réservait ses faveurs à leur directeur, et Eleanor

Budden introduisait dans leur vie une dose de christianisme dont ils se seraient volontiers passés. Ils avaient perdu un précieux apprenti et gagné trois passagers encombrants. Ils étaient convaincus que rien de bon n'en sortirait.

George Dart sollicita le droit d'être d'avis différent. D'abord embarrassé d'avoir Eleanor pour voisine, il prit très vite plaisir à sa compagnie. Ils avaient un héros commun.

— Parlez-moi de messire Bracewell, demanda-t-elle.

— C'est un homme merveilleux, qui dirige la compagnie pour tout ce qui importe. L'honneur et les récompenses peuvent bien rejaillir sur d'autres, c'est lui qui les mérite. Cependant, on n'entend jamais un mot de vantardise franchir ses lèvres.

— Sa modestie lui sied.

— Il est mon seul et unique véritable ami.

— C'est impossible ! protesta-t-elle. Et votre mère ? N'est-elle pas une véritable amie pour son fils ?

— Elle l'était sans doute du temps où elle vivait. Je ne m'en souviens pas. Elle est morte quand j'étais tout petit.

— Comment avez-vous choisi cette profession ?

— On ne voulait de moi dans aucune autre, madame. Nicholas Bracewell m'a appris tout ce que je sais. C'est grâce à lui si je ne suis pas mort de faim.

— Quelle belle âme chrétienne !

— Plus que quiconque dans la troupe.

— Depuis quand est-il dans le théâtre ?

— Quatre ans ou plus. Je ne saurais le dire.

— Et avant cela ?

— Il parcourait les océans, dit George fièrement. Il a navigué avec Drake autour du monde et il a vu des choses que la plupart d'entre nous ne peuvent imaginer, tant elles sont étonnantes. Messire Bracewell est allé partout.

— Sauf à Jérusalem.
— Pourquoi dites-vous cela ?
— Parce que je voudrais l'y emmener avec moi.
— Et il ira ? interrogea Dart, stupéfait.
Eleanor sourit aux anges.
— Oh, oui, il ira ! Il n'a pas le choix.

Lavery Grange était le domaine situé le plus au nord du comté de Nottingham, et le chef de famille, Sir Duncan Lavery, était un homme doux et sociable. Saisissant l'occasion d'accueillir les Hommes de Banbury, il les reçut à bras ouverts et mit son grand hall à leur disposition pour une représentation du *Renégat*. Leur bonne fortune se doubla néanmoins de mauvaises nouvelles. Ils apprirent d'un visiteur que leurs rivaux venaient de remporter un triomphe à Nottingham avec une œuvre sur Robin des bois.

Maussade, Giles Randolph tapa du pied.
— Ils sont plus près que je ne pensais.
— Tout de même à un jour de marche derrière nous, observa Mark Scruton.
— C'est beaucoup trop près à mon goût.
— Ils ne nous rattraperont pas encore.
— Trouvez un nouveau moyen de les retarder.
— Je l'ai déjà en tête.

Randolph fit le tour du grand hall en bombant le torse et observa la construction de la scène. Il éprouva l'acoustique en déclamant une tirade se prêtant au velours de sa voix. Jusqu'alors, la tournée avait été un succès continuel, d'autant plus gratifiant qu'il entraînait l'échec cinglant des Hommes de Westfield. Toutefois, l'idée que ses rivaux le talonnaient rendait Giles Randolph nerveux.

Il claqua des doigts pour intimer à Scruton l'ordre de le rejoindre.
— Oui, messire ?
— Vous avez un autre tour dans votre sac ?

— Qui les laissera nus comme des vers et confus.
— Exécutez-le sur-le-champ.
— Quoi, maintenant ? dit Scruton avec surprise.
— Avant qu'ils ne nous rattrapent.
— Mais la représentation du *Renégat* ?...
— Vous ne jouerez pas.
— Je raterai alors mon meilleur rôle, protesta l'autre. Laissez-moi seulement jouer ce soir, et demain je leur tendrai mon guet-apens.
— Demain, il sera trop tard.
— Comment ferez-vous sans moi ?
— Le jeune Harry Paget reprendra le rôle.
— Mais c'est le mien ! se plaignit Scruton avec colère.
— Baissez le ton, monsieur.
— Vous me causez grand tort.
— Il ne s'agit que d'une seule représentation, Mark, l'apaisa Randolph. Dès que nous redonnerons la pièce, votre gloire vous sera rendue. Vous avez ma parole.
— Et quand nous atteindrons York ?
— Vous signerez un contrat vous octroyant des rôles de premier plan dans tout ce que nous monterons. Du moins... si je l'approuve.

Mark Scruton était acculé. Malgré ce qu'il avait déjà accompli pour la troupe, il n'était toujours pas un associé au sens légal. Jusqu'à ce qu'il accède à cette position, il demeurait à la merci des caprices et des ordres de Randolph. Il adopta le ton de politesse obséquieuse qui l'avait si bien servi dans le passé.

— Je pars immédiatement.
— Faites des ravages dans les rangs des Hommes de Westfield !
— Après ce que je leur prépare, ils n'oseront plus remettre les pieds sur une scène.
— L'idée me satisfait.
— Et ma récompense ?
— Elle vous attend à York.

Les quatre valets en livrée allaient au petit galop le long de la grand-route du Nord. Ils avaient les armoiries de leur maître sur leurs manches et son argent dans leurs bourses. Ses ordres devaient être exécutés à la lettre et ils connaissaient la punition encourue pour tout manquement à ses désirs. C'était une tâche étrange, mais elle présentait l'intérêt de leur faire quitter l'Hertfordshire pour découvrir de nouveaux pâturages. Leur chef fixant l'allure, ils avançaient à cinq mètres les uns des autres tels les coins d'une gigantesque écharpe. Au milieu de cette écharpe se trouvait la personne qu'ils escortaient avec tant de soin et d'égard en cette importante mission.

Parvenant à un croisement, ils virent une grosse pierre blanche au bord de la route. Le nombre qui y était gravé provoqua la colère de leur compagne de voyage :

— Encore quarante lieues jusqu'à York !

— Oui, madame, confirma l'un des serviteurs.

— Nous avançons à un train d'escargot !

— C'est pour votre propre confort.

— Mon confort ! Ha ! J'épuiserais n'importe quel homme entre mes cuisses !

— Faut-il tant se hâter, madame ?

— Oui. Je dois y arriver au plus vite.

Margery Firethorn piqua des deux et son cheval partit au galop, laissant les autres sur place. Médusés, les quatre serviteurs de Lord Westfield la poursuivirent aussitôt en se demandant ce que voulait cette furie montant en amazone un cheval noir qu'elle encourageait à tue-tête. Sa témérité les inquiétait, mais elle n'en avait cure.

Margery se rendait à York.

Elle avait une nouvelle à annoncer à son époux.

— Gardez la pose, messire Firethorn, vous ne devez pas bouger d'un pouce.

— Je suis un être de chair et de sang, messire, pas une statue de marbre !

— Un artiste a besoin d'un modèle immobile.

— Alors, attendez ma mort pour me peindre.

— Vous êtes bien contrariant, messire.

— Mon cou va se briser !

— Détendez-vous quelques instants.

Oliver Quilley claqua de la langue avec irritation. Ils étaient installés dans sa chambre à coucher, dans l'auberge où ils passaient la nuit. L'artiste avait suggéré une première séance à Firethorn, mais son modèle s'était montré peu coopératif. Non content de bavarder sans cesse, il ne pouvait maintenir sa tête dans la même position plus de deux minutes. Cela laissait grandement à désirer.

Firethorn s'approcha pour juger du résultat.

— Où en sommes-nous, messire Quilley ?

— Presque nulle part.

— Montrez-moi votre œuvre.

— C'est à peine une ébauche.

— Mais je pose depuis une éternité !

Quilley était assis à une petite table, son matériel devant lui. Le portrait était réalisé sur du vélin, tendu et collé sur une carte à jouer. Les pigments, mélangés dans des coquilles de moule, étaient appliqués à l'aide de pinceaux en poil d'écureuil. Une dent d'animal, fixée dans le manche en plume d'oiseau, serait utilisée pour le lissage à un stade ultérieur. L'enluminure était un art précis qui requérait les instruments appropriés. Rien d'étonnant que Quilley les serrât dans son petit sac de cuir, sous son pourpoint. Il gardait en voyage son gagne-pain contre son cœur.

Firethorn examina l'esquisse de ses traits et de son crâne, ne sachant s'il devait se sentir flatté ou insulté. Il y avait là une ressemblance, mais encore si peu substantielle qu'elle lui parut insignifiante. Un acteur pouvait donner la pleine mesure de son talent en deux heures sur une scène ; il attendait une rapidité similaire du miniaturiste. Mais le génie de Quilley était plus lent. Il croissait à l'allure d'une rose et mettait du temps à s'épanouir.

— Il n'y a pas grand-chose à voir, constata Firethorn.

— A qui la faute ?

— Ne pouvez-vous pas vous presser ?

— Pas si vous désirez une œuvre d'art.

— Je n'accepterai rien de moins.

— Alors, apprenez à rester immobile.

— Je suis un homme d'action.

— Méditez sur votre grandeur.

Le cercle de vélin sur lequel travaillait Quilley faisait à peine cinq centimètres de diamètre. La personnalité de Firethorn devait être traduite et concentrée sur cette minuscule surface, ce qui requérait une extrême minutie. L'artiste tenta de l'expliquer, mais son modèle fut distrait par une autre idée.

— Quelle carte avez-vous choisie ?

— De quoi parlez-vous, messire ?

— De la carte à jouer collée au vélin.

— Ah, ça ! J'ai choisi le deux de cœur.

— Un si petit chiffre ?

— Il évoque l'amour, messire Firethorn, expliqua Quilley. La plupart de mes modèles destinent leur portrait à l'être qu'ils chérissent. Les cœurs sont la couleur favorite. Je ne pensais pas que vous préféreriez le valet de pique.

— Certes pas, assura Firethorn, immédiatement conquis. Deux cœurs entrelacés seront parfaits. Ils seront gages de mes sentiments quand j'offrirai ce présent.

— Votre épouse sera enchantée.

— Qu'a-t-elle à voir dans tout cela ?

Firethorn retourna sur son siège et prit la pose. L'artiste vint la rectifier légèrement avant de regagner sa table. Quilley changea de tactique. Pendant que l'acteur se figeait telle une statue devant lui, il accumula les louanges sur son interprétation de Robin des bois, et Firethorn ne broncha plus. La flatterie réussit là où les reproches avaient échoué. L'artiste progressait à pas de géant, mais cela ne dura pas. Si Firethorn restait tranquille, on ne pouvait en dire autant de tous.

On frappa plaintivement à la porte.

— Vous êtes là, messire ? appela George Dart.

— Fichez-moi la paix ! aboya son employeur.

— Qu'on ne nous dérange pas ! lança Quilley.

— Mais j'apporte une importante nouvelle, messire Firethorn.

— Bonne ou mauvaise ?

— Désastreuse.

— Mais encore ?

— Renvoyez-le, pressa Quilley.

— Écoutons d'abord ce qu'il a à dire.

Firethorn fondit vers la porte et l'ouvrit à toute volée. Dart était si effrayé d'être une fois de plus le porteur de mauvaises nouvelles qu'il bredouilla des paroles incohérentes. Firethorn l'empoigna par les épaules et le secoua pour en tirer une information sensée.

— Que s'est-il passé, Dart ?

— On nous a encore volés.

— Un autre apprenti ?

— Non, messire. Nos costumes.

— Comment, ils ne sont plus là ?

— Envolés, messire. Le panier a disparu.

Lawrence Firethorn lui serra le cou pour l'étrangler, puis se ravisa. Il descendit au pas de charge dans la salle où la malle des costumes était entreposée, et constata avec horreur que le petit machiniste avait dit vrai. Leur réserve entière avait disparu. Sans compter la perte financière, les conséquences du vol étaient fâcheuses. Sans costumes, ils ne pouvaient donner de représentations ! On essayait d'ôter toute chance de travailler aux Hommes de Westfield.

Firethorn s'arracha les cheveux et hurla de désespoir :

— Oh, Nick ! Où êtes-vous ?

Toute une journée en selle apporta finalement sa récompense. Avec deux chevaux à sa disposition, Nicholas pouvait aller beaucoup plus vite et couvrir bien plus de terrain. Il alternait les montures pour les garder fraîches, chevauchant l'une en tirant l'autre derrière lui. Il se montrait infatigable dans ses recherches. A force de poser des questions, il arriva enfin à Lavery Grange. Cette fois, il n'y avait pas à se tromper. Les Hommes de Banbury présentaient *Le Renégat* à un public attentif. Se faisant passer pour un retardataire, Nicholas obtint son admission dans le grand hall et se glissa au fond. Giles Randolph brûlait les planches, mais le régisseur s'intéressait surtout aux comédiens qui l'entouraient. Il chercha ceux qui avaient trahi les Hommes de Westfield en divulguant les secrets de leur répertoire. Il reconnut quelques visages, mais aucun de ces acteurs n'avait été employé par sa compagnie. Il n'y comprenait plus rien.

Qui avait volé leurs pièces à succès ?

Il ne s'attendait pas à voir Richard Honeydew dans les parages. Les Hommes de Banbury étaient beaucoup trop rusés pour se laisser prendre sur le fait. S'ils séquestraient l'adolescent, c'était ailleurs, en un lieu pas très éloigné. Nicholas sortit discrètement et bavarda avec un serviteur. L'homme lui indiqua trois auberges à une distance fort accessible à cheval. Nicholas partit aussitôt y mener son enquête. Il fit chou blanc dans les deux premières, mais cela n'entama pas sa détermination. Il était certain de se rapprocher de Richard.

Sa troisième visite porta ses fruits. Bien qu'il n'y eût

aucun signe du jeune garçon à l'intérieur de l'établissement, le patron lui apprit que la troupe y passerait la nuit. La majorité d'entre les comédiens avaient une chambre, mais quelques-uns coucheraient dans les écuries avec les bagages. Nicholas sortit inspecter les dépendances et ne décela rien d'anormal. Il était sur le point de renoncer quand il entendit du bruit.

C'était un martèlement, sourd mais régulier, qui semblait provenir d'un appentis de pierre jouxtant le corps des écuries. En approchant, Nicholas le perçut assez distinctement pour comprendre de quoi il s'agissait. Quelqu'un assenait des coups de pied contre la porte massive. Le régisseur s'élança et tira le verrou. Il ouvrit la porte et, dans la pénombre, découvrit la silhouette pitoyable de Richard Honeydew, gisant sur la paille, entièrement ligoté. La liberté était désormais toute proche.

— Grâce à Dieu, je t'ai trouvé, Dick !

Le bâillon empêchait le jeune garçon de répondre, mais l'expression de ses yeux était éloquente. Nicholas lut l'avertissement qu'ils lui adressaient beaucoup trop tard. Un objet dur s'abattit sur son crâne et il tomba en avant, dans la paille.

9

Ce fut pour Firethorn la pire nuit de son existence. Lui qui avait atteint les cimes de la félicité nocturne si souvent et avec une si joyeuse assurance retombait dans le vide de l'abîme. Il était au désespoir. Son régisseur avait disparu, son apprenti était enlevé, sa malle de costumes avait été volée et sa compagnie sombrait dans le découragement. En haut, Susan Becket s'était couchée, frustrée, dans le lit de l'acteur-directeur, et Eleanor dormait d'un sommeil que nul ne venait troubler. Elles étaient toutes proches, et pourtant inaccessibles. Firethorn se sentait perdu.

Barnaby Gill et Edmund Hoode partageaient sa consternation.

— Messieurs, ils nous ont coupé la tête, résuma Firethorn.

— Ils ont atteint notre virilité, renchérit Hoode.

— La mienne est intacte, précisa Gill avec hauteur.

— Je n'aurais pas cru qu'ils viseraient si bas.

— Sommes-nous sûrs que c'est leur œuvre ? demanda Hoode. Notre malle a pu être dérobée par de simples voleurs.

— Qu'avaient-ils à faire de costumes, quand ils auraient pu forcer nos coffres ? objecta Firethorn. Non, Edmund. Tout cela est signé. Seule une autre compagnie pouvait savoir que le meilleur moyen de nous mettre en péril était de nous priver de nos vêtements de scène.

Ils étaient assis dans la salle de leur auberge, au-dessus de verres de xérès, gagnés par la mélancolie ambiante. Soudain, Barnaby Gill bondit sur ses pieds, rejeta la tête en arrière et, croisant les bras, se drapa dans sa dignité démesurée.

— Je refuse de jouer sans mon pourpoint doré ! annonça-t-il d'un air de dépit. Si l'on ne retrouve pas mes chausses en velours vert, mes bas jaunes, mes souliers à boucle d'argent et mon chapeau à plumes, je ne mettrai pas les pieds sur les planches !

— Nous sommes tous logés à la même enseigne, Barnaby, lui rappela Hoode.

— Où sont mon costume en satin bleu et mon manteau vert ?

— Silence, monsieur ! gronda Firethorn.

— Et mes chemises de batiste ? Et ma collerette en linon ?

— Cessez ces jérémiades !

Le rugissement de l'acteur-directeur coupa court à cette crise de nerfs. Gill retomba sur son siège et contempla son verre d'un air morne. Dans les situations difficiles, on pouvait compter sur lui pour faire passer ses intérêts égoïstes avant tout le reste. Edmund Hoode ressentait beaucoup plus de compassion pour ses semblables.

— Je pense continuellement à ce pauvre Dick !

— Moi aussi, à l'occasion, murmura Gill.

— Je me séparerais avec joie de tous nos oripeaux pour qu'il revienne sain et sauf. Où peut-il bien être ?

— Nick le trouvera, affirma Firethorn.

— Oui, approuva Hoode. Nick est notre seul et unique espoir.

— Comment pouvez-vous penser cela ? s'irrita Gill. Sans notre très estimé régisseur, nous ne serions pas dans ce pétrin. Pour moi, il en porte toute la responsabilité. Défendez-le tant que vous pourrez, messieurs, poursuivit-il en haussant le ton pour couvrir leurs protestations. Je reste sur mes positions : Nicholas Bracewell est coupable. C'est lui qui devait veiller à la sécurité des apprentis, or l'un d'eux a été enlevé juste sous son nez.

— Nick ne peut pas être partout, le défendit Hoode.

— C'est évident, Edmund. S'il n'était pas à cavalcader par tout le comté, nos costumes seraient encore en lieu sûr. Il aurait été là pour assumer ses obligations et les défendre comme il convient. Et j'aurais encore mon pourpoint doré ! grommela Gill avec rancœur.

— Il fallait bien que quelqu'un parte à la recherche de Richard, dit Hoode.

— Et le seul homme de taille à mener cette mission à bien, c'était Nick, ajouta Firethorn. Il peut encore nous tirer de ce guêpier. Je refuse d'écouter la moindre réflexion malveillante à son égard.

— Je tiendrai donc ma langue, dit Gill, sarcastique.

Firethorn but à longs traits et se lamenta tout haut :

— Quel puits de douleur que cette tournée ! Messieurs, elle ne m'inspire rien de bon. Les pires calamités en ont résulté. Nous avons affronté la pluie, le vol et la ruine. Et le pire de tout, c'est qu'étant loin de mon foyer, je ne peux trouver le réconfort contre la tendre poitrine de mon épouse.

Gill et Hoode échangèrent un coup d'œil mi-amusé, mi-excédé. Avec une femme dans son lit et une autre à l'esprit, Lawrence Firethorn trouvait encore le moyen de verser dans la nostalgie conjugale en donnant l'apparence d'une totale sincérité. Le bonheur chassait Margery de ses pensées. C'était seulement dans les moments critiques qu'elle réapparaissait pour se rappeler à son époux.

Ses camarades prêtèrent l'oreille à ses évocations larmoyantes avec un certain cynisme. La situation, pour terrible qu'elle fût, ne manquait pas d'humour. Alors que Firethorn exprimait avec des trémolos son attachement pour sa femme, il fut interrompu par l'arrivée timide de George Dart.

— Qu'y a-t-il ? grogna le chef de la troupe.

— Je vous apporte un message de la dame, messire.

— Dame Becket ?

— Dame Budden.

— Parlez sur-le-champ.

— Nous étions assis côte à côte dans le chariot, et j'ai eu l'audace de louer vos qualités, expliqua-t-il, ramenant enfin un sourire sur les traits de Firethorn. J'ai vanté votre belle voix, messire, et j'ai dit qu'en vous entendant réciter le Livre de prières, on croyait entendre une musique céleste.

— Il est vrai, George, il est vrai.

— Dame Budden ne songe plus qu'à cela.

— Quel est son message ?

— Elle est couchée. Son plus cher désir est que vous lui lisiez des psaumes jusqu'à ce qu'elle ferme les paupières dans un sommeil chrétien.

Lawrence Firethorn sentit monter en lui une vague rassurante de concupiscence. L'occasion qu'il n'espérait plus se présentait enfin. Dans sa chambre, Eleanor Budden attendait avec une totale confiance d'ouïr le son de sa voix. Des psaumes aux soupirs d'amour, peut-être n'y avait-il qu'un pas... Mais tandis que la tentation lui brûlait les reins, il faisait le compte des obstacles. Susan Becket se morfondait dans la chambre à coucher voisine. On devait retrouver la malle de costumes. Il fallait élaborer un plan d'action. Le travail le retiendrait encore en bas durant plusieurs heures.

La déception lui rongeait les entrailles, mais il ne voyait pas d'échappatoire. Ignorant les sourires entendus de Gill et Hoode, il se tourna vers le messager et répondit avec un calme empreint de noblesse :

— Dites à dame Budden que je ne pourrai venir cette nuit, mais qu'elle sera dans toutes mes prières.

Et il en resta sur cette note ambiguë.

La première chose que remarqua Nicholas fut l'odeur, qui assaillit ses narines. L'appentis avait servi à abriter un âne dont les déjections se mêlaient à la paille. Quand il essaya de bouger, il eut l'impression qu'on cognait à l'arrière de son crâne pour exiger d'y entrer. Il s'astreignit à une immobilité absolue jusqu'à ce que ses idées commencent à s'éclaircir. Quelque chose lui chatouillait le bout du pied. Il ouvrit un œil embrumé et distingua la piteuse silhouette de Richard, qui tendait la jambe pour le toucher. Le jeune garçon était toujours bâillonné et attaché. Nicholas eut l'impulsion de le libérer, mais il fut arrêté net par ses propres liens, fixés à un anneau de fer dans le mur. La bosse au-dessus de sa nuque le tourmenta de plus belle, mais son gémissement fut étouffé par le bâillon dans sa bouche.

Quand la douleur se fut estompée, Nicholas examina la situation. Il était assis le dos contre un mur de pierre rugueuse, réduit à l'immobilité par ses liens. En face de lui, Richard était attaché aux barreaux de fer de la fenêtre. Son plaisir de revoir le jeune garçon était assombri par l'état dans lequel il le trouvait. Le visage souillé de sang, les vêtements déchirés et tachés, il ne semblait pas avoir mangé grand-chose depuis son enlèvement. Nicholas était bourrelé de remords. En accourant à la rescousse de l'apprenti, il était lui aussi tombé dans le piège.

Il eut beau se démener, ses liens tenaient bon. Il tenta de parler mais ne put émettre que de faibles grognements. Il se posait tant de questions sans avoir le moyen de les formuler ! Il regarda autour de lui, cherchant une solution, et fixa les vieux murs de pierre enduits d'une couche de chaux craquelée. Une idée se forma dans sa tête. Se penchant afin de pouvoir soulever ses jambes vers la paroi, il utilisa ses orteils pour tracer la grande question qui le taraudait :

QUI ?

Richard répondit de même. S'agrippant aux barreaux, il projeta ses jambes en l'air afin qu'elles entrent en contact avec la chaux. Dans la demi-pénombre de leur prison puante, lentement, laborieusement, il inscrivit un nom sur le mur. Si hachées et indistinctes que fussent les lettres, leur message n'en était pas moins effrayant.

Abasourdi, Nicholas ne pouvait en croire ses yeux.

Christopher Millfield conservait sa bonne humeur malgré l'adversité. Entouré de compagnons sombres et colériques, il montrait une résistance remarquable. Loin de se laisser happer par la morosité ambiante, il restait enjoué et optimiste. Partager la même chambre que George Dart et les trois apprentis lui donnait ample occasion d'exercer ces qualités.

— Tout ira mieux demain matin, assura-t-il.

— Cela pourrait difficilement être pire, soupira Dart.

— Chaque problème a sa solution.

— Mais nous en avons tant, messire Millfield !

— Ouvrez votre cœur à l'espoir, George.

— Il n'y a pas de place pour cela en moi.

Millfied se pencha pour lui tapoter l'épaule. Entendant des ronflements monter de l'autre lit, il baissa la voix afin de ne pas déranger les dormeurs.

— Nous sommes des comédiens, rappela-t-il avec douceur. Rien ne doit étouffer notre art. Si l'on nous enlève un apprenti, eh bien, son rôle sera interprété par une autre voix. Si l'on nous vole nos costumes, nous en mendierons, nous en emprunterons ou nous en fabriquerons d'autres. Ces contrariétés peuvent toutes être surmontées.

— Vous oubliez messire Bracewell !

— Aucunement, messire Dart. J'ai la plus grande confiance en lui.

— Et s'il ne revenait pas ?

— Nick Bracewell reviendra, affirma Millfield avec assurance. Je n'ai jamais rencontré d'homme plus compétent dans le monde du théâtre. Toute cette compagnie tourne autour de lui, et il ne déserterait jamais en cette heure de détresse.

— Je croyais que vous ne l'aimiez pas, s'étonna Dart.

— Il n'est personne, chez les Hommes de Westfield, que je respecte davantage — y compris messire Firethorn. J'admets que j'ai été blessé quand notre régisseur a recommandé Gabriel Hawkes plutôt que moi, mais tout cela est du passé. J'en suis venu à reconnaître la vérité, George.

— La vérité ?

— Gabriel était le meilleur.

— Il a toujours été bon envers moi.

— Je regrette que nous ayons été rivaux, soupira Millfield. En d'autres circonstances, Gabriel et moi aurions pu être amis. Sa disparition est une grande perte... C'est pourquoi, poursuivit-il d'un ton résolument optimiste, je suis reconnaissant d'avoir la chance de voyager avec la troupe. La mort de Gabriel m'a été profitable ; si affligeante qu'elle soit, elle renforce ma détermination de tirer le meilleur parti possible de cette occasion. Aussi, je resterai de marbre devant les contretemps. Quelle chance que la nôtre, George ! Nous avons du travail ! Pensez-y.

L'autre suivit ce sage conseil et se laissa aller au sommeil dans les doux voiles de la consolation. Millfield était un digne fils du théâtre. La troupe continuerait son chemin contre vents et marées. Les ronflements de George Dart se joignirent à la respiration sifflante des autres innocents.

Christopher Millfield attendit une demi-heure avant de bouger. Puis il se leva, se vêtit en silence et quitta la chambre. Quelques minutes plus tard, il sellait un cheval et le conduisait dans la cour, des morceaux de toile autour des sabots pour en étouffer l'écho sur les cailloux.

Il s'enfuit joyeusement dans la nuit.

Nicholas était encore hébété. Sa tête palpitait, sa vue était brouillée et un filet de sang coulait sur sa nuque. La puanteur presque suffocante lui soulevait l'estomac. Chaque muscle de son corps était endolori par ses liens serrés. Ce qui le faisait le plus souffrir, toutefois, était que Richard le vît dans cet état. L'enfant avait désespérément besoin d'aide, or son sauveteur n'avait réussi qu'à se jeter dans la gueule du loup. La culpabilité dévorait Nicholas comme un brasier ardent. Cela avait au moins le mérite de le pousser à se concentrer pour les tirer de cette mauvaise passe.

La première priorité était de pouvoir communiquer avec le jeune garçon, ce qui supposait de se débarrasser du bâillon. Après avoir tenté en vain de le faire glisser à l'aide de ses genoux, il regarda autour de lui. Un râteau de bois était dressé contre le mur, sur sa droite. Bien qu'il ne pût l'atteindre, il eut la présence d'esprit de ramener la paille vers lui, ce qui rapprocha l'outil de ses pieds. Cela le rapprocha également du fumier, dont ses chaussures furent très vite couvertes, mais il ne renonça pas. Richard observait avec intérêt son ami manœuvrer afin d'amener le râteau à sa portée, puis lever les deux pieds avant de les abattre violemment sur les dents. Le râteau bascula et Nicholas dut écarter la tête pour éviter le manche, qui s'écrasa contre le mur à côté de lui. Il le bloqua avec son épaule, puis en utilisa l'extrémité de sorte à remonter lentement le bâillon vers son front. C'était une entreprise pénible qui lui valut plusieurs coups au visage, mais il réussit enfin à le déplacer suffisamment pour pouvoir parler.

Les mots se bousculèrent sur ses lèvres tandis qu'il reprenait son souffle.

— Comment vas-tu, fiston ?

Le jeune garçon hocha bravement le menton, le regard plein de courage.

— Ils t'ont fait du mal ?

Richard secoua la tête et émit un bruit de gorge.

— Maintenant, voyons si nous pouvons te débarrasser de ton bâillon, Dick.

En se contorsionnant, Nicholas propulsa le râteau vers l'apprenti, et ce dernier essaya d'imiter son exemple. Cela lui prit beaucoup plus de temps et il reçut maints coups de manche douloureux, mais enfin il dégagea le bâillon de ses lèvres. Il remplit ses poumons avec délices, puis toussa violemment.

— Quelle infection ! Ils voudraient nous asphyxier qu'ils ne s'y prendraient pas mieux, plaisanta Nicholas.

— Comment m'avez-vous retrouvé, messire Bracewell ?

— Ne t'en préoccupe pas, Dick. L'essentiel est de te sortir d'ici sain et sauf. Combien sont-ils, là-bas ?

— Deux. Ils m'ont enlevé ensemble.

— Sur l'ordre des Hommes de Banbury.

— C'était donc eux ? Je n'en avais aucune idée. Ils me gardent enfermés et ne viennent que pour me donner à manger.

— Tu as mauvaise mine.

— Je vais bien, répondit le garçon d'un ton peu convaincant.

— Ils paieront pour ce qu'ils t'ont fait.

— Ce n'est pas eux que je redoute, messire. Ils m'ont attaché, mais ils ne m'ont pas maltraité. Ce qui m'effraie, avoua-t-il en regardant autour de lui avec dégoût, c'est le noir, l'humidité, cette sale odeur et surtout les rats.

— Des rats ?

— Ils viennent me renifler, quelquefois. J'ai peur qu'ils me mangent tout vif ! Mais plus maintenant que vous êtes ici. Je me sens en sécurité, avec vous, dit-il en se détendant.

— Malheur au rat qui s'avise de t'approcher, Dick !

— Je savais que vous viendriez me chercher, dit le jeune garçon en souriant.

— Raconte-moi exactement ce qui t'est arrivé.

Tout en écoutant le récit de Richard, il chercha des yeux un moyen d'évasion, mais en vain. Tout à coup, il remarqua un mouvement sous la paille, à côté d'un baquet d'eau. Quand son compagnon s'en rendit compte à son tour, il céda à la panique :

— Un rat ! Un rat ! Encore un rat !

Le rongeur sortit de la paille et trottina vers l'adolescent terrorisé. Nicholas hurla et frappa l'animal de ses deux pieds, le mettant en fuite et renversant du même coup le baquet. Il pesta au contact désagréable de l'eau froide, mais se reprit bien vite. Cet incident pouvait s'avérer profitable. Il en sourit presque.

— Je discerne un espoir, Dick.

— C'est vrai ?

— Il peut y avoir encore un moyen de fuir.

— Comment ?

— Tu vas voir. Mais j'ai besoin de ton aide.

— Je ferai de mon mieux, messire.

— Encourage-moi !

Richard comprit rapidement ce qu'il voulait. Sous la paille, la terre battue, détrempée par l'inondation, cédait sous les pieds insistants du régisseur. Utilisant ses souliers comme une pelle rudimentaire, Nicholas entreprit de creuser un trou près du mur. Plus il s'enfonçait, plus la terre était meuble et s'accumulait à côté de lui. C'était un procédé long et ardu, qui le fit transpirer par tous les pores. Il se sentait moulu. Cependant, chaque fois qu'il était tenté d'abandonner, il jetait un coup d'œil vers son compagnon et recevait tous les encouragements dont il avait besoin.

— Continuez, messire ! Vous faites merveille ! Courage !

Nicholas continuait donc à se battre, meurtri, sali, mais progressant néanmoins. Enfin, le trou fut assez grand pour qu'il pût y descendre.

Il avait complètement sapé le mur. Il pesa de tout son poids contre la pierre qui bougea légèrement. Richard riait de bonheur.

— Nous y sommes presque !

— Pas encore, mon garçon.

— Je connais votre force, messire. Vous réussirez.

Nicholas hocha la tête avec lassitude. Le plus dur commençait. Il poussa, sentit le mur céder davantage, se reposa un moment puis corrigea sa position. Rassemblant toutes ses réserves d'énergie, il s'arc-bouta sur ses pieds et attaqua le mur à l'épaule. Ce fut l'œuvre de plusieurs minutes qui le brisèrent, mais ses efforts ne furent pas vains. Dans un bruit sourd d'éboulement, de grosses pierres s'écrasèrent autour de lui. Nicholas était contusionné et sanglant, mais il avait libéré ses poignets de l'anneau métallique. Il entreprit de frotter ses liens sur l'arête vive d'une pierre.

— Vous avez réussi, messire Bracewell ! s'enthousiasma le jeune garçon.

— Grâce à ton aide.

— Je me suis borné à vous regarder.

— Et à affermir ma résolution.

— Arrivez-vous à scier la corde ?

— C'est fait ! annonça Nicholas en levant les mains.

Il jeta ses liens et rampa afin de détacher les poignets de Richard. Mais avant qu'ils aient pu s'attaquer aux cordes entravant leurs chevilles, ils entendirent quelqu'un approcher en courant. Nicholas se leva et sauta à pieds joints jusqu'à la porte dont on tirait le verrou. Un homme jeune et trapu fit irruption, une dague au poing.

Le saisissant par le poignet et par le cou, Nicholas le projeta durement contre les pierres et le plaqua au sol pour le désarmer. Il appuya la dague contre sa gorge.

— Ne me tuez pas ! implora l'homme, stupéfait et effrayé.

— Qui êtes-vous ?

— Un palefrenier, messire. Je travaille ici, à l'auberge.

— Vous avez été notre geôlier.

— Seulement parce que j'étais payé. Je ne vous voulais point de mal.

— Pas un geste !

Nicholas utilisa la dague pour trancher les cordes de ses chevilles, puis délivra également Richard. Il posa le genou sur la poitrine du palefrenier et maintint la pointe de la lame juste devant son visage.

— Vous m'avez frappé par-derrière, accusa-t-il.

— On m'avait ordonné de garder l'enfant.

— Que vous avait-on ordonné d'autre ?

— De cacher le panier dans les écuries.

— Quel panier ?

— Il contient des costumes, messire.

— Ceux des Hommes de Westfield ?

— C'était bien ce nom-là.

Nicholas se redressa et souleva le palefrenier sur ses pieds. Il n'avait plus besoin de le menacer. Visiblement terrifié, l'homme les conduisit aussitôt vers la partie des écuries où il avait dissimulé la malle. Nicholas eut également le plaisir de retrouver ses deux chevaux, et profita de l'occasion pour récupérer ses propres armes. De la pointe de sa rapière, il cloua l'homme contre le mur pendant qu'il réfléchissait.

— La troupe est-elle revenue ? interrogea-t-il.

— Pas encore, messire. Ils festoient à Lavery Grange.

— Conduisez-moi à la chambre de Giles Randolph.

— Qui ça ?

— Celui qui a la meilleure chambre de l'auberge.
— C'est sur le devant, messire.
— Montrez-moi le chemin.
— Je n'ai rien à faire là-haut...
— Moi, si, répliqua Nicholas. Avancez, si vous ne voulez pas perdre une oreille.
Ils traversèrent furtivement la cour.

Dans la brasserie située à l'arrière de son auberge, Lambert Pym surveillait le remplissage d'un nouveau fût. Celui-ci serait entreposé dans les celliers jusqu'à ce que son contenu ait bien fermenté. Pym avait grandi avec l'odeur du houblon dans ses narines et elle l'accompagnait où qu'il allât. Ses clients, à *La Jérusalem*, achetaient surtout de la bière ou, s'ils avaient un peu plus d'argent en poche, de l'ale. Pym importait du vin de Bordeaux, mais c'était une boisson trop onéreuse pour la plupart des gens. Le malvoisie de Grèce était encore plus cher, de même que le xérès, mais Pym gardait de côté quelques bouteilles de chaque pour certains habitués. Durant les trois jours de la Pentecôte, il lui faudrait puiser abondamment dans toutes ses réserves.

Le tenancier regagna la salle au moment où Robert Rawlins s'apprêtait à partir. Pym leva un index déférent et demanda, patelin et radieux :
— Serez-vous avec nous à la Pentecôte, messire ?
— Je l'espère.
— Vous verrez qu'on ingurgite ici un océan de bière.
— Ce n'est pas un spectacle qui m'attire.
— L'alcool a sa place dans les affaires des hommes.
— Je le sais, concéda Rawlins avec une franche réprobation.
— Le Christ Lui-même l'a consacré.
— Pas de blasphème !
— Il a transformé l'eau en vin aux noces de Cana, argumenta Pym. Ce fut Son premier miracle...

— Mais susceptible de malentendu.

— Le vin a ses amateurs, continua l'autre d'un air rêveur, mais vous n'enlèverez pas sa bière à un Anglais. Prenez Fuenterrabia, par exemple.

— Plaît-il ?

— Cela se trouve au nord de l'Espagne, expliqua Pym, souriant onctueusement en entamant son anecdote favorite. La première campagne sous le règne du bon roi Henri, père de notre reine bien-aimée. Il dépêcha une armée de sept mille soldats anglais afin d'aider son beau-père, le roi Ferdinand, à enlever la Navarre aux Français. Et savez-vous ce que ces hommes intrépides découvrirent ?

— Quoi donc, messire ?

— Il n'y avait pas de bière en Espagne ! Seulement du vin et du cidre.

Il éclata d'un rire joyeux.

— Les soldats se mutinèrent sur-le-champ. Leur commandant, le marquis de Dorset, fut forcé de les ramener au pays. Ils ne pouvaient se battre le ventre vide, messire, et la bière était leur seul désir.

Robert Rawlins écouta l'histoire avec une impatience polie, puis se détourna pour s'en aller, mais on lui barrait la route. Deux gens d'armes se tenaient sur le seuil. L'un d'eux présenta un mandat d'amener tout en s'approchant de lui.

— Il faut nous accompagner, messire.

— Pour quel grief ?

— Je pense que vous le savez.

Avant de pouvoir en dire plus, Rawlins fut entraîné au dehors sans ménagement. Lambert Pym n'y comprenait goutte, mais, guidé par l'instinct, il appela immédiatement son garçon de courses :

— Porte un message à Marmion Hall.

— Sir Clarence Marmion a commandé un portrait.

— Le sien, messire Quilley ?

— En effet.
— Une miniature ?
— Je ne peins rien d'autre.
— Votre renommée ne cesse de s'étendre.
— Le génie est sa meilleure recommandation.
— Avez-vous hâte de peindre Sir Clarence ?
— Non, messire. J'espère simplement qu'il me paiera.

Chez Oliver Quilley, le sens des réalités pesait sur l'amour qu'il vouait à son art. Les commandes n'avaient jamais posé de problème. Son grand tourment était d'obtenir sa juste récompense. Beaucoup trop de ses modèles, surtout les personnes de la cour, croyaient que leur protection était un paiement suffisant, et Quilley récoltait de vibrants hommages au lieu de rétributions durement gagnées. Cela lui donnait un côté cynique dont il ne se départait jamais tout à fait.

Il allait à cheval à côté de Lawrence Firethorn tandis que la troupe reprenait la route du Nord. Les Hommes de Westfield étaient dans un profond état d'abattement. Privés de leurs costumes, de leur apprenti et de leur régisseur, ils ne voyaient aucun espoir de survie. Ils formaient une bien morne procession.

— Comment avez-vous rencontré Anthony Rickwood ? s'enquit Firethorn.
— Par le biais d'un ami.
— Et rien ne laissait pressentir qu'il s'agissait d'un traître ?
— Je l'ai vu à sa physionomie.
— Pourtant, vous avez accepté la commande ?
— Tout argent est bon à prendre.
— Mais il était souillé, messire Quilley !
— En quoi donc ?
— Rickwood a trahi sa reine.
— Il m'a payé en or. Pas avec trente deniers d'argent, répliqua l'artiste.

— Quant à moi, je ne pourrais travailler pour un tel homme.

— Vos sentiments vous honorent, messire Firethorn, mais ils sont déplacés. Vous avez joué cent fois pour des hommes tels qu'Anthony Rickwood, oui, et même bien pires.

— Je le nie avec chaleur, monsieur !

— N'avez-vous pas séjourné à Pomeroy Manor ?

— Si fait. Mon Tarquin a subjugué le public.

— Il n'en aura plus l'occasion, révéla Quilley non sans complaisance. Messire Neville Pomeroy est enchaîné dans la Tour. Il semble que vous ayez diverti des traîtres.

— Est-ce possible ? se récria Firethorn.

— Je le tiens de source sûre.

— Dieu nous prenne en Sa sainte garde !

— Je crains qu'il ne soit trop tard pour messire Pomeroy.

Firethorn s'écarta, réfléchissant à ce qu'il venait d'entendre. Cela causait plus d'une ride sur le bassin calme de sa vanité. Il avait espéré réitérer le triomphe de Pomeroy Manor lors du retour vers Londres. La réputation des Hommes de Westfield ne sortirait pas grandie si l'on apprenait qu'un de leurs fervents admirateurs était un ennemi de l'État. Neville Pomeroy ne regarderait plus de pièces, de sa pique au-dessus de Bishopsgate.

L'acteur-directeur tenta de se consoler en soupesant ses chances auprès d'Eleanor Budden, mais c'était peine perdue. Il ne pouvait approcher cette beauté dans sa plénitude, ce régal pour les yeux. Les sourcils froncés, elle était plongée dans une discussion animée avec Christopher Millfield, qui conduisait le chariot.

— J'ai répondu à l'appel de Dieu, dit-elle.

— Ou plus vraisemblablement à quelque désir intérieur.

— Sa parole prime sur tout.

— Si c'est bien elle que vous avez entendue.

— J'en suis certaine, messire Millfield !

— La certitude est partout, argua-t-il. Les puritains, les presbytériens, les catholiques romains et bien d'autres encore sont tous certains d'entendre la parole de Dieu plus clairement que quiconque. Pourquoi auriez-vous un accès privilégié aux ordres divins ?

— Parce que j'ai été élue.

— Par Dieu, ou par vous-même ?

— Fi ! Quelle impertinence, messire !

— Je le demande en toute politesse, dame Budden.

— Doutez-vous de ma sincérité ?

— Pas le moins du monde. Une femme qui abandonne foyer et famille pour affronter les difficultés d'un voyage est assurément sincère. Ce que je mets en doute, c'est cette voix prétendument céleste.

— Je l'ai entendue distinctement.

— Mais venait-elle d'en dehors ou d'en dedans ?

— Cela importe ?

— Je le crois.

— Ce n'est pas à nous de questionner le mystère divin.

— Ni, non plus, de nous y soumettre aveuglément.

— Vous blasphémez !

— Vous avez vos convictions et j'ai les miennes.

— Seriez-vous athée, messire ? s'écria-t-elle.

Avant qu'il pût répondre, deux silhouettes apparurent devant eux, montées sur un alezan. Un second cheval tirait une litière confectionnée à l'aide de longs branchages. Sur cette litière reposait une malle que tout le monde reconnut immédiatement. Nicholas Bracewell était de retour. Il ramenait l'apprenti disparu, les costumes volés et même le cheval d'Oliver Quilley. Un vivat monta de toute la troupe, qui se rua sur son héros.

Les nouveaux venus furent bientôt couverts d'embrassades et bombardés de questions. Eleanor Budden contempla son bien-aimé en murmurant son nom.

Barnaby Gill exigea de savoir si son pourpoint doré n'était pas endommagé. Edmund Hoode demanda s'ils savaient qui avait interprété son Sicinius. Martin Yeo, Stephen Judd et John Tallis acclamèrent leur camarade avec un enthousiasme frôlant l'hystérie. Susan Becket émit des petits claquements de langue approbateurs. George Dart put une fois encore se fondre parmi les Joyeux Compagnons.

Lawrence Firethorn réclama le silence d'un bras impérieux et exigea des détails complets. Quoique en loques et exténués par le voyage, les deux amis s'étaient lavés dans un ruisseau et, fort heureusement, leurs blessures étaient superficielles. Ces retrouvailles restauraient leurs forces et leur entrain.

— Qui a enlevé l'enfant ? interrogea Firethorn.

— Les Hommes de Banbury.

— Les fourbes ! Les goujats ! Nous les traînerons en justice !

— Il y a d'autres manières de leur rendre la monnaie de leur pièce.

— Et les costumes, Nick ?

— Les mêmes mains s'en étaient emparées.

— Où avez-vous trouvé mon cheval ? voulut savoir Quilley.

— Ce fut providentiel.

Nicholas lui relata l'histoire, qui lui attira de nouveaux regards adorateurs de la part d'Eleanor. Quand il conta — en termes si modestes — comment il avait mis quatre brigands en déroute, Susan Becket ressentit elle aussi un frémissement d'émoi. Ces réactions féminines n'échappèrent pas à Firethorn, qui chercha à détourner un peu de leur admiration.

— Par les Cieux ! rugit-il, dégainant son épée pour la brandir en l'air. Je percerai tant de trous dans la peau de Giles Randolph qu'il sifflera en traversant la scène ! Je le provoquerai en duel, ce maraud, et je le raccourcirai proprement ! Je lui ferai payer pour tous les crimes qu'il a commis contre nous. Qu'on le pende haut et court !

— Ne vous inquiétez pas pour messire Randolph, dit Nicholas.

— Un suppôt de Satan sous forme humaine !

— Il a son compte de problèmes à l'heure qu'il est.

— La prison serait trop douce pour ce misérable ! tonitrua Firethorn. Oser voler mon Pompée !

— Et ma pièce ! rappela Hoode. Mon Sicinius !

— Ils ne la joueront plus, Edmund.

— Qu'est-ce qui vous en donne l'assurance ?

— Nous les en avons empêchés définitivement. Montre-leur, Dick ! lança-t-il en adressant un clin d'œil à son compagnon.

Le jeune garçon courut jusqu'au panier de costumes et en repoussa le couvercle pour révéler un tas de manuscrits. Il en lut les titres à un public ravi :

— *La Folie de Cupidon... Les Deux Jouvencelles de Milchester... La Double Imposture... Mariage et Discorde.... Pompée le Magnifique*.

— Tous ont retrouvé leur place, dit Nicholas. Les Hommes de Banbury ne peuvent piller nos pièces sans ces livres de régie.

— Ma foi, c'est merveilleux ! s'époumona Firethorn. Venez que je vous embrasse, mes petits lutins !

Il mit pied à terre et passa un bras de félicitations autour de chacun d'eux. La pire nuit de sa vie était rachetée par un de ses plus beaux jours. Nicholas le combla encore de joie :

— La vengeance est un plat qui se mange froid, messire.

— Que voulez-vous dire ?

— Messire Randolph ne rira pas, ce matin.

— Lui avez-vous porté un coup de la part des Hommes de Westfield ?

— Je le pense... dit Nicholas.

Avec un effarement où se mêlait une vague terreur, Giles Randolph fixait le coffre vide. Celui-ci était resté toute la nuit sous son lit à baldaquin, enchaîné à l'un des pieds. Sa solide serrure n'avait pas été fracturée, pourtant le précieux trésor, le bien le plus inestimable de la troupe, était envolé. D'une voix rauque, Randolph convoqua Mark Scruton, qui arriva en courant. Un coup d'œil lui suffit pour comprendre, et il blêmit.

— Quand avez-vous découvert cela, messire ?

— A l'instant même.

— Vous n'avez pas ouvert le coffre, la nuit dernière ?

— Le retour de Lavery Grange m'avait trop fatigué et j'avais beaucoup bu. Je suis tombé sur mon lit et j'ai dormi à poings fermés jusqu'au matin. Si j'avais su, ajouta Randolph en balançant un coup de pied dans le coffre vide, je n'aurais pas fermé l'œil !

Scruton réfléchit rapidement puis regarda en direction de la porte. Faisant signe à l'autre de le suivre, il sortit de la chambre en courant et dévala l'escalier, pour se diriger vers la cour. Randolph sur les talons, il s'approcha en toute hâte de l'appentis, de l'autre côté des écuries, et remarqua non sans étonnement le pan de mur effondré. Il tira le verrou, ouvrit la porte brusquement, révélant un spectacle qui eût été comique en d'autres circonstances. Le palefrenier trapu était attaché, pieds et poings liés, aux barreaux de la fenêtre. Une grosse pomme avait été enfoncée dans sa bouche et maintenue en place par une bande d'étoffe nouée derrière sa tête. Ses yeux globuleux étaient aussi rouges que des tomates.

— Où sont-ils ? demanda Scruton.

L'homme secoua la tête en haussant les épaules.

Giles Randolph laissa échapper un hurlement et s'agenouilla. Au milieu de la paille, il venait d'apercevoir ses propres livres de régie, crottés de fumier et gorgés d'eau. Le message ne lui échappa pas. Se levant, plein de dégoût, il agita un index tremblant vers sa propriété vandalisée et siffla :

— Mark Scruton !

— Oui, messire ?

— C'est votre faute !

— Mille excuses...

— Nettoyez-moi ces saletés !

Hors de lui, il quitta le lieu du saccage.

Le maréchal-ferrant enfonça le dernier clou puis reposa le sabot par terre. Il s'essuya le front sur son bras poilu et se tourna vers la femme replète qui tenait la bride.

— Ménagez cet animal, madame.

— Je n'en ai pas le temps, monsieur.

— Il a été monté trop fougueusement sur un terrain accidenté, c'est pourquoi il a perdu un fer.

— Il pourrait bien en perdre d'autres avant que nous arrivions.

— Où allez-vous ?

— A York.

— C'est encore à bonne distance, madame.

— Raison de plus pour ne pas nous retarder avec vos bavardages, monsieur.

Margery Firethorn mit le pied à l'étrier et monta en selle sans requérir d'assistance. Un claquement impérieux des doigts fit accourir vers elle un des valets en livrée.

— Payez-le ! ordonna-t-elle.

Sur quoi, elle repartit à bride abattue.

Les Hommes de Westfield arrivèrent en vue d'York et s'arrêtèrent afin de se pénétrer de toute sa magnificence. De cette distance, et de cette hauteur, on eût dit une ville de conte de fées devant un décor peint, et même ceux qui la connaissaient éprouvèrent un émerveillement intact.

Eleanor Budden résuma le tout d'un seul mot :

— Jérusalem !

Ils firent halte pour prendre des rafraîchissements et rassembler leurs forces avant de parcourir les dernières lieues. Le voyage leur avait réservé bien des fatigues depuis qu'ils étaient entrés dans ce comté. On donna de l'eau aux chevaux et des boissons aux voyageurs. Nicholas choisit ce moment pour s'entretenir seul à seul avec Christopher Millfield. Après avoir tant détesté l'acteur, il se prenait à éprouver une vive sympathie à son égard.

— Comment cela s'est-il passé en mon absence, Christopher ?

— Nous n'avons jamais perdu foi en vous.

— Je suis heureux que l'affaire ait si bien tourné.

— Vous êtes revenu tel le fils prodigue, dit Millfield. Messire Quilley était enchanté de retrouver son cheval.

— Un heureux hasard, commenta laconiquement Nicholas, qui jeta un coup d'œil en coin vers l'artiste. Que pensez-vous de notre miniaturiste ?

— Les peintres sont toujours un peu originaux.

— N'avez-vous rien remarqué d'étrange à son sujet ?

— Plusieurs détails, que je mets sur le compte de sa profession.

— Voyez sa tenue, souligna Nicholas. C'est un costume bien riche pour un homme qui se plaint du manque d'argent. Puis songez à la beauté de son cheval, sans parler de ces sacoches du cuir le plus fin, frappées d'un monogramme en or. Messire Quilley n'est pas l'indigent qu'il prétend.

— Mais alors, d'où lui vient sa fortune ?

— J'aimerais bien le savoir !

— Peut-être a-t-il un riche protecteur.

— Un nom s'impose de lui-même : Sir Francis Walsingham.

— Vraiment ? dit Millfield, un peu surpris. Je trouve la chose difficile à croire. Messire Quilley pourrait-il réellement être un espion à son service ?

— Qui serait mieux placé ? Il séjourne dans les demeures des grands en jouissant d'une position privilégiée et voit des choses qu'aucun autre visiteur ne pourrait observer. Son métier est la couverture idéale pour un espion.

— Avez-vous la moindre preuve de ce que vous avancez ?

— Aucune, hormis mes propres soupçons, et cette liste que j'ai trouvée dans sa sacoche. Voyez vous-même.

Millfield prit le document que le régisseur lui tendait et parcourut les noms. Il hocha la tête en le rendant à Nicholas.

— Vous avez un motif légitime de le suspecter. Deux de ces personnes sont déjà entre les mains de Walsingham. Trois des autres noms me sont connus, pour les avoir entendus du temps où je travaillais avec les Hommes de l'Amiral. Il s'agissait de catholiques, qui s'étaient trahis en refusant d'assister au rite anglican.

— Quant à Sir Clarence Marmion, et les autres ?

— Cela est facile à deviner.

— Qui se ressemble s'assemble.

— Qu'en concluez-vous, Nicholas ?

— Que tous les employeurs de messire Quilley sont catholiques.

— Pourrait-il être lui aussi fidèle à Rome ?

Ils débattirent brièvement de cette possibilité avant de retourner à leurs occupations. Nicholas était heureux de s'être confié à son nouvel ami. Millfield le considérait toutefois avec sollicitude.

— Comment vous sentez-vous, Nicholas, après cette épreuve ?

— Beaucoup mieux.

— Cela nous a remis du cœur au ventre de vous voir revenir, Dick Honeydew et vous, bien que vous fussiez tous deux dans un triste état.

— Si vous nous aviez vus quand nous nous sommes enfuis ! Nous étions plâtrés de sang et de fumier, et exhalions un fumet que vous auriez senti à cent pas !

Il plissa le nez à ce souvenir.

— Par bonheur, nous avons trouvé un ruisseau pour nous baigner avant de revenir.

— Vous sembliez tout contusionnés.

— Il faudra que je confectionne à nouveau de cet onguent.

— Le fait est qu'il m'a beaucoup soulagé.

— Je crois que nous dormirons bien, cette nuit !

Millfield sourit, puis contempla Richard. L'enfant conservait des séquelles de sa séquestration, mais son visage animé témoignait de son bonheur d'être de retour parmi la troupe.

— Il vous sera redevable à tout jamais, Nick.

— Je n'allais pas permettre qu'on nous vole notre meilleur apprenti !

— Cela va beaucoup plus loin.

— Nous sommes amis.

— Vous êtes un père pour ce gamin et vous avez risqué votre vie pour lui. Avez-vous un enfant ?

— Je n'ai jamais été marié.

— L'un n'exclut pas l'autre.

Nicholas eut un rire évasif et changea de sujet. Il appréciait cette conversation avec l'acteur et trouvait sans cesse de nouvelles raisons de l'estimer. Néanmoins, dès que Millfield s'éloigna, il devint clair que tout le monde ne partageait pas la bonne opinion du régisseur à son propos.

Eleanor Budden s'approcha en toute hâte et le supplia avec inquiétude :

— Ne l'écoutez pas, Nicholas !

— Est-ce de messire Millfield que vous parlez ?

— C’est un jeune homme éminemment dangereux.
— Pourquoi, madame ?
— Il ne croit pas en Dieu.
— C’est ce qu’il a déclaré ?
— Plus ou moins, messire Bracewell.
— Je trouve cela dur à admettre.
— Méfiez-vous !
— De quoi ?
— Du mécréant parmi nous !

Nicholas ne prit pas au sérieux cette affirmation et Eleanor n’insista pas, car elle voulait savourer le fait si rare de se retrouver un moment seuls ensemble. L’amour faisait étinceler ses yeux telles des escarboucles.

— C’est merveilleux de vous voir de retour parmi nous !
— Je partage votre plaisir, madame.
— Je savais que Dieu ne vous enlèverait pas à moi.
— Ma place est ici, avec la troupe.
— Et la mienne, à vos côtés.
— Nous vous conduirons à York avec la célérité requise.
— J’ai trouvé en vous le chemin de la vérité.

Sa ténacité était déconcertante et Nicholas lança un coup d’œil alentour, cherchant de l’aide. Subir l’attaque de brigands ou la duplicité de rivaux était moins effrayant que d’être accaparé par Eleanor Budden. S’il ne se méfiait pas, elle lui volerait ce qu’il ne voulait pas perdre et le garderait captif à sa manière. Il la tint à distance en la questionnant :

— Vous plaisez-vous, en compagnie des acteurs ?
— Votre compagnie est la seule à laquelle j’aspire, messire Bracewell.
— Personne d’autre ne vous intéresse donc, madame ?
— Tous font pâle figure auprès de vous.

— Et messire Quilley ? C'est un artiste célèbre. Avez-vous déjà parlé ensemble ?

— Une fois seulement, quand je l'ai interrompu, dit-elle. Il était furieux que je l'aie surpris en train de jouer avec ses cartes.

— Des cartes ?

— Je n'en avais jamais vu de semblables. Elles portaient d'étranges figures qu'il examinait tour à tour avec grand soin, comme s'il y cherchait une sorte de message.

Nicholas sourit avec gratitude. Si agaçantes que fussent ses attentions, Eleanor Budden venait de lui livrer à son insu une précieuse information.

Ses soupçons à l'égard d'Oliver Quilley redoublèrent.

Les jours et les nuits sans sa femme avaient fait d'Humphrey Budden un autre homme. La maison semblait vide, les enfants pleuraient, sa vie entière était désespérément stérile. De longues discussions avec Miles Melhuish furent suivies par d'autres, plus longues encore, avec l'évêque. Ce dernier lui recommanda de passer à l'action.

— Vous avez péché envers votre femme.

— Ce souvenir m'est douloureux.

— Vous devez rechercher son pardon.

— Comment y parviendrai-je ?

— Pas ici à Nottingham, c'est certain.

— Où, alors ?

— A York ! déclara l'évêque d'une voix sonore. Il n'est pas de meilleur endroit pour vous purifier et vous réconcilier. Allez à York, messire. Dans ce monument à la dévotion chrétienne, cherchez l'épouse égarée. Là réside tout votre espoir.

— Me reprendra-t-elle ?

— Si vous le méritez, messire Budden.

— Devrais-je m'y rendre avec les enfants ?

— Seul. C'est affaire entre deux âmes. Et, ajouta-t-il en baissant les paupières avec une pudeur tout ecclésiastique, entre deux corps.

Humphrey Budden partit pour York le lendemain.

Une cloche signala le commencement de la foire de la Pentecôte, et ses notes furent suivies d'un désordre indescriptible. Les rues habituellement populeuses fourmillaient de monde. Les échoppes et les étals d'ordinaire bien achalandés étaient cette fois complètement assiégés. York s'embrasait de vie. Étameurs, voyageurs, pèlerins, campagnards, marchands, chevaliers et bien d'autres franchirent à flots les quatre portes. Des ménestrels, des mimes, des acrobates et des jongleurs rivalisaient pour attirer l'attention. Les cris perçants des enfants et les jappements des chiens enflaient une cacophonie assourdissante, que le carillon constant des cloches amenait à son paroxysme. La ville se déchaînait pendant les trois jours saints.

Les Hommes de Westfield entrèrent par Micklegate et cheminèrent à travers la presse jusqu'à *La Jérusalem*, nom qui revêtait pour eux une certaine résonance. Lambert Pym leur réserva un accueil exagérément chaleureux et les conduisit à leurs chambres en se caressant la barbe. Il trouva également de la place pour Oliver Quilley et Eleanor Budden. L'exubérante Susan Becket se désigna une fois de plus comme la compagne de lit de Firethorn. *La Jérusalem* était une spacieuse métaphore.

Nicholas fut dépêché aussitôt chez le Lord-Maire afin d'obtenir une licence autorisant la troupe à jouer. Quand il s'en revint, le document à la main, il trouva Firethorn absorbé par une lettre de Sir Clarence Marmion, les invitant à donner une représentation dans sa demeure. C'était une bonne nouvelle. York était décidément un lieu digne de pèlerinage. Sans perdre un instant, des affiches furent imprimées et placardées, une scène fut montée dans la cour de l'auberge et l'on tint la première répétition. Ce rythme effréné leur donnait l'impression d'être de retour à *La Tête de la Reine*.

Une nouvelle création d'Edmund Hoode serait interprétée pour la première fois hors de la capitale. *Soldats de la Croix* convenait tout particulièrement, car elle avait pour cadre une croisade et entraînait Richard Cœur de Lion dans une succession de batailles épiques. Les Hommes de Westfield avaient déjà présenté une pièce sur ce thème, l'œuvre novice d'un certain Roger Bartholomew, un étudiant d'Oxford égaré par ses aspirations théâtrales. La pièce d'Edmund Hoode portait la marque d'un vrai professionnel. Bien construite, pleine de feu et de passion, elle était illuminée par de superbes envolées lyriques. Dans *Robin des bois*, ce même roi n'était qu'un personnage mineur qui apparaissait discrètement vers la fin pour adouber le héros. *Soldats de la Croix* le plaçait au centre de l'action, et l'interprétation de Firethorn lui donnait encore plus d'envergure.

Assidu et attentif, Nicholas entretenait le rythme de la répétition et notait en même temps toute erreur ou omission. A la fin, les machinistes reçurent une longue liste de tâches à exécuter. Pour sa part, il travailla jusqu'à une heure tardive puis rentra dans la salle de l'auberge.

Quilley y savourait du malvoisie.

— Messire Bracewell ! Permettez-moi de vous offrir à boire.

— Je ne puis rester.

— Mais je ne vous ai pas remercié pour avoir retrouvé mon cheval.

— J'ai trouvé autre chose encore.

Nicholas sortit la liste découverte dans la sacoche et la lui tendit. L'artiste la lui arracha des mains.

— Je vois, messire Quilley, que certains noms sont pointés.

— Ce sont les commandes terminées.

— Un point d'interrogation est accolé à l'un d'entre eux.

— Ah oui ?

— Celui de Sir Clarence Marmion.

— Je ne le vois pas.

Quilley jeta un dernier coup d'œil au document, le plia et le rangea. Il tenta de marquer ses distances par un sourire énigmatique, cependant le régisseur chercha son regard.

— Comment étiez-vous au courant de l'arrestation de messire Pomeroy ?

— Les nouvelles vont vite.

— Seulement quand elles sont transmises par un messager.

— J'ai mes contacts.

— C'est bien ce que je crois.

L'artiste ne trahissait rien. Son calme imperturbable était un défi que Nicholas ne pouvait encore se permettre de relever. Il avait à respecter un engagement plus pressant et s'excusa. Mais Oliver Quilley ne perdait rien pour attendre.

La nuit descendait sur York à pas feutrés pendant que Nicholas s'ouvrait un passage à travers la foule de ses larges épaules. Malgré l'effervescence de leur arrivée, il avait trouvé le temps de se renseigner au sujet des autres compagnies de passage. Les Hommes de Banbury étaient arrivés en ville ce même jour. Ils s'étaient installés aux *Trois Cygnes*, à Fossgate. Nicholas franchit le pont de l'Ouse et se dirigea vers le nord, retrouvant son chemin à travers des rues retentissantes de clameurs dont il se souvenait à moitié, pour les avoir parcourues quelques années plus tôt. Il écoutait avec intérêt les dialectes du Yorkshire qui résonnaient de tous côtés.

La première chose qu'il vit, en tournant dans Fossgate, fut le *Merchant Adventurers' Hall* [1], un bel édifice

1. *Merchant Adventurers* : marchands anglais commerçant avec les Pays-Bas. *(N.d.T.)*

doté de trois ailes et d'une chapelle se projetant vers la Fosse. Alliant la brique et les colombages, c'était un bâtiment imposant par la longueur comme par la hauteur, qui soulignait la prédominance de cette guilde sur les cinquante autres de la ville. Cela rappela à Nicholas une réalité que sa vie londonienne lui avait fait oublier. York aussi était une ville puissante.

Les Trois Cygnes était un établissement de taille moyenne construit autour d'une cour au sol ondulant. Les Hommes de Banbury étaient encore en pleine répétition. Des éclats de voix montaient de derrière les portes principales, fermées pour décourager les curieux. Nicholas entra dans l'auberge et acheta un pot de bière avant de s'approcher nonchalamment d'une fenêtre donnant sur la cour. Celle-ci était bordée par deux niveaux de galeries où environ quatre cents spectateurs pourraient s'entasser le lendemain. *La Jérusalem*, avec sa cour spacieuse, avait assurément l'avantage. Voilà qui satisferait Lawrence Firethorn.

Dans la lumière mourante, les comédiens s'obstinaient à travailler, tentant frénétiquement d'aplanir la myriade de difficultés posées par un livre de régie peu déchiffrable. Nicholas attendit que personne ne l'observe, puis gravit furtivement un escalier et franchit une porte. Il se trouva alors sur la galerie du premier niveau d'où il put assister à la fin de la répétition. C'était une pastorale de qualité médiocre, qu'ils interprétaient sans entrain ni conviction. Par l'entrebâillement des rideaux tendus devant la loge, Nicholas distinguait le régisseur, qui éloignait sa tête du texte puant et tournait les pages du bout d'un doigt.

Giles Randolph interprétait comme d'ordinaire le premier rôle. Mais Nicholas eut beau regarder, il ne put trouver le visage qu'il cherchait par-dessus tout. Il scrutait encore la pénombre, les yeux plissés, quand une voix derrière lui le fit se retourner :

— Vous êtes venu me voir, Nick ? Me voici.

Le régisseur se retrouva face à une épée, que son jeune possesseur avait bien l'intention d'utiliser si le besoin s'en présentait. Malgré l'avertissement de Richard, Nicholas fut médusé. Devant lui se tenait le dernier être au monde qu'il aurait dû s'attendre à rencontrer. Il l'avait vu gisant au fond d'une fosse commune, à Londres.

Gabriel Hawkes.

10

La pointe sur sa gorge força Nicholas à reculer contre un poteau supportant le gradin supérieur. Il ne pouvait bouger d'un pouce. Devant lui, dans la cour en contrebas, une troupe d'acteurs était engagée dans une répétition, cependant appeler au secours était impossible. La rapière l'eût réduit au silence en un instant. Impuissant, il fixait l'ami de jadis, tant apprécié et respecté. Un détail lui causa un choc supplémentaire, dont il eut peine à se remettre. A l'oreille de son agresseur pendait la boucle sertie de joyaux qu'il avait lui-même jetée dans la fosse, sur la dépouille. Nicholas en resta bouche bée.

— Vous revenez d'entre les morts...

— Ce n'est qu'une illusion.

— Nous avons vu Gabriel Hawkes, transporté sur la charrette des pestiférés puis précipité dans la tombe.

— Vos yeux ne vous ont pas abusé, Nick.

— Alors comment pouvez-vous être ici, devant moi, en cet instant ?

— Parce que je ne suis pas Gabriel, expliqua le jeune homme. Mon nom est Mark Scruton. Celui dont vous parlez était le véritable Gabriel Hawkes, un de mes parents qui traversait une passe difficile et avait échoué dans cette maison sordide, à Smorrall Lane.

Cela m'arrangeait d'emprunter son nom et son adresse tout en vivant dans un logis plus confortable.

— Votre entrée chez les Hommes de Westfield servait un dessein, dit Nicholas, en qui la vérité se faisait jour. Votre mémoire exceptionnelle a été utilisée contre nous. Vous appreniez tous les détails des livres de régie pour les livrer à nos rivaux.

— Tel est bien le marché que j'avais conclu.

— Trahir vos camarades ?

— Quel avenir m'offraient-ils ? répliqua Scruton avec mépris. Celui d'un employé à la disposition de Firethorn ? Se contentant des maigres rôles laissés de côté ? Susceptible d'être renvoyé sur un caprice ? Je n'étais pas fait pour cela, messire ! Je suis un comédien de valeur !

— Certes. Votre talent m'a abusé, admit Nicholas.

— Les Hommes de Banbury me présentaient une offre autrement plus prometteuse. En causant la ruine de votre compagnie, je gagnais le droit d'être leur associé, d'obtenir le statut que je mérite.

Il sourit, se félicitant de cette perspective.

— Gabriel Hawkes devait disparaître sous vos yeux afin que Mark Scruton pût réapparaître. Mon oncle fut contaminé par l'épidémie, mais son agonie aurait pu s'éterniser et donc retarder mes plans. Je l'ai aidé à monter au Ciel, en lui épargnant des souffrances certaines. Vous l'avez vu alors qu'on l'emportait de son lit fétide, dans son linceul.

— Il avait sur lui votre boucle d'oreille.

— Mon cadeau d'adieu ! dit-il en effleurant le bijou qui pendait à son lobe. Je possédais la paire, comme vous le voyez.

Nicholas put assembler tous les éléments :

— Vous avez feint d'être malade à Londres pour nous préparer au choc de votre mort. Ensuite, vous êtes parti avec les Hommes de Banbury, que vous avez conseillés sur les moyens de nuire à notre compagnie. Vous avez enlevé Dick Honeydew, puis, aidé du palefrenier, vous avez dérobé notre malle de costumes.

— Vous n'auriez dû retrouver ni l'un ni l'autre.

— C'était mon devoir.

— Et ce sera votre perte. Vous en savez trop, mon ami.

— Assez pour vous voir vous balancer au bout d'une corde.

— Assez pour en mourir.

Scruton abaissa l'épée et visa le cœur, mais Nicholas fut vif comme l'éclair. Il se laissa tomber en arrière par-dessus la balustrade et exécuta un saut périlleux dans les airs avant de retomber sur ses pieds dans la cour. Du sang perlait à son bras gauche entaillé par l'épée, toutefois la blessure était superficielle. Tirant sa propre rapière du fourreau, il remonta en courant l'escalier pour se battre d'égal à égal, mais Scruton ne l'avait pas attendu. Le régisseur chercha en haut et en bas sans pouvoir le retrouver.

Gabriel Hawkes avait disparu pour la seconde fois.

Sir Clarence posait dans son fauteuil sans bouger un seul muscle. C'était un personnage digne, mince, droit et serein, un peu froid, peut-être, mais sans que son autorité parût pesante. Il portait un pourpoint noir à crevés rouges, dont le col montant s'ornait d'une collerette en dentelle. Oliver Quilley le scrutait avec le soin le plus intense pour découvrir l'âme sur ce visage, mais le modèle ne montrait presque rien de son être intérieur. L'artiste traça quelques lignes préliminaires sur le vélin ovale posé devant lui, sur la table, sans que son hôte marque un battement de cils. Une heure s'écoula avant que Quilley ne rompe le silence :

— A propos de l'inscription, Sir Clarence...

— L'inscription ?

— La plupart des gens désirent quelques mots sur leur portrait afin de lui donner un sens, un caractère distinctif. Parfois c'est une devise familiale, ou une expression d'amour à l'être auquel la miniature est destinée. J'ai connu des modèles qui demandaient des vers, ou encore une maxime en grec.

— Ce n'est point mon désir, messire.

— Quel est-il, en ce cas ?

— Une citation latine.

— Parlez et elle sera inscrite.

— *Dat poena laudata fides*.

Quilley nota cette phrase, puis plissa le front.

— Une étrange requête, Sir Clarence. « La loyauté, bien que louable, apporte des souffrances. » Y a-t-il un lien avec Marmion Hall ?

— Cela ne vous regarde pas, messire Quilley.

— L'artiste doit avoir une connaissance intime des caractères.

— Exercez votre art sans plus un mot.

Il reprit la pose et Quilley continua à travailler jusqu'à ce qu'il eût tout ce qu'il attendait d'une première séance. Ils se trouvaient dans le salon d'apparat, et le maître de maison était assis contre le mur du fond, la tête encadrée par des lambris de chêne brillants. Tout en rangeant son matériel, l'artiste jetait des regards éblouis sur les portraits de famille accrochés autour d'eux. Il remarqua avec une admiration particulière celui de feu Lady Marmion, l'imposante mère de Sir Clarence. Habillée avec une sobre élégance, sa gracieuse silhouette fit jaillir un compliment du cœur de Quilley :

— Cette dame est si distinguée et si bien vêtue ! On ne peut en dire autant des femmes de la capitale. Eh quoi, messire ! Vous ne pouvez imaginer leur excentricité. Certaines portent des pourpoints dotés d'ouvertures verticales sur les seins, de crevés et de taillades, et de manches aux couleurs les plus diverses. Leurs pantalons sont rembourrés de sorte à faire saillir leur postérieur et bouffer leurs vêtements. Leur vertugadin et leurs dessous diversement colorés, en soie, jersey ou autres, leur déforment le corps tant et plus. J'ai croisé de ces courtisanes à Londres, attifées au point qu'on ne pouvait distinguer si c'était des hommes ou des femmes !

Venant de lui, qui se pavanait dans des habits flamboyants, l'attaque avait un côté comique qui fit sourire Sir Clarence en son for intérieur. Il mit la main dans sa poche et en sortit cinq pièces d'or.

— Voici le paiement pour votre ouvrage, messire Quilley.

— Attendez que j'aie fini, cher monsieur.

— Acceptez-le en acompte.

— Puisque vous insistez, dit l'autre avec gratitude.

— Toute peine mérite salaire.

— L'artiste place son œuvre sur un plan supérieur.

— Avez-vous fait de même pour Anthony Rickwood ?

La question troubla Quilley mais il se reprit vite et répondit par un sourire dégagé, rangeant promptement l'argent dans sa bourse. Sir Clarence agita la clochette posée sur la table. Peu après, un serviteur entra, chargé d'un plateau. C'était lui qui avait fait office de geôlier pour l'hôte de la cave. Au lieu d'instruments de torture, il apportait cette fois deux verres de vin fin. Il attendit pendant que son maître et le miniaturiste en buvaient la première gorgée.

— Vous êtes venu seul ici, messire Quilley ? s'enquit Sir Clarence.

— Le voyage n'était pas long.

— La route n'est pas exempte de périls. Si vous le permettez, mon serviteur que voici vous escortera jusqu'à York pour s'assurer que rien de fâcheux ne vous arrive.

— J'y parviendrai seul, Sir Clarence. Mon cheval distancera quiconque voudrait me barrer le chemin. Je n'ai aucune crainte.

— Vous avez tort, messire ! C'est une époque dangereuse que la nôtre.

— Je n'ai pas d'inquiétude.

Sir Clarence le pria de l'excuser un moment et quitta la pièce avec le domestique. Quilley ne traîna pas et s'approcha bien vite de la bibliothèque accolée au mur du fond. Son choix se porta immédiatement sur un petit volume à reliure de cuir, agrémenté d'un beau fermoir en argent. Il le glissa dans son sac, avec son matériel d'artiste, et traversa la pièce comme si de rien n'était pour admirer la vue par la fenêtre. Il examinait encore le jardin en façade quand son hôte revint. Sir Clarence était d'humeur décidée.

— Notre deuxième séance aura lieu demain.

— Si tôt ? s'étonna Quilley.

— J'ai hâte de voir avancer le portrait.

— Un artiste ne peut être bousculé, Sir Clarence.

— Le temps est notre grand ennemi. Mais nous attendons demain la visite des Hommes de Westfield. Revenez donc avec eux, et amenez vos effets de l'auberge. Vous serez mon invité jusqu'à ce que votre tâche soit terminée.

— Votre invitation est des plus généreuses. Marmion Hall m'offrira un logis plus doux que *La Jérusalem* — et plus sûr, en outre. Le patron m'a appris qu'un de ses clients venait d'être arrêté, ajouta-t-il avec un sourire oblique. Un certain Robert Rawlins.

— Cet homme m'est inconnu.

— Tant mieux, Sir Clarence. C'était un prêtre de l'Église romaine. Tout ami de messire Rawlins sera traité avec une extrême sévérité.

— Cela ne me concerne pas. Parlons plutôt des Hommes de Westfield. Vous disiez que vous avez fait route avec eux depuis Nottingham ?

— Oui. Un voyage fertile en péripéties.

— Cela vous a sans doute donné le temps de lier

connaissance. De qui se compose cette compagnie, messire ? J'aimerais savoir le nom de ses membres.

— A tous ?

— Jusqu'au plus humble employé.

Quilley débita facilement les noms, que son hôte écouta avec une intense attention. Le visiteur fut alors raccompagné avec des remerciements. Enchanté de sa bonne fortune, il s'éloigna au trot en direction d'York. Les pièces d'or tintaient joyeusement dans sa bourse et son client avait promis d'autres espèces sonnantes et trébuchantes. De plus, il songeait avec satisfaction au livre serré dans sa sacoche. Plongé dans ses pensées, il ne remarqua pas le cavalier qui le suivait de loin.

Eleanor était agenouillée en prière dans la cathédrale d'York. Elle n'entendait que confusion. Tout avait été si simple à Nottingham ! Une voix s'était adressée à elle pour lui délivrer un message clair, et elle avait quitté époux, enfants et foyer pour lui obéir. Mais aucune autre indication n'était venue du Très Haut. Tandis que ses genoux reposaient sur le prie-Dieu en témoignage d'obéissance, elle attendait un signe qui ne venait pas. Son cœur lui donnait une direction, sa raison une autre et son âme une troisième. Trois jours s'écouleraient avant qu'elle puisse être reçue par l'archevêque et écouter ses conseils inspirés. Que devait-elle faire d'ici là ?

Son voyage à Jérusalem s'achèverait-il à York ?

Elle se remémora les paroles du sermon prêché par Miles Melhuish le dimanche matin précédant son départ. Obnubilé par la situation des Budden, il avait évoqué la nature de la vie, considérée telle une sorte de pèlerinage. Il parlait de l'origine divine de l'homme, et de son espoir de retourner dans le royaume d'où il avait été chassé après avoir perdu la grâce. Les expressions emphatiques du curé s'étaient imprimées en elle, et elle fut frappée à nouveau, en y repensant, par les symboles associés au pèlerin : le coquillage, le bâton, le puits de l'eau-du-salut, la route et le manteau.

Plus elle y songeait, plus, inévitablement, elle était ramenée à Nicholas Bracewell. Il ne portait pas de coquillage ou de bâton, mais il était à la fois un pêcheur et un berger pour les Hommes de Westfield, leur principale providence et leur protecteur aimant. Elle l'avait rencontré dans la Trent, alors qu'il flottait, nu, sur l'eau salvatrice. Ils avaient pris la route ensemble et, en retrouvant la malle de costumes, il avait rapporté non pas un, mais de nombreux manteaux. Tout y était ! Dans ce raisonnement simple, la vérité se dévoilait. Entreprendre un pèlerinage, c'était pénétrer dans un labyrinthe afin d'en percer le mystère. Et le centre ne se trouvait pas à Jérusalem, mais ici même, à York.

Nicholas Bracewell était sa destination.

Exaltée par sa découverte, elle se releva et descendit le bas-côté d'un pas léger vers la Grande Porte Ouest. Il lui fallut du temps pour se frayer un chemin à travers les rues où régnait une joyeuse atmosphère de kermesse, mais elle finit par atteindre l'auberge et se mit en quête de lui. On avait accordé à Nicholas le luxe d'une chambre privée, bien qu'il s'agît d'un minuscule grenier. Ce fut là qu'elle le trouva une heure avant la représentation.

L'ardeur d'Eleanor n'avait d'égal que l'embarras de Nicholas.

— Je dois partir, madame, lui dit-il.

— Si vous vouliez bien m'écouter d'abord, messire...

— Nous jouons devant notre public cet après-midi.

— Je ne requiers que deux minutes de votre temps.

— Fort bien, donc. Que voulez-vous me dire ?

Eleanor Budden leva ses yeux bleus vers lui et les laissa parler pour elle. Dans la passion, l'aspiration ardente et la nécessité sacrée qu'ils exprimaient, il vit des images qui le gênèrent terriblement. Cette femme belle et désirable n'était pas pour lui. Il gardait Anne dans son cœur et aucune autre ne pouvait l'en détourner — surtout pas l'épouse illuminée d'un dentellier de Nottingham. Nicholas éprouvait une grande sympathie pour elle, mais cela ne s'étendait pas à ce qu'elle avait si manifestement à l'esprit.

— Laissez-moi vous appartenir, supplia-t-elle.

— Ce serait malséant.

— Vous êtes mon sauveur.

— Je ne mérite pas ce titre.

— Permettez-moi seulement de me réchauffer à votre flamme.

— Vous vous méprenez sur mon compte, madame.

— Non, mon doux sire. Je vous vénère.

Il fallut à Nicholas dix minutes pour s'en débarrasser, au prix d'une promesse d'avoir avec elle une autre discussion le soir même. Il descendit rapidement et tenta de l'écarter de ses pensées. La représentation imminente réclamait toute sa concentration. Alors qu'il passait devant une chambre partagée par certains employés de la troupe, ce qu'il entendit le fit s'arrêter net et tout oublier de la menace constituée par dame Budden. Des vers sonores filtraient à travers la porte. La voix de Lawrence Firethorn, en pleine envolée déclamatoire, se substituait à celle de Richard Cœur de Lion galvanisant ses troupes avant la bataille contre Saladin, affermissant leur résolution et échauffant les esprits.

Bien qu'il eût entendu maintes fois cette tirade, Nicholas se sentit transporté par sa beauté et par la virtuosité avec laquelle elle était prononcée. Cependant, quand la porte s'ouvrit, ce ne fut pas Firethorn qui sortit de cette répétition impromptue.

Nicholas eut la stupeur de voir Christopher Millfield.

York était une fière cité, dotée d'un fort caractère et qui n'accordait pas son respect aisément. Plus d'un roi d'Angleterre avait dû s'en retourner sans franchir ses portes, et les ducs de Northumberland, ses suzerains héréditaires, s'étaient également heurtés à de l'indifférence de temps à autre. Servant de base aux rebelles pendant la guerre des Deux-Roses, elle avait aussi été le centre du Pèlerinage de Grâce, le soulèvement de 1536 dirigé en bonne part contre la dissolution des monastères et ce qui était considéré comme les effets pernicieux de la Réforme dans son ensemble. Le message des siècles était clair : York ne pouvait être tenue d'avance pour acquise.

Pourtant, elle capitula de plein gré devant les Hommes de Westfield. Ironiquement, ils arrivaient avec un des deux seuls rois médiévaux qui n'avaient jamais visité la cité. Richard Ier comblait désormais cette lacune en la personne de Lawrence Firethorn. Son inspiration était communicative. Enflammée par son exemple, toute la compagnie répondit par la meilleure représentation qu'elle eût donnée depuis des mois. *Soldats de la Croix* respirait la magnificence. Elle était si palpitante que les centaines de spectateurs serrés à *La Jérusalem* n'osaient battre des cils de peur de rater un détail de l'action.

Ce n'était pas seulement Richard Cœur de Lion qui les faisait vibrer. Dans le rôle modeste mais touchant de Bérangère, l'épouse du grand croisé, Dick Honeydew provoquait une émotion irrépressible. Christopher Millfield interprétait à nouveau un ménestrel à la voix mélodieuse. Edmund Hoode s'était composé une scène bouleversante où, en chevalier intrépide empalé sur une lance ennemie, il prononçait un long discours sur la gloire de l'Angleterre pour laquelle il mourait de si bon cœur. La mention appuyée de York elle-même, introduite non sans finesse au dernier moment, déchaîna un tonnerre d'applaudissements. *Soldats de la Croix* offrait bien plus encore, dont, et non des moindres, des épisodes désopilants grâce à Barnaby Gill, qui incarnait un sénéchal sourd adorant la danse.

Ce fut l'événement théâtral le plus sensationnel qui fût survenu à York depuis une décennie. Il y avait de la magie dans l'air quand Richard déclama les derniers vers :

Ainsi au service de Dieu trouvons-nous la récompense
Et, de nos âmes, la satisfaction intense.
Tout le reste n'est que scories ; là réside le vrai choix :
En avant, cœurs vaillants, preux soldats de la Croix !

Une joie débordante suivit cette conclusion. La cité donna son cœur aux Hommes de Westfield et les acclama jusqu'à en avoir la gorge enrouée. Les acteurs en nage furent traités en héros, et les souvenirs humiliants s'effacèrent sous le bonheur d'être ainsi acceptés et fêtés.

C'était bien là Jérusalem.

Humphrey Budden entendit le grondement à une demi-lieue de là et se demanda d'où il provenait. Plus il approchait d'York, plus il désespérait de revoir sa femme et de la reconquérir. Nourri par l'espoir d'une réconciliation, il avait chevauché ventre à terre depuis Nottingham et était presque aussi couvert d'écume que sa monture. Il était guidé par un esprit de contrition. York était une ville sainte où toutes les plaies conjugales pouvaient être guéries. Le son qui parvenait à ses oreilles semblait avoir peu à faire avec le culte divin, mais il l'aiguillonna pendant la dernière étape du voyage.

Son cheval franchit Micklegate telle une flèche. Quelques questions succinctes lui apprirent où la compagnie donnait sa représentation, et sa cavalcade résonna à travers les rues. Lorsqu'il parvint à l'auberge, les spectateurs en sortaient, marée de joie et de louanges. Il attacha son cheval, progressa à contre-courant et déboucha dans la cour pour trébucher dans les bras de Nicholas, qui le fixa avec surprise.

— Bienvenue, messire Budden ! Mais vous arrivez trop tard.

— Eleanor est partie ?

— Je parlais de la représentation.

— Où est ma femme ?

— Elle s'est retirée dans sa chambre.

— Conduisez-moi à elle, messire Bracewell.

— Bien volontiers.

Mais à tout prendre, songea Nicholas, Eleanor Budden n'était peut-être pas d'humeur à accueillir l'époux qu'elle avait si froidement abandonné à Nottingham. Elle avait fixé ses vues sur une tout autre cible et, si bien intentionné qu'il fût, Humphrey rouge et trempé de sueur ne serait pas de taille à l'en détourner. Nicholas se retourna pour évaluer l'homme du regard. Sa taille et sa carrure étaient parfaites. Quant au teint rubicond, on pouvait y remédier.

— Venez par ici, messire Budden.

— Vous me conduisez à ma femme ?

— Chaque chose en son temps, messire, chaque chose en son temps.

Le roi Richard avait lui aussi à l'esprit un tête-à-tête riche de félicité. Grisé de son propre brio, Lawrence Firethorn fut comblé de joie par l'accueil enthousiaste que reçut la représentation, et plus encore à la vue des énormes sacs de monnaie que lui remirent les vendeurs de billets. *Soldats de la Croix* n'était pas seulement un triomphe artistique, mais une affaire lucrative. Il ne lui restait plus qu'à organiser les réjouissances et à savourer son triomphe tout au long de la nuit.

De belles jeunes femmes par douzaines se pressaient autour de lui, à l'auberge, et lui offraient leurs faveurs en papillonnant des yeux. Mais on se bousculait déjà devant sa chambre à coucher. Dame Susan Becket passerait la première. Bien qu'elle eût merveilleusement succombé à Firethorn dans sa propre hostellerie, par la suite leurs ébats avaient toujours pris fin à deux doigts du bonheur suprême. Ce n'était qu'une longue histoire de *coitus interruptus*, les problèmes des Hommes de Westfield se dressant entre eux telle une épée affilée pour les contraindre à la chasteté. Tout cela était terminé, cette fois, et il pourrait la prendre à sa guise.

Mais cela ne suffisait pas. Le roi Richard montrait aussi un cœur de lion en amour et désirait un dessert doux à son palais. Si Susan Becket était telle une chère roborative entre les draps, Eleanor Budden avait la suave délicatesse des fraises à la crème. Dans son imagination débridée, Firethorn rêvait d'un monde idéal où il aurait les deux ensemble, dans une extase partagée. Chacune se soumettrait joyeusement à ses appétits charnels, le sacré et le profane se fondant pour devenir l'incarnation même du désir masculin. De telles délices lui étant inaccessibles, il se rabattit sur un compromis et appela un des jeunes apprentis :

— John Tallis !

— Oui, messire ?

— Priez dame Becket de venir dans ma chambre.

— Bien, messire.

— Adressez ensuite le même message à dame Budden. Dites-lui que je suis prêt maintenant à lui lire les psaumes.

John Tallis, bouche bée, laissa pendre son menton en galoche.

— Doivent-elles venir en même temps ?

— D'abord la première, la seconde une heure plus tard.

Laissant l'apprenti s'acquitter de sa mission, il monta se préparer à une nuit consacrée aux plaisirs des sens. Il ouvrit d'un geste ample la porte de sa chambre et contempla le lit à baldaquin, futur témoin de sa volupté. Son rire s'éteignit dans sa gorge.

Le lit était occupé. Sur l'édredon s'étalait son beau manteau à losanges, parsemé de factures de créanciers. La défaite regardait le roi Richard en face. L'ennemi hostile sortit d'une alcôve.

— Lawrence !

Margery Firethorn était arrivée dans l'après-midi. Elle ne s'était pas rafraîchie de sa longue chevauchée et la vapeur montait de son corps. Son humeur belliqueuse était au paroxysme.

— Monsieur, vous m'avez trahie ! vitupéra-t-elle.

— Pas exactement, mon amour...

— Regardez ! dit-elle en lui montrant le lit. Vous n'aviez pas plus tôt quitté Londres que les vautours fondaient sur moi pour me ronger les os. Vos dettes ont causé ma ruine. Je ne puis les honorer. Vos créanciers nous menacent de saisie. Nous allons être jetés à la rue.

Firethorn se remit avec une rapidité méritoire et dit d'un ton apaisant :

— Cela n'arrivera pas, ma douce. Et c'est mue par le désarroi que vous avez fait tout ce chemin jusqu'à York ? Nous allons immédiatement y porter remède, assura-t-il en jetant une bourse sur le lit. Voici de l'or pour vous, Margery. Assez pour qu'il en reste encore après avoir payé cent factures. Par les dieux, quel miracle de vous revoir ! Venez, que mes baisers chassent vos inquiétudes et effacent vos tourments.

Radoucie, elle conservait toutefois ses distances.

— Pourquoi ne m'avez-vous pas écrit, monsieur ?

— Mais je vous ai écrit ! mentit-il. Chaque jour !

— Aucune lettre n'est arrivée à Shoreditch.

— Elles y sont probablement parvenues après votre départ.

— Nous étions dans une situation précaire.

— Je vous ai adressé de l'amour et de l'argent pour pallier mon absence, dit-il d'une voix vibrante de conviction. Mais comment êtes-vous arrivée ici ?

— A cheval.

— Pas seule, assurément ?

— Lord Westfield m'a donné quatre gardes du corps. Je m'étais tournée vers lui, dans mon désespoir, et il a agi en grand seigneur.

— Trop à mon goût, marmonna Firethorn entre ses dents.

— Vous m'avez réellement envoyé de l'argent ?

— Nick Bracewell en sera le garant !

Margery se détendit. Le seul homme à qui elle se fiait dans la compagnie était le régisseur. S'il confirmait les dires de son époux, elle serait satisfaite. Son agressivité disparaissait peu à peu — ce que Firethorn ne manqua pas de remarquer. Il prit promptement l'initiative :

— Votre venue tombe à point nommé.

— Vraiment, messire ? Pourquoi ?

— Parce que j'ai un présent pour vous.

— Une autre bague que je pourrai vendre en dernière extrémité ?

— Ne soyez pas si cruelle envers moi, Margery.

— Je ne veux pas d'un cadeau qui ne soit pas tout à moi.

— Prenez ceci, et voyez comme votre mari vous aime.

Margery regarda l'objet qu'il mettait entre ses mains et ressentit une joie intense. C'était l'œuvre d'Oliver Quilley, un magistral portrait miniature de Lawrence, qui saisissait l'essence de sa personnalité avec une adresse éblouissante. Il avait eu l'intention de l'offrir à Eleanor Budden en guise de souvenir, mais l'objet servait un dessein plus urgent. Margery se pâmait de bonheur. Il chuchota à son oreille :

— Voyez-vous l'inscription ?

— Où, messire ?

— Là, tout en bas.

Elle le lut d'une voix essoufflée de petite fille :

— *Amor omnia vincit.*

— « L'amour surmonte tous les obstacles. »
— Oh, Lawrence !

Les lèvres de l'acteur scellèrent sa victoire. Il l'avait échappé belle ! Ces effusions furent interrompues par des pas lourds dans l'escalier, puis Susan entra majestueusement, avec l'assurance que confère la familiarité. Margery prit aussitôt la mouche, mais son époux se montra à la hauteur en ces circonstances critiques :

— Ah, patronne ! dit-il en claquant des doigts. Faites-nous monter, pour mon épouse et moi-même, une bouteille de votre meilleur vin. Allons, femme, dépêchez-vous ! Et, ajouta-t-il, faisant d'une pierre deux coups, que dame Budden, cette péronnelle qui a la manie de chanter les psaumes, ne m'approche pas. Ce soir, je ne suis pas d'humeur à supporter un sermon !

Susan Becket sortit à reculons, abasourdie.

Firethorn avait été frustré par deux fois, mais cela n'arriverait pas cette nuit-là. Fou de désir, il souleva Margery dans ses bras et la jeta impulsivement sur le lit, la montant aussitôt et la chevauchant avec vigueur dans un grand froissement de factures impayées.

Dame Budden se reposait dans sa chambre quand John Tallis lui communiqua la requête de son maître. Celle-ci reçut aussitôt un contrordre, par la voix de Richard Honeydew.

— J'ai un message pour vous, madame.
— De messire Bracewell, j'ose l'espérer ?
— Lui-même.
— Eh bien, monsieur ?
— Il vous prie de lui rendre visite dans sa chambre.
— Le Ciel a écouté mon appel !
— Il vous attend.

Le jeune garçon se retira poliment. Eleanor Budden était pantelante à l'idée de ce bonheur tant espéré. Son vœu le plus cher serait bientôt exaucé. Elle aimait

Nicholas Bracewell et il l'appelait à lui. Dieu les avait poussés dans les bras l'un de l'autre.

Elle gravit les marches vers sa Jérusalem.

Elle toqua discrètement à la porte du grenier et ouvrit. Il était couché dans son lit. Les rideaux à moitié tirés plongeaient la chambre dans une demi-obscurité, cependant elle voyait Nicholas avec une clarté qui fit bondir son cœur. Une petite chandelle brûlait près de l'oreiller, projetant sa lumière sur les cheveux blonds et la barbe luisante. Alors qu'il se tournait vers elle, le drap glissa de son corps et elle vit qu'il était nu.

Toute la ferveur de son âme animait Eleanor. Là s'achevait son pèlerinage. Nicholas était son chemin d'élection. Elle y courut tout droit et se jeta sur lui. Il souffla la chandelle. Alors ils se fondirent l'un en l'autre, s'embrassant, s'enroulant, s'écartant jusqu'à ce que leurs voix s'unissent au paroxysme du plaisir. Eleanor n'avait jamais connu une satisfaction aussi profonde, aussi divine. Les aspirations contenues de son corps et de son âme s'étaient libérées dans le mystère de l'acte d'amour. Ivre de langueur, elle ne s'indigna pas quand la barbe de Nicholas Bracewell lui resta dans la main ou quand sa perruque tomba de guingois. Elle ne se plaignit même pas quand son savant maquillage s'estompa au contact de leurs caresses. Elle connaissait la joie suprême : elle était l'épouse du Christ.

Humphrey Budden se félicitait d'être venu à York.

Pendant qu'avaient lieu ces retrouvailles conjugales, Nicholas savourait son souper dans la salle en compagnie de quelques autres employés. Il ne pourrait monter dans sa soupente cette nuit-là, mais cela ne le contrariait aucunement. Il pouvait être fier de son stratagème, qui avait permis à une épouse égarée d'atteindre son but spirituel et à un mari rejeté de retrouver le bonheur. Le régisseur avait amplement de quoi s'occuper. *Soldats de la Croix* avait été un franc succès, mais serait montée le lendemain dans des conditions différentes, puisque ce serait dans une salle. Nicholas devrait chevaucher jusqu'à Marmion Hall dès l'aube afin d'étudier l'agencement des lieux, et prendre alors les décisions préliminaires concernant la mise en scène. Tout en écoutant distraitement la conversation anodine de ses compagnons, il gardait à l'esprit le défi du jour prochain.

Edmund Hoode traversa la salle en toute hâte pour le rejoindre.

— Avez-vous entendu la bonne nouvelle, Nick ?

— A quel propos ?

— Les Hommes de Banbury.

— Ils jouaient aux *Trois Cygnes* aujourd'hui.

— Ils ont bien essayé, mais sans succès. C'était une mauvaise comédie sur des petites paysannes et de robustes lurons. Un de leurs spectateurs vient d'arriver. Il paraît que c'était une vraie catastrophe, dit Hoode avec un rire vengeur. Vers oubliés, répliques mal enchaînées, les mille incidents pouvant arriver à une compagnie exposés à la vue de tous. Ils ont dû quitter la scène sous les sifflets. Messire Randolph lui-même n'a pu tenir les spectateurs.

— Cette nouvelle me ravit !

— *Soldats de la Croix* leur a fait de l'ombre.

— A juste titre, Edmund.

— Ils ont reçu ce qu'ils méritent pour avoir eu le front de voler mes pièces. Les voilà bien punis ! Néanmoins, soupira-t-il, j'aimerais savoir qui a interprété Sicinius. Je pourrais lui jeter sa traîtrise au visage si je venais à le rencontrer.

— Pourquoi les Hommes de Banbury ont-ils échoué si piteusement ?

— Leur pièce n'avait aucune qualité.

— Il y a sûrement une autre raison.

— En effet, convint Hoode. Un de leurs principaux acteurs leur a fait défaut, en lâchant un rôle crucial pour l'intrigue. Ils n'ont pu y remédier à temps. Son absence les a fait choir à leur juste place.

Nicholas devina que l'acteur défaillant était Mark Scruton. Son secret éventé, il n'avait pas eu l'audace de rester à York, où le régisseur risquait de le retrouver. Ce brusque départ entraînait une heureuse conséquence. La duplicité de Scruton lui avait gagné les faveurs des Hommes de Banbury, mais ils ne toléreraient pas sa défection. Pour lui, plus de contrat, plus d'espoir de s'élever au rang d'associé ! Au moins, il ne piétinerait pas les Hommes de Westfield dans son ascension vers la gloire. Il y avait là matière à consolation. Nicholas était convaincu qu'ils ne le reverraient plus jamais.

Dès qu'il sortit de chez lui, il sut qu'on le suivait, mais il n'accéléra pas l'allure. Cela aurait indiqué qu'il avait conscience d'être observé. Il feignit donc de flâner dans York, puis tourna dans une ruelle sombre avec la même nonchalance. En arrivant au bout, il dépassa l'angle et se rencogna dans le premier renfoncement, contre une porte. L'oreille tendue, il détecta l'approche de pas furtifs dans son sillage. Il tira sa dague du fourreau et attendit.

Une silhouette massive déboucha au coin de la rue et resta plantée là en voyant qu'elle avait perdu son gibier. L'homme se gratta la tête et se retourna pour regarder la venelle d'où il arrivait. Ce fut la dernière chose qu'il verrait jamais. Quelqu'un surgit en silence derrière lui et lui plaqua la main sur la bouche. Avant qu'il ait pu bouger un muscle, sa gorge était tranchée avec l'aisance née d'une longue pratique. L'homme s'écroula par terre dans son propre sang. Son assaillant s'attarda le temps de se pencher pour jeter un bref regard à sa victime. La manche du mort portait le blason des Marmion. C'était un précieux avertissement.

Mark Scruton quitta rapidement la scène.

Oliver Quilley, attablé dans sa chambre à l'auberge, examinait l'ouvrage qu'il avait dérobé à Marmion Hall. C'était un missel, écrit en latin et renfermant tous les rites et cérémonies de l'Église catholique romaine. Cependant, Quilley s'intéressait moins à sa teneur qu'à la beauté sobre du volume. Il se frottait les mains avec convoitise au-dessus du cuir lisse et contemplait le fermoir d'argent, qui luisait à la lumière de la chandelle. Il ouvrit le livre pour admirer la délicatesse des caractères.

Quand il eut joui de son trésor assez longtemps, il le rangea dans sa sacoche et sortit un grand paquet de cartes ornées d'images aux couleurs vives. Après les avoir battues avec soin, il entreprit de les distribuer selon un ordre bien défini.

La dernière carte sur la table n'éveilla en lui aucune surprise. Oliver Quilley la ramassa avec un sourire sardonique.

Dame Susan Becket avait le cœur tendre, et celui-ci avait été blessé par la manière dont Firethorn l'avait traitée. Cherchant une oreille compatissante, elle se tourna immédiatement vers Nicholas, qui écouta son histoire avec patience et compréhension. Au-dessus d'un verre, dans la salle, elle épancha ses peines et en vint au point où ses blessures ne pouvaient être adoucies que par un seul baume. Elle posa la tête sur l'épaule du régisseur.

— Emmenez-moi dans ma chambre, messire.

— Vous souffrez d'un malaise, dame Becket ?

— Mettez-moi au lit et soyez mon médecin.

— Cela ne se peut, dit Nicholas d'un ton évasif.

— Ne vous laissez pas égarer par quelque fausse loyauté envers messire Firethorn, ronronna-t-elle. Il m'a rejetée et je suis libre de choisir qui me plaît.

Elle leva les yeux pour sourire au régisseur, sa tête caressant son épaule. Il la retint et regarda autour de lui. Le salut se tenait à l'autre bout de la salle, obèse et obséquieux. Nicholas agita la main.

— Aubergiste !

— Oui, messire ? s'enquit Lambert Pym, qui arriva en se dandinant.

— Dame Becket a besoin d'aide pour regagner sa chambre.

— Je l'y conduirai moi-même, dit le tenancier avec empressement. Appuyez-vous sur moi, madame. Nous monterons les marches ensemble.

Elle accepta la proposition et prit le bras boudiné.

— Mais quels muscles puissants vous avez, messire Pym !

— Forgés par toute une vie à manier des tonneaux.

— Je le conçois fort bien, dit-elle tandis qu'il l'aidait à se lever. J'ai eu ma part de ce travail. Nous sommes du même métier, messire.

— Je l'ai su aussitôt que j'ai posé les yeux sur vous.

La galanterie maladroite de Lambert Pym était exactement ce dont elle avait besoin, et Nicholas s'en réjouit. Pour la seconde fois cette nuit-là, il avait guidé une femme ardente dans les bras d'un autre que lui. Susan s'appuyait affectueusement sur l'aubergiste tandis qu'ils montaient l'escalier de conserve. Elle oublierait bientôt tout de l'affront qu'elle avait subi. Qui se ressemble s'assemble. Tant au physique qu'au moral, elle avait trouvé son homme en la personne de Lambert Pym.

— C'était fort ingénieux, Nick !

— Cette dame n'est pas pour moi.

— J'en ai vu la raison à Nottingham. Dame Anne Hendrik est assurément une belle femme, bien digne de votre constance.

Christopher Millfield avait tout observé de sa table et était venu s'asseoir près de son ami. Nicholas fut heureux de passer un moment seul avec lui. Depuis sa rencontre avec Mark Scruton, il mesurait l'inanité de ses soupçons. Millfield n'était pas l'assassin de Gabriel Hawkes. Les remords rendaient Nicholas encore plus chaleureux envers son compagnon.

Le comédien était d'humeur taquine :

— Quelle aurait été la pire épreuve ? demanda-t-il. Dame Budden ou dame Becket ?

— La question ne m'inspire aucune curiosité.

— L'une vous crucifierait et l'autre vous aplatirait comme une crêpe.

— Chacune a le compagnon de lit qui lui convient.

— Je ne vous aurais jamais cru aussi lâche !

Ils rirent en chœur, puis Nicholas aborda un sujet qu'il mûrissait depuis un certain temps :

— Que savez-vous du tarot ?

— Seulement que les cartes sont utilisées comme méthode de divination. J'en ai vu un paquet un jour, mais c'est tout. Pourquoi ?

— Je m'interroge au sujet de messire Quilley.

— Un homme étrange à tous égards.

— Selon dame Budden, il possède un paquet de cartes portant des figures colorées. Cela ne pourrait-il être les lames du tarot ?

— Je ne saurais le dire, Nick.

— S'en sert-il pour prédire l'avenir ?

Une des servantes entra dans la salle et pouffa de rire en voyant Millfield. Il la salua d'un geste aimable puis adressa ses excuses à Nicholas, avec un haussement d'épaules :

— Je crains qu'une affaire urgente ne réclame mon attention.

— Une dernière chose avant que vous ne partiez. Dame Budden a formulé une accusation contre vous.

— De quoi serais-je coupable ?

— D'athéisme.

Partant d'un grand éclat de rire, Christopher Millfield répondit sur un ton moqueur :

— Cette femme est idiote ! Si j'étais vraiment athée, il y a beau temps que j'aurais été emprisonné. Pourtant, je suis toujours libre comme l'air, vous le voyez. Demandez donc à dame Budden d'expliquer cela ! lâcha-t-il en partant rejoindre la fille.

Nicholas attendit que le couple eût quitté la salle, puis finit son verre. Il était perplexe. Quelque chose, dans la voix de son compagnon, lui faisait pressentir un danger indéfinissable. Après avoir réfléchi un moment, il céda à un bâillement. L'heure était tardive et il était las. S'apercevant qu'il était seul dans la salle, il se leva et sortit dans la cour, en quête d'un lit pour la nuit. La foire de la Pentecôte avait rempli de chevaux tous les boxes, mais la grange promettait quelque confort. Il escalada l'échelle et s'écroula sur un lit moelleux et odorant. Avant même d'avoir ôté ses souliers, il dormait.

Une heure s'écoula, puis un bruit le réveilla instantanément. Ce n'était guère plus qu'un grincement de porte, mais il bondit vers la fenêtre ouverte. En bas, dans la cour, une silhouette se glissait vers le portail principal — une silhouette déjà connue pour ses escapades nocturnes. C'était Christopher Millfield, qui avançait avec détermination.

L'instinct poussa Nicholas à le suivre. Il descendit rapidement les barreaux et sortit de la grange. Courbé, restant bien en arrière, il sortit dans la rue et franchit le pont de l'Ouse derrière le comédien. Son esprit était en ébullition. Avait-il été trop prompt à accepter l'amitié de Millfield ? L'homme nourrissait-il quelque intention sinistre ? Sa première excursion de minuit avait eu lieu la veille de la représentation à Pomeroy Manor. Peu après la pièce, leur hôte avait été arrêté. Nicholas se rappelait la liste trouvée dans la sacoche de Quilley.

Millfield savait que les noms indiqués étaient tous ceux de catholiques.

Pendant que ses pensées se bousculaient, ses pieds l'emportaient en un itinéraire tortueux à travers les rues d'York. Son gibier semblait savoir exactement où il allait. Ils remontèrent Blake Street et poursuivirent par Lop Lane avant que Millfield s'arrête pour frapper doucement à une petite porte surmontée d'un pignon. Quelques secondes plus tard, on le faisait entrer et la lueur d'une chandelle éclaira bientôt la chambre du premier. La fenêtre était entrouverte ; Nicholas distingua un faible murmure de voix. La conspiration qui se tramait là-haut pouvait encore être percée à jour si seulement il parvenait à s'approcher un peu.

Au coin de la rue, Nicholas remarqua un pignon formant un surplomb assez bas pour qu'il s'y accroche. Il revint aussitôt sur ses pas, agrippa fermement le pignon, se hissa au-dessus à la force du poignet et entreprit d'escalader le mur jusqu'à la toiture. Il ne lui fallut pas longtemps pour passer de maison en maison. Il parvint à la fenêtre qui l'intéressait. Les voix étaient encore étouffées, mais, en descendant, il découvrit un jour entre les rideaux.

Il ressentit une profonde gêne au premier coup d'œil qu'il jeta à l'intérieur. On était bien loin d'un complot politique ! Christopher Millfield, nu sur le lit, embrassait un jeune homme dans ses bras avec une fougue qui ne nécessitait aucune explication. D'autres éléments se mirent en place. Sa galanterie avec les femmes sans que les choses parussent aller plus loin, et l'intérêt que Barnaby Gill lui avait manifesté. Nicholas se rappela aussi la tirade qu'il l'avait entendu déclamer à l'auberge. Ce n'était pas seulement la vanité de Millfield qui l'incitait à apprendre le rôle principal. Richard Cœur de Lion était un héros avec lequel il avait certaines affinités. Bien que le monde le connût et l'admirât pour ses prouesses militaires, le monarque le plus populaire d'Angleterre n'était pas sans faiblesses. Les rumeurs sur ses amants étaient trop nombreuses et trop détaillées pour être entièrement mensongères.

Nicholas se suspendit au pignon et se laissa tomber par terre. L'amour contre nature était un crime entraînant une peine sévère, mais, quant à lui, il n'aurait jamais appliqué la loi. Il se sentait légèrement déçu par Millfield, néanmoins il ne lui voulait aucun mal. Cet homme avait le droit de choisir ses plaisirs, d'autant qu'il restait des plus secrets à leur sujet. Nicholas avait commis une indiscrétion inqualifiable. Abattu et fâché contre lui-même, il repartit à longues enjambées en direction de l'auberge. Il avait besoin de sommeil pour se préparer aux fatigues du lendemain et n'aurait pas dû perdre son temps à espionner futilement un ami. Il repassa le pont, se maudissant de s'être ainsi fourvoyé.

Ce fut alors qu'il remarqua le corps.

Sous le clair de lune, il flottait sur le ventre dans les hauts-fonds. Nicholas courut vers la berge et pataugea dans le fleuve pour saisir le cadavre alourdi par l'eau. Dès qu'il sentit le poids du corps menu et la qualité du pourpoint, il sut qui était la victime.

Messire Oliver Quilley.

Nicholas le tira jusqu'à la berge et le retourna sur le dos. Des yeux aveugles le fixèrent. Le manche d'une dague était planté dans sa gorge. Une pâleur mortelle recouvrait déjà ses traits. Mais ce fut sa main droite qui retint l'attention de Nicholas. Elle se refermait sur un objet comme pour essayer de le protéger à tout prix. Non sans mal, le régisseur lui écarta les doigts et en extirpa le vélin ovale destiné à recevoir le portrait de Sir Clarence Marmion. Les lignes étaient à peine distinctes dans la pénombre. Toutefois, quand Nicholas le retourna, il reçut un véritable choc.

Quilley avait collé le vélin sur une image découpée

dans une lame de tarot. Elle montrait un homme suspendu à une corde par le pied. Nicholas reconnut l'image : c'était le Pendu. Quelquefois, cette carte était désignée par un autre nom.

Le Traître.

11

Les Hommes de Banbury, tristes et maussades, vaquaient à leurs préparatifs dans la cour des *Trois Cygnes*. D'un pas traînant, ils chargeaient leur chariot. Après l'humiliation de l'après-midi précédent, ils quittaient York pour de bon. Ils avaient échoué lamentablement et n'auraient pas une seconde chance de sauver leur réputation. Un repli dans la dignité était leur seule issue, celle que Giles Randolph avait choisie. En sortant son cheval des écuries, il se sentait encore bouillir de rage en pensant à l'homme qui les avait abandonnés. Après avoir œuvré à leur ascension fulgurante, Scruton avait précipité leur chute. Il n'y aurait plus de place pour lui au sein de la compagnie. Dorénavant, les Hommes de Banbury se passeraient de ses services. Leur avenir résidait dans la qualité de leurs propres pièces, qu'il leur restait à travailler.

Randolph passa en revue sa troupe en désordre.

— Sommes-nous tous prêts, messieurs ?

Un « Oui » morne lui répondit.

— Alors quittons cette cité profane.

Il monta sur son cheval et se dirigea vers la porte principale. Alors qu'il s'apprêtait à la franchir, un vieillard imposant l'emprunta. Il était vêtu d'un élégant pourpoint et d'un haut-de-chausses noirs. Le panache de son feutre retombait à moitié sur son visage. Sa barbe grise, fort nette, suggérait l'âge et la distinction. Il portait une canne, qu'il souleva en voyant le cheval avancer sur lui.

Randolph tira sur les rênes pour le laisser passer.

— Bonjour à vous, messire, dit-il poliment.

— Bonjour, répondit l'autre. Où vous rendez-vous ?

— N'importe où, pourvu que nous partions d'ici.

— York vous a donc si mal reçus ?

— Comme une prison infecte !

Giles Randolph pressa les flancs de son cheval et la procession traversa le portail. Le vieil homme leur adressa un signe d'adieu tandis qu'ils passaient, mais ils lui prêtèrent peu d'attention. Avec un sourire en coin, il se loua de son habile déguisement. Si ses camarades ne le reconnaissaient pas, alors il était à l'abri.

Mark Scruton entra dans l'auberge.

Humphrey Budden et son épouse se levèrent de bonne heure et allèrent assister à l'office du matin. Agenouillés et main dans la main, ils se renouvelèrent mutuellement leurs vœux. Eleanor était méconnaissable. Cette nuit avec son mari avait été une révélation. Un élan irrésistible l'avait conduite à York au service de Dieu, pour l'attacher ensuite au régisseur des Hommes de Westfield. Quelle que fût l'origine de ce sentiment intense et poignant, il l'avait quittée. Jérusalem n'était plus le but lointain de son pèlerinage, car elle l'avait découvert, ce but, dans les bras de son époux et ne désirait rien de plus que de retrouver ses enfants, à Nottingham.

— Messire Bracewell !

— Bonjour, dame Budden, et à vous de même, messire.

— Nous désirons vous remercier très sincèrement, dit le mari en lui étreignant la main. Comment pourrons-nous jamais vous revaloir tant de bonté ?

— Votre bonheur est une récompense suffisante.

Ils étaient arrivés à l'auberge pour trouver Nicholas sellant un cheval dans la cour. Eleanor était redevenue une digne matrone au bras de son époux, malgré une lueur dans ses yeux montrant qu'un triste souvenir s'attardait en elle. Nicholas fut soulagé quand le couple partit rassembler ses effets en vue du retour au foyer.

Lawrence Firethorn déboucha à toute allure de l'auberge.

— Nick, cher cœur !

— Je pars pour Marmion Hall.

— Laissez-moi d'abord vous inonder de ma gratitude, dit l'acteur en l'étouffant dans une étreinte d'ours. Messire Pym m'a narré les événements de la nuit dernière. En jouant les Cupidon pour Susan Becket, vous m'avez délivré d'un lourd fardeau. Maintenant, je ne crains plus une rencontre entre Margery et elle.

— Comment se porte dame Firethorn, ce matin ?

— Elle somnole, comblée, sur les notes de mes créanciers.

— Je me réjouis que la nuit vous ait été propice, dit Nicholas. La mienne a été absorbée par messire Quilley.

— Le malheureux ! Cette manière de quitter ce monde donne la chair de poule. A-t-on la moindre idée quant à l'identité du meurtrier ?

— Aucune. Je suis même soulagé qu'ils ne me soupçonnent plus. Les officiers et le magistrat m'ont interrogé pendant des heures.

— Je vous ai défendu, Nick. Ma voix possède quelque poids.

— Croyez que j'ai apprécié infiniment votre aide.

Nicholas mit le pied à l'étrier et monta en selle. Son esprit continuait à retourner les multiples questions que soulevait la mort de Quilley. Il baissa les yeux vers son employeur et fut pris d'une inspiration. Lawrence Firethorn était le meilleur acteur de Londres et les gens de qualité venaient en grand nombre le voir jouer. Il était bien introduit à la cour et avait connaissance de nombre des ragots qui y circulaient.

— Puis-je vous poser une question, messire ?

— Une centaine, si vous le désirez.

— Quelle est votre opinion du secrétaire Walsingham ?

— Peuh ! s'exclama Firethorn. Je lui crache à la figure.

— Pourquoi ?

— Parce qu'il est lié au nom que j'exècre par-dessus tout.

— De quelle manière, messire ?

— Vous l'ignorez donc ?

— Pourquoi le demanderais-je, sinon ?

— Sir Francis Walsingham est maintenant secrétaire d'État, et notre bien-aimée reine a amassé sur sa tête tous les honneurs qu'il est possible de recevoir. Mais je n'oublie pas comment il a entamé sa grande carrière politique, dit Firethorn en retroussant les lèvres.

— N'était-ce pas en devenant membre du Parlement ?

— Si. Vous dirai-je quelle ville il représentait ?

— Je crois pouvoir le deviner.

— Banbury !

Ce matin là, Marmion Hall était étreint par une profonde douleur. Sir Clarence faisait front avec courage devant sa famille et ses serviteurs, mais tous sentaient la menace planer sur eux et cela rendait l'atmosphère pesante. L'arrestation de Robert Rawlins leur avait porté un coup sous lequel ils chancelaient encore. En outre, Sir Clarence avait essuyé un échec extrêmement préoccupant. L'homme qu'il avait envoyé à York avait été assassiné par celui-là même qu'il devait supprimer. L'informateur qui avait trahi les conjurés se rapprochait dangereusement de Sir Clarence. Une fuite immédiate pouvant s'avérer nécessaire, on s'occupa des préparatifs.

— Tout est en ordre ?

— Oui, Sir Clarence.

— Tenez un cheval sellé et prêt à partir.

— On a déjà pris cette précaution.

— Vous m'accompagnerez.

— Ce sera un honneur, Sir Clarence.

Le domestique s'inclina modestement, puis s'en fut vaquer à ses devoirs. Son maître espéra que cette terrible éventualité ne surviendrait pas, mais il ne pouvait l'exclure. Après avoir occupé Marmion Hall avec tant de fierté pendant de si nombreuses générations, la famille se voyait confrontée à une tragédie. Le maître des lieux risquait d'en être chassé comme un rat.

Restait une seule, une infime consolation. Les Hommes de Westfield, qui leur rendaient visite ce jour-là, contribueraient à lever pour un temps le voile de tristesse, leur permettant de savourer quelques heures de plaisir simple. Sir Clarence connaissait le répertoire de la troupe pour l'avoir vu à Londres et avait choisi une pièce adaptée à la circonstance. Celle-là même qui avait bouleversé les spectateurs d'York.

Soldats de la Croix. Elle lui plaisait car, par bien des aspects, elle remuait en lui la corde sensible. Il avait la conviction de livrer une nouvelle forme de guerre sainte.

Sir Clarence se trouvait dans le hall pour accueillir Nicholas quand ce dernier arriva. Le régisseur, exténué, expliqua pourquoi il avait passé une nuit blanche. Son hôte fut atterré.

— Messire Quilley, mort ?

— Assassiné.

— Le coupable a-t-il été appréhendé ?

— Pas encore, Sir Clarence.

— Voilà une triste nouvelle.

— Cet homme était un agréable compagnon.

— Je l'avais constaté également.

— Je crois que vous lui aviez commandé un travail.

— Messire Quilley devait peindre mon portrait. Je voulais l'avoir rapidement afin de l'offrir à mon épouse. Je n'ai pas le temps d'envisager une œuvre de cet ordre, ajouta-t-il en désignant avec tristesse la peinture à l'huile représentant son père. Oliver Quilley était mon seul espoir.

— Vous engagerez un autre miniaturiste.

— Il m'avait été chaudement recommandé.

Nicholas tenta de poursuivre sur ce sujet mais son hôte coupa court d'un geste de la main, préférant parler de la pièce. Il avait une grande connaissance du théâtre et ne manquait pas une représentation lors de ses visites occasionnelles à Londres. C'était un plaisir de discuter d'art dramatique avec lui, dont toute l'attitude s'était animée. Nicholas décida que la scène devait être montée à l'extrémité la plus éloignée du hall. Une porte lambrissée ouvrait sur une pièce qui pouvait faire office de loge. On installerait des rideaux sur une rampe. Les hautes fenêtres offraient beaucoup de luminosité, néanmoins il serait nécessaire de la compléter par des chandelles et des bougies.

Pendant que le régisseur continuait de définir la mise en œuvre de la représentation, Sir Clarence donna des ordres à ses serviteurs. Ceux-ci apportèrent des sièges, qu'ils disposèrent en rangs dans le hall. A l'auberge, les spectateurs debout avaient été nombreux, mais ici, tous les invités seraient assis. La sueur, les jurons et les bousculades céderaient la place au raffinement. Sur l'invitation de Sir Clarence, toute la noblesse terrienne de West Riding viendrait cet après-midi-là. Ce serait un public de choix.

Un grand fauteuil doré fut placé au bout du premier rang, juste sous le portrait du père de l'hôte. A l'évidence, c'était le siège de Sir Clarence car il l'essaya et balaya la scène du regard. Nicholas ne pouvait comprendre que le maître des lieux n'occupât pas la place d'honneur, au centre. Cela allait à l'encontre du bon sens de se placer à un tel angle pour suivre le déroulement de l'action.

Quand toutes les dispositions furent prises, on proposa à Nicholas un rafraîchissement puis on le laissa seul, en attendant l'arrivée de la troupe. Il en profita pour se promener au soleil et admirer les magnifiques jardins à la française. Un grand massif de rhododendrons attira son attention. Taillé en boule, il se trouvait à plus de cent mètres du château. Ce qui intriguait le régisseur était que les buissons s'agitaient comme sous le souffle léger du vent, alors qu'il n'y avait pas la moindre brise.

A l'abri des regards grâce aux ifs qui bordaient la promenade, Nicholas s'approcha des rhododendrons. Les plantes étaient immobiles, cependant un bruit lui indiqua ce qui avait pu provoquer un mouvement. Il espérait vérifier sa théorie quand un homme petit et carré surgit pour l'empêcher de passer.

— Cette partie du jardin est interdite, messire !

— Je ne faisais que me dégourdir les jambes.

— Dégourdissez-les dans une autre direction.

— Fort bien.

— Sir Clarence a donné des ordres stricts.

Tout en reprenant le chemin de la demeure, Nicholas s'interrogeait sur cet extrême souci d'intimité. Un autre détail piquait sa curiosité. L'homme arborait le costume d'un jardinier, pourtant il portait une dague à sa ceinture.

Quel besoin avait-il d'une arme ?

Lawrence Firethorn arriva avec sa troupe pour prendre possession d'une nouvelle partie de son empire. Ayant conquis York avec tant de style, il ne doutait pas de remporter une autre victoire à Marmion Hall. Le changement radical des conditions dans lesquelles il faudrait jouer le stimulait, et il releva immédiatement le gant, marchant à grands pas afin de sentir la scène et projetant sa voix vers les murs pour éprouver l'acoustique. Une répétition fut annoncée et tout fut organisé avec célérité. La compagnie mit ce temps à profit pour secouer les dernières brumes laissées par les excès de la nuit passée. Par contraste, Firethorn débordait d'énergie. Les heures de retrouvailles conjugales lui avaient rendu une nouvelle jeunesse.

Leur hôte fournit de la nourriture et de la bière, et ils passèrent une heure agréable à se reposer. L'acteur-directeur s'était installé à l'écart avec Edmund Hoode et Barnaby Gill.

— Cet endroit me plaît ! déclara-t-il. Je sens que j'ai la chose bien en main.

— Nous ne sommes pas ici pour une séance de tripotage, observa sèchement Gill. Réservez-vous pour Margery.

— J'ai la sensation qu'un événement extraordinaire va survenir.

— Vous pensez vous rappeler toutes vos lignes ?

— Prenez garde, Barnaby ! Ne me provoquez pas.

— J'aimerais partager votre optimisme, Lawrence, intervint Hoode d'un air sombre. L'atmosphère de Marmion Hall me paraît oppressante. Quant à des événements extraordinaires, il s'en est déjà produit un.

— Oui, convint Gill. Hier, on a été payés.

— Je voulais parler de messire Quilley.

— Inutile de nous le rappeler, Edmund, soupira Firethorn. Ce fut une terrible tragédie, mais elle ne doit pas nuire à notre spectacle. Oliver Quilley n'était qu'un voyageur qui a fait route avec nous. Sa mort, si choquante qu'elle soit, ne nous affecte pas directement.

— Nous ne pouvons l'oublier d'un haussement d'épaules, Lawrence.

— Si, monsieur. Nous sommes avant tout des acteurs.

Hoode invoqua la compassion, mais les autres étaient trop absorbés par la représentation qui les attendait pour accorder au défunt plus qu'un simulacre de pitié. Quand le dramaturge suggéra ensuite que, d'une certaine façon, le meurtre était peut-être lié aux Hommes de Westfield, ils s'esclaffèrent à cette idée. Il essayait encore de défendre ses arguments quand Nicholas parut.

— Messieurs, il est temps de vous préparer.

— Nous sommes toujours prêts, répliqua Gill avec pétulance.

— Notre public commence à arriver.

— En ce cas, je dois passer mon costume, décida Hoode.

Gill et lui gagnèrent l'autre bout de la loge, mais Nicholas retint son employeur pour lui dire un mot en privé :

— Nous avons un léger problème.

— Rien qui n'ait sa solution.

— Christopher Millfield reste introuvable.

— Il était ici il y a à peine cinq minutes.

— Dix, rectifia Nicholas. Il n'y est plus à présent.

— Il a dû sortir soulager sa vessie.

— Personne ne devait quitter la pièce sans m'en avertir au préalable. Messire Millfield est passé outre.

— Réprimandez-le.

— Très certainement, quand nous l'aurons trouvé.

— Envoyez George Dart en patrouille.

— C'est ce que j'ai fait, répondit Nicholas. Il a cherché dans tout le château et les jardins, mais il est revenu bredouille. C'est pourquoi nous avons un problème. Messire Millfield a disparu.

Mark Scruton attendit dans l'ombre d'un bosquet jusqu'à ce qu'il vît une douzaine de cavaliers galoper sur la route de Marmion Hall. Il éperonna sa monture et sortit de sa cachette. Il ne lui fallut pas longtemps pour rattraper l'arrière du groupe. Quand ils bifurquèrent dans la longue allée conduisant au château, il remarqua que des serviteurs faisaient entrer d'autres arrivants. Ce désordre lui permettrait de se mêler à la foule. Quand une dame se tourna et le toisa des pieds à la tête, il effleura son feutre avec grâce. Un carrosse roulait doucement derrière eux, et l'on entendait l'écho d'autres sabots.

Scruton descendit de cheval et confia les rênes à un valet. L'acteur avait adopté une démarche raide et s'appuyait sur sa canne. Il faisait partie d'un large groupe qui franchit la porte principale du château. Dans l'entrée, Sir Clarence et son épouse, parés avec élégance pour l'occasion, accueillaient leurs invités.

Déclinant un faux nom avec un sourire confiant, le vieillard à barbe grise soutint leur examen sans sourciller. L'hôte et l'hôtesse se tournèrent vers la nouvelle vague de convives.

La première épreuve était terminée ; il l'avait passée avec un parfait aplomb. Mark Scruton était dans la place. Désormais, ce n'était plus qu'une question de temps.

Christopher Millfield revint dix minutes avant le début de la pièce pour essuyer une tirade de Lawrence Firethorn et de sérieux reproches de la part de Nicholas. Il se confondit en excuses et prétexta qu'il s'était égaré dans les jardins, mais le régisseur ne fut pas entièrement convaincu. Néanmoins, la représentation étant imminente, Nicholas n'était pas en mesure d'insister. Il fit une vérification générale avant de prendre place derrière le rideau. Ce poste lui permettait d'observer la majeure partie de la scène et un coin du public. Il arriva juste à temps pour voir Sir Clarence s'asseoir dans son fauteuil, à côté de son épouse et de sa famille. Juste derrière lui se trouvait un vieillard distingué, en pourpoint et haut-de-chausses noirs, qui grattait sa barbe grise.

Nicholas eut l'impression de le connaître, sans pouvoir mettre un nom sur son visage. Mais il n'avait plus le temps de s'abandonner à ses réflexions. Les spectateurs et les comédiens étaient prêts. Le régisseur donna le signal du début.

Une trompette résonna et le Prologue fut prononcé par Edmund Hoode, en armure rutilante. La musique retentit et l'action commença. Elle ne s'interrompit pas une seconde. Les Hommes de Westfield adaptèrent superbement leur style aux conditions et au public pour obtenir le maximum d'effet. Les spectateurs, beaucoup plus calmes qu'à l'auberge, ne relâchèrent pas leur attention.

Le sénéchal les fit rire, Bérangère les fit soupirer, le croisé empalé les fit pleurer et le roi Richard lui-même les rendit fiers d'être anglais et chrétiens. L'interprétation de Lawrence Firethorn atteignit des sommets et transporta toute la salle, y compris Sir Clarence, manifestement enchanté. Alors que la pièce s'acheminait vers son bouleversant dénouement, Nicholas jeta un coup d'œil à la dérobée vers leur hôte et remarqua un détail qui lui avait précédemment échappé. Le vieillard assis derrière Sir Clarence portait une boucle d'oreille familière. La vanité de l'acteur avait gâché un déguisement par ailleurs en tout point parfait.

Sur scène, des sonneries de trompette et des tirades enflammées mirent fin à la bataille, et Firethorn s'adressa aux troupes avec son éloquence la plus inspirée. Il les appelait à prendre les armes pour servir le Seigneur quand la porte principale du hall s'ouvrit et les soldats firent irruption. Tout d'abord, le public crut que cette intrusion faisait partie de la pièce et s'émerveilla du nombre de figurants armés et en uniforme, mais il comprit bien vite que ce n'était pas de la comédie.

Sir Clarence Marmion les devança. Bondissant de son siège, il déclencha l'ouverture de la porte secrète pratiquée dans les lambris de chêne et s'y engouffra. Le vieillard le suivit avec une agilité étonnante. En franchissant l'ouverture, il rabattit la porte derrière lui. Nicholas, qui avait tout observé, comprenait pourquoi son hôte avait choisi de s'asseoir en bout de rang. Il se trouvait ainsi tout près de la voie par laquelle il comptait s'échapper.

Dans le hall, le chaos était complet. Les invités se levaient en protestant et les soldats les repoussaient rudement pour poursuivre leurs recherches. Firethorn prononça sa tirade finale mais la pièce était déjà terminée. Le vrai drame se jouait désormais ailleurs. Nicholas partit à toutes jambes. Mû par son instinct, il sortit dans le jardin et courut le long des ifs. Si le panneau secret ouvrait sur un passage, il devait aboutir à l'extérieur. Le régisseur croyait savoir où.

Il atteignit le parterre de rhododendrons et s'insinua par une brèche dans le feuillage. Le bruit entendu un peu plus tôt était le renâclement d'un cheval, et il en trouva deux attachés à un piquet. Derrière eux, un homme portant la livrée des Marmion gisait par terre, le sang jaillissant d'une blessure à sa poitrine. Nicholas enjamba le corps pour atteindre le plus profond des fourrés, et écarta les buissons. Une petite porte apparut, au pied d'un tertre ingénieusement dissimulé par les feuillages. Il l'ouvrit et se retrouva à l'entrée d'un souterrain éclairé à intervalles réguliers par quelques chandelles dégoulinantes de suif. L'odeur d'humidité et de moisissure le saisit à la gorge.

Abandonnant toute prudence, Nicholas dévala le passage. Il était certain que la clef du mystère l'attendait à l'autre bout du tunnel et courait avec acharnement vers la vérité. Dans cette course téméraire, il ne tarda pas à trébucher sur des pierres instables et à piquer du nez, se cognant la tête contre un petit rocher. Hébété et endolori, de la terre plein la bouche, il cracha puis sentit le sang couler de sa tempe. Se redressant lentement, il prit conscience du danger qu'il courait. Nicholas n'était pas armé.

Ce n'était pas seulement Sir Clarence et Mark Scruton qui posaient problème. A l'évidence, quelqu'un avait pénétré dans le tunnel avant lui et le cadavre dans les rhododendrons était le hideux témoignage de la détermination de son prédécesseur. Nicholas devait être plus circonspect, d'autant que le passage se trouvait dans l'obscurité la plus totale. Il avança donc avec une extrême prudence et perçut une légère odeur de suif. On venait de souffler les chandelles. Cela le mit encore plus sur ses gardes.

Cherchant son chemin à tâtons, il découvrit que maintes araignées et autres insectes avaient élu domicile en ces lieux. Soudain, il sentit un frôlement contre sa cheville et recula, horrifié, puis entendit le trottinement caractéristique derrière lui. Un gros rat. Heureusement que Richard Honeydew n'était pas là ! Scrutant les ténèbres, Nicholas avança pas à pas. Il se sentait de plus en plus oppressé. Les murs semblaient se refermer sur lui, accentuant son impression d'être emprisonné. Autre chose le préoccupait, et il battit du bras devant lui.

— Qui est là ? appela-t-il.

Aucune réponse ne vint, mais il savait qu'il n'était pas seul.

Un bruit de lutte résonna, en avant, et il entendit Sir Clarence pousser un cri rageur. Nicholas courut à toutes jambes, rebondissant de mur en mur. Un halo de lumière entourait une porte d'acier devant lui. Il l'ouvrit à toute volée pour se retrouver dans une minuscule chapelle, où deux hommes étaient engagés corps à corps dans une lutte déscspérée.

Sir Clarence était aux prises avec le vieillard qui l'avait poursuivi. Soudain, il lui arracha sa fausse barbe. Mark Scruton tenta de se dégager et d'utiliser sa dague. Avant que Nicholas ait pu intervenir, l'acteur prit l'avantage. Il empoigna son adversaire et le jeta durement contre le mur de pierre. La tête de Sir Clarence heurta le granit. Il s'effondra par terre en gémissant et perdit connaissance. Mark Scruton se tint au-dessus de lui puis fit volte-face pour affronter l'intrus. Il commença à tourner autour de Nicholas, sa dague prête à frapper.

— Vous m'avez suivi une fois de trop, Nick.

— Je ne pensais pas vous revoir.

— Ce sera la dernière fois.

Il porta une botte en avant, mais le régisseur esquiva aisément. Le comédien dit avec un rire mauvais :

— Ce n'était pas votre combat. Vous n'aviez rien à voir là-dedans, Nick. Vous auriez dû rester en dehors.

— La traîtrise ne doit pas s'exercer impunément.

— Vous en savez trop pour votre propre bien, et pourtant pas assez pour comprendre la vérité.

— Je sais que vous êtes l'agent de Walsingham.

— Je l'étais, concéda l'autre. Jusqu'à aujourd'hui. Cela aurait dû se terminer ici, à Marmion Hall. Je leur ai donné Rickwood. Je leur ai donné Pomeroy. Ce devait être ma dernière mission. J'aurais été libre de suivre ma véritable vocation, le théâtre.

— Vous n'en avez pas l'étoffe, dit Nicholas avec mépris.

— J'ai été assez habile pour vous abuser, lui rappela l'autre. Qu'est-ce que l'espionnage, sinon une forme de comédie ? J'étais passé maître dans mon art. Alors, ajouta-t-il, les yeux plissés en deux fentes étroites, vous êtes arrivé et vous avez réduit mes plans à néant. Comme vous m'aviez échappé aux *Trois Cygnes*, j'ai dû déserter la troupe. Ils n'accepteront jamais de faire de moi leur associé, à présent.

— Je leur ai donc fait une faveur.

Scruton enfonça sa dague en avant, mais Nicholas l'évita avec souplesse. L'acteur continua à tourner autour de lui, cherchant une ouverture. Nicholas restait en alerte et s'efforçait de le pousser à parler.

— Vous avez trahi vos camarades ! accusa-t-il.

— C'était un mal nécessaire.

— Mais tout à fait impardonnable. Et de plus, hasarda-t-il, vous avez assassiné Oliver Quilley.

— Je le devais. Il n'avait plus rien à m'apprendre.

— A quel propos ?

— Marmion Hall. Je l'ai utilisé pour observer à ma place. Il entrait et voyait tout ce que j'avais besoin de savoir. Quand j'en ai tiré toutes les informations nécessaires, je lui ai fermé les yeux pour de bon.

Scruton sourit.

— C'était un fat, que personne ne regrettera.

— Vous serez traduit en justice pour ce crime.

— Non, messire, car j'ai des amis en haut lieu.

D'un geste soudain, Scruton se fendit violemment, sa dague en avant, mais Nicholas bloqua son poignet. Ils luttèrent entre les bancs de la chapelle, se démenant furieusement pendant toute une minute. Tordant la main de son adversaire, Nicholas réussit à lui arracher son arme, qui tomba par terre en résonnant. Mark Scruton fulminait. Dans un sursaut d'énergie, il repoussa le régisseur contre la rampe de l'autel et lui serra la gorge pour l'étrangler.

Tout à leur combat, ils ne remarquèrent pas qu'une silhouette s'introduisait par la porte d'acier, ni qu'on enlevait le crucifix d'or de l'autel. Nicholas s'épuisait. Un étau de fer enserrait son cou et se refermait encore sur lui à chaque seconde. Le visage de Scruton se brouillait devant ses yeux. Au prix d'un suprême effort, il agrippa son adversaire par les bras et le repoussa avec l'énergie du désespoir. Scruton recula de quelques pas — les derniers qu'il accomplirait jamais. Avant qu'il pût revenir à la charge, le crucifix lui fracassait le crâne et sa cervelle éclaboussait l'étoffe blanche de l'autel.

Après avoir consacré tant de temps à trahir les catholiques, il venait d'être abattu par un symbole de leur foi.

Christopher Millfield contempla le corps à ses pieds, puis jeta le crucifix. Des coups violents au-dessus d'eux annonçaient que les soldats ne tarderaient plus à découvrir le passage secret. Millfield ne semblait pas troublé le moins du monde. Il adressa un bref sourire à Nicholas.

— Vous aviez raison de me soupçonner.

— Vous aussi êtes un agent de Walsingham ?

— Oui, Nick, mais d'une envergure différente de celle de ce vaurien, dit-il en donnant un coup de pied à la dépouille. Scruton a servi nos desseins en espionnant. Ceux de son espèce n'ont pas d'autre utilité. Mon travail consiste à leur donner congé et à nous en débarrasser.

— Vous avez un gagne-pain brutal, messire.

— Il est bien payé et fort bien protégé.

Nicholas se frottait le cou en parcourant des yeux cette scène de carnage. Mark Scruton gisait, mort, Sir Clarence Marmion était inconscient et la chapelle avait été saccagée par cette lutte sans merci. Il commençait peu à peu à comprendre les étapes qui avaient abouti à ce sinistre épilogue. Sa répulsion envers Millfield lui soulevait le cœur, mais il eut la grâce, bien qu'à regret, de lui accorder un compliment :

— J'aurais dû vous croire, messire.

— Quand ?

— Lorsque vous affirmiez être meilleur acteur que lui.

Un sourire radieux s'épanouissait encore sur les lèvres de Millfield quand les soldats surgirent.

Ce fut un jour marqué par les départs. Les Hommes de Banbury s'étaient déjà éclipsés, l'oreille basse. Sir Clarence s'en alla pour Londres sous escorte armée. Toute contrariété oubliée, Susan Becket regagna sa propre hostellerie. Humphrey et Eleanor Budden rentrèrent chez eux, pour entamer une nouvelle vie à Nottingham. En compagnie de quatre valets en livrée, Margery Firethorn galopa vers Shoreditch afin de régler les factures et de compter les jours jusqu'au retour de son époux. Mark Scruton rejoignit Gabriel Hawkes dans la tombe. Christopher Millfield s'en repartit conclure la carrière d'espions à la solde de Walsingham.

Les Hommes de Westfield devaient rester encore quelques jours à York. Après leur succès à l'auberge, on leur réclamait de nouvelles représentations et d'autres merveilles de leur répertoire. C'était un immense soulagement de savoir que leurs pièces étaient redevenues leur propriété exclusive. L'homme qui avait le plus de raisons d'être satisfait demeurait cependant morne et taciturne.

Nicholas se mit en quête de lui et le trouva dans la salle de l'auberge.

— Prenez courage, Edmund ! Nos ennuis sont terminés.

— Ils laissent beaucoup de tristesse dans leur sillage.

— Efforçons-nous de la surmonter.

— J'ai beau faire, mon esprit est ancré dans le chagrin, dit Hoode d'un ton lugubre. C'est que, voyez-vous, je les aimais bien tous deux, Christopher et le jeune Gabriel. J'avais confiance en eux.

— Nous avons tous été dupés, admit Nicholas. Nul plus complètement que moi. Comme je me sens mortifié ! J'aurais dû écouter dame Budden.

— A-t-elle jeté un peu de lumière sur ces sombres agissements ?

— Mais oui, Edmund. Cette bonne dame m'avait averti au sujet de Millfield. Elle m'a dit qu'il était impie.

— Et c'était vrai ?

— Aucun chrétien n'utiliserait un crucifix pour

commettre un meurtre. C'est un homme sans foi à tous les sens du terme. Et maintenant je comprends comment il échappe à la justice.

— Il se retranche derrière Sir Francis Walsingham.

— Exactement.

Hoode posa la main sur le bras de son ami et le félicita :

— Reprenez confiance, Nick. Vous pouvez être fier du rôle que vous avez joué dans cette affaire.

— Oh ! je ne sais pas.

— C'est vous qui avez découvert ce tunnel menant à la chapelle secrète.

— Par pur hasard. Christopher Millfield, en revanche, savait où chercher et s'est appliqué à le trouver. C'est pour cela qu'il avait disparu après la répétition. Il menait son enquête.

Hoode soupira.

— Sir Clarence était un traître et je comprends qu'il doive rendre des comptes, cependant cela me peine que notre compagnie ait servi de couverture à tant de tromperie.

— Toute noirceur en a été extirpée, à présent.

— Espérons-le. Je ne veux pas qu'une autre de mes pièces soit gâchée par l'arrivée de la soldatesque. Lequel de ces espions les a appelés à Marmion Hall ? Scruton ou Millfield ?

— Aucun des deux, Edmund.

— Qui, alors ?

— Messire Oliver Quilley.

— Mais comment ?

— D'outre-tombe, expliqua Nicholas. Lui n'était pas un espion, mais un artiste désabusé qui souffrait de n'être jamais payé à sa juste valeur. Il complétait donc ses revenus en dérobant des objets précieux pour les revendre. Messire Quilley avait volé un livre à Marmion Hall parce que son fermoir d'argent promettait un bon prix. Les gens d'armes l'ont découvert dans sa chambre. Il s'agissait d'un missel catholique.

— Et cela a abouti à l'arrestation de Sir Clarence.

C'était le dernier retournement ironique de cette triste affaire. Les deux compagnons burent ensemble et Nicholas fit de son mieux pour réconforter son ami, mais Hoode était encore en proie à l'abattement. Une dernière question le tourmentait.

— Sicinius...

— Qui, Edmund ?

— Mon Sicinius.

— Ah, dans votre pièce !

— Je ne sais toujours pas qui m'a volé mon rôle.

— Est-ce tellement important, à vos yeux ?

— Je donnerais tout au monde pour savoir son nom.

— Je m'en vais mettre fin à votre peine, dit le régisseur. J'ai eu des informations concernant la représentation de *Pompée le Magnifique* donnée par les Hommes de Banbury.

— Alors ? Alors ?

— Votre pièce a suscité l'admiration en dépit de leur médiocre interprétation.

— Et Sicinius ? Mon Sicinius ?

— Il était joué par Gabriel Hawkes.

— Mais il est mort !

— De même que Mark Scruton. Réjouissez-vous, messire, dit-il en tapant Hoode dans le dos. Ne voyez-vous pas ce que cela implique ?

— Non.

— Vous êtes en ce monde le seul homme qui ait interprété Sicinius. Le rôle est de nouveau entièrement vôtre.

Edmund Hoode laissa échapper un petit cri de joie.

— Merci, Nick ! Pour un peu, je me croirais au paradis.

— Vous en êtes assez proche.

— Comment ?

— Ne sommes-nous pas ici à Jérusalem ?
Le sourire de l'auteur s'épanouit largement.
Un voyage spirituel parvenait enfin à son terme.

Si vous désirez être régulièrement tenu au courant de nos publications, merci de bien vouloir remplir ce questionnaire et nous le retourner :

Éditions 10/18
c/o 10 Mailing
35, rue du Sergent Bauchat
75012 Paris

NOM : ....

PRENOM : ....

ADRESSE : ....

....

CODE POSTAL : ....

VILLE : ....

PAYS : ....

AGE : ....

PROFESSION : ....

TITRE de l'ouvrage dans lequel est insérée cette page :

La route de Jérusalem, n° 3270

....

Imprimé en France sur Presse Offset par

BRODARD & TAUPIN

GROUPE CPI

La Flèche (Sarthe), 5757